André Maman

Mai 68
Histoire des Événements

Du même auteur

La Gauche en voie de disparition.
Comment changer sans trahir ?
Éditions du Seuil, coll. « L'histoire immédiate », 1984

Un coup de jeune.
Portrait d'une génération morale
Arléa, 1987

Laurent Joffrin

Mai 68
Histoire des Événements

Éditions du Seuil

EN COUVERTURE :
Photo Marc Riboud — Magnum.

ISBN 2-02-010163-7.

© ÉDITIONS DU SEUIL, MAI 1988.

A Sylvie et Pauline.
A Johnny.

REMERCIEMENTS

L'auteur doit d'abord remercier tout particulièrement Séverine
Le Grix de la Salle, brillante étudiante et professionnelle de la
communication, qui l'a très efficacement secondé pour une bonne
partie de la recherche documentaire et des entretiens.
Il remercie ensuite tous les acteurs des événements qui ont bien
voulu le recevoir et lui parler, notamment Alain Peyrefitte,
Bernard Tricot, Michel Jobert, Maurice Grimaud, Jean-Marcel
Jeanneney, Louis Joxe, Yves Guéna, ainsi qu'Alain Geismar,
Daniel Cohn-Bendit et Jacques Sauvageot.
Il éprouve une gratitude particulière envers Serge July, Jean-
Marcel Bouguereau et Jean-Louis Péninou, qui ont bien voulu lui
apporter leurs suggestions, leurs corrections et leurs réflexions
(bien entendu, l'auteur garde l'entière responsabilité du texte).

Mon ami Jean-Luc Pouthier a été un éditeur amical, chaleureux
et précieux. Jean-Claude Guillebaud m'a soutenu et encouragé
de son amitié fidèle.

Introduction

Mai 68 a changé la France. Cette révolution manquée a révolutionné la société. Les Français ne s'en rendent pas toujours compte. Et pourtant, à cause de ce singulier printemps, leur vie quotidienne n'est plus la même. Depuis Mai, ils n'ont plus la même manière de penser, de sentir, de parler, de s'habiller, d'éduquer leurs enfants, de vivre en couple ou de passer leurs loisirs. En mai 1968, le pouvoir n'est pas tombé. Ce sont les vieilles contraintes de la société patriarcale et rurale, déjà minées par l'industrialisation rapide du pays, étouffantes pour la jeunesse, qui ont sauté d'un coup sous la poussée d'une insurrection impensable.

Certes, tous les pays occidentaux ont pendant cette période connu des changements culturels importants. Eux aussi ont bouleversé en vingt ans leurs modes de vie, leurs codes et leurs rites. Mais seule la France a ramassé en un mois, comme dans un prologue épique, le programme de deux décennies. Seule, elle a ramassé en un événement des millions de microchangements qui n'eussent autrement retenu que l'attention des sociologues. « Comme toujours, la France ouvre la voie », disait le Général en parlant de Mai. Ce n'était pas seulement patriotisme gaullien. Parvenus à la République en un siècle de tumulte et de drame, les Français se devaient de donner au changement des mœurs les couleurs de l'épopée. Bref, dans ce pays qui aime tant les révolutions, il fallait en rater une pour que tout changeât.

L'opinion publique le ressent profondément. Quand on l'interroge sur les événements les plus importants de ces

vingt dernières années, Mai 68 arrive en tête. C'est la
reconnaissance d'une rupture qui commandait l'avenir ;
c'est aussi le souvenir d'un événement fascinant. Une
société prospère, en pleine expansion, dotée d'un régime
stable, prestigieux et quasi démocratique, cède au vertige
de la révolte, applaudit aux émeutes, arrête l'économie
pour un mois et frôle la guerre civile. Une jeunesse vivant
mieux que toutes celles qui l'avaient précédée, entrée pour
la première fois en masse à l'université, chez qui la
recherche d'un emploi ne suscitait qu'une angoisse
mineure, défie toutes les autorités, combat sans fin dans la
rue et s'exalte dans un délire verbal irrépressible. Une
classe ouvrière solidement encadrée par les syndicats, dont
l'action faisait progresser régulièrement le pouvoir d'achat
et les conditions de travail, se jette hors de toutes les
normes et réédite la grande grève de 1936 sans le secours
d'un quelconque front populaire, sans consigne, préparation ni mot d'ordre. Un régime robuste, campé sur des
institutions à sa mesure, maître de la télévision et de l'État
le plus centralisé d'Occident, survivant des paroxysmes
autrement plus dangereux de la guerre d'Algérie, se
décompose en un mois, et ne doit sa survie qu'à l'opiniâ-
treté miraculeuse de son Premier ministre et au coup de
génie tardif de son vieux chef ébranlé. Bref, Mai échappe à
toutes les catégories, contredit tous les précédents, sort de
toutes les définitions. Pour cette raison, pendant longtemps, on ne nommera pas cette révolte, sinon par un
vocable impersonnel et neutre : « les événements », jusqu'à ce qu'on opte pour « Mai 68 », une date sans nom,
faute d'avoir trouvé le mot juste.

Or cet ébranlement dont on a tant parlé, sur lequel on a
tant écrit, est en fait mal connu. C'est d'abord l'effet de la
démographie. On ne le sait peut-être pas, mais la moitié
des Français d'aujourd'hui avaient moins de douze ans en
1968, ou bien n'étaient pas nés. Pour garder un souvenir
personnel de ce qui s'est passé, il faut aujourd'hui avoir
plus de trente ans. La génération nouvelle, qui s'est
illustrée avec éclat dans les rues en décembre 1986, est dans
sa majorité née autour de 1968. Mai pour ces nouveaux

contestataires est une vieille histoire, arrivée à leurs parents.

C'est ensuite un effet bibliographique. En dépit des innombrables ouvrages consacrés à la révolte, il n'existe pas aujourd'hui de récit distancié et complet retraçant son déroulement.

Que s'est-il vraiment passé en mai 1968?

Pour le savoir, il faut travailler sur plusieurs ouvrages à la fois, complétant — et parfois corrigeant — l'un par l'autre. Les récits les plus neufs ont été écrits il y a dix ans, les plus exhaustifs dans les trois ans qui ont suivi 1968. Or, à ce moment-là, tous les acteurs n'avaient pas parlé, tous les épisodes n'étaient pas publics, toutes les zones d'ombre n'étaient pas dissipées. Il a fallu, par exemple, attendre plus de quinze ans pour savoir vraiment et précisément ce qu'avait fait le Général le 29 mai 1968. Ou bien c'est seulement quand, dix ans après, le préfet de police, des conseillers et des ministres ont parlé qu'on a compris et jugé correctement du comportement du gouvernement et de sa police. Mai analysé, disséqué, interprété, discuté et intellectualisé a très longtemps gardé sa part de mystère.

Pour cette raison, on s'en fait souvent encore une idée fausse. Certains n'y voient qu'un psychodrame farfelu, parenthèse burlesque et désastreuse dans la vie du pays. Les autres, souvent des jeunes, pensent qu'il s'est agi d'une explosion de violence, emplie de fureur, de pavés et de barricades, chauffée à blanc par l'idéologie et l'exaltation des chefs des groupes d'extrême gauche. D'autres encore ont un souvenir flou et incertain, gardant l'image figée d'une grande crise un peu mystérieuse, vite commencée et vite arrêtée.

Il y eut aussi un travestissement plus trompeur, produit dans la conscience par l'effet déformant de l'après-Mai. Celui-ci fut avant tout politique. C'est compréhensible : avec les mots et les symboles des grandes révolutions de l'histoire, la France avait conduit révoltés et conservateurs au bord de l'affrontement violent. On pouvait à bon droit y voir les prémices d'un bouleversement profond, qui cette fois, sous une forme ou sous une autre, réussirait. Ainsi, au gouvernement, dans les classes dirigeantes, au ministère de l'Intérieur, comme dans le monde passionné des groupes d'extrême gauche et d'une partie de la gauche officielle, les années qui suivirent furent dominées par un mythe, celui de la révolution. Mai, selon le titre d'un ouvrage militant paru dans la foulée, était une « répétition générale ». Bientôt la pièce elle-même serait jouée, et le vieux monde en tremblerait.

Il a fallu dix ans de plus pour se débarrasser de l'hypothèque. Avec le temps, la décantation vint et l'illusion — ou la peur — de la révolution s'estompa. Alors, l'autre nature de Mai apparut mieux, présente dans la révolte, mais masquée par le discours de l'époque, occultée par la saga de l'après-Mai, qui fut respectable mais erronée. Celle d'une vaste insurrection démocratique, qui ne veut pas changer le pouvoir dans la violence, mais la vie quotidienne, pacifiquement. Celle d'un mouvement qui ne voulait pas renverser un régime, mais démocratiser la société.

Cette redécouverte, réalisée il y a deux ou trois ans, après de longues années de discussions, suggérait une histoire révisée de Mai 68. Une histoire qui parte de la nouvelle hypothèse, qui réunisse les deux termes de l'ambivalence de Mai, l'aspiration démocratique aussi bien que le vertige messianique.

Une histoire qui tienne compte, aussi, des révélations accumulées depuis vingt ans, du double regard qu'on peut aujourd'hui porter sur le visible et le caché, sur les révoltés et sur ceux qui les combattaient, leur action réelle, leurs doutes, leurs débats internes, leurs faiblesses et leurs sursauts. Car cette pièce eut des acteurs prodigieux, trempés par l'histoire, ou bien surgis du néant. Mai les a animés, dans un théâtre exubérant.

C'est le sens du récit qu'on va lire. Outil de travail, instrument de redécouverte à l'usage des anciens, initiation pour les plus jeunes, il se veut aussi agrément. Pour cette raison, on a respecté la chronologie de l'intrigue, présenté les personnages au fur et à mesure de leur entrée en scène, réparti au fil des chapitres les éléments d'éclairage et de rappel. On y trouvera, fondé sur la documentation existante, l'essentiel des faits, sans prétendre bien sûr à l'exhaustivité, qui eût exigé un volume double ou triple. Une chronologie et une bibliographie commentée complètent le texte, permettant à la fois de trouver des points de repère et d'approfondir tel ou tel aspect.

Mai fut une irruption. On a respecté cette forme dictée par l'événement : le premier chapitre est consacré à la journée du 3 mai, coup de tonnerre dans un ciel serein, démarrage de la crise aussi brutal qu'inattendu. Le lecteur se trouvera ainsi plongé d'emblée dans la politique étudiante en même temps que dans l'action. Le chapitre suivant, qui décrit la double origine de cette crise universitaire, l'éclairera immédiatement sur la nature des enjeux étudiants, la personnalité des acteurs et l'histoire des organisations.

Les événements s'enchaînent ensuite d'eux-mêmes, passant, selon l'intrigue rigoureuse imaginée par le réel, de la crise étudiante à la crise sociale et à la crise politique, jusqu'au dénouement final. En début de deuxième partie, une description succincte de la société française permet de comprendre la grande grève et le paroxysme qui la suit. Les deux jours vertigineux où la France crut au changement de pouvoir sont décrits en détail.

Enfin, on trouvera en fin de volume une présentation des principales interprétations qui furent données après coup à cette histoire en Technicolor. Cette courte réflexion, qui revient sur l'hypothèse de départ, celle d'une explosion démocratique, et non révolutionnaire, vient en second, après le plaisir de l'événement, qui dérive d'une maxime parfaitement classique, que Mai confirme en tous points : en France surtout, l'histoire est un roman.

1er-13 mai
La crise étudiante

1

3 mai. L'étincelle de la Sorbonne

Cheveux noirs, clarks et col roulé, le jeune homme s'avance vers le vieux car Citroën. Le buste pivote ; le bras se déroule. Une courbe parfaite, presque lente : la vitre éclate, une silhouette s'effondre. C'est le premier pavé de mai 1968, qui fend le crâne du brigadier Christian Brunet le 3 mai à 17 h 30, boulevard Saint-Michel, devant le lycée Saint-Louis[1]. Ce pavé symbolise tous les autres. Le lanceur qui vise trop bien n'a ni plan ni chef. Roland Castro, témoin de la scène et déjà vieux routier de l'activisme étudiant, ne l'a jamais vu[2]. Daniel Cohn-Bendit dira plus tard qu'il est membre de son groupe du « 22 mars »[3].

Mais surtout, il y en a des milliers d'autres autour de lui, qui vont à sa suite se battre pendant plus de trois heures, sans avoir jamais, pour la plupart, affronté la police. Ce jour-là, quand tous les leaders de l'agitation universitaire étaient arrêtés, quand le mouvement étudiant sur le déclin répétait une de ces petites batailles minoritaires contre un ordre indifférent, ces troupes sans chef ont échappé au rituel raisonnable des manifestations au Quartier latin. Laissés en liberté, les responsables eussent ramené le calme, contenu l'ardeur des fantassins[4]. Livrée à elle-même, la petite foule qui se presse au soleil autour de la Sorbonne, en ce 3 mai 1968, a cassé les normes et fait l'événement.

C'est le mystère de cette première semaine de mai, qui désarçonnera tous les cavaliers de la vie publique, les plus aguerris en premier. Le mystère du déclenchement d'un « mouvement de masse », selon la rhétorique d'époque. En une semaine et cinq manifestations, la minorité révolu-

tionnaire se change en majorité révoltée. De cette transmu-
tation, on cherche encore la pierre philosophale. Et un
régime qui a survécu à une guerre de décolonisation
doublée d'un début de guerre civile, qui a remplacé une
république par une autre, changé les institutions, rallié à
soi l'opinion, écrasé l'opposition, traversé vingt attentats et
un putsch militaire va plier devant une troupe d'adolescents
braillards qui croient contre toute réalité respirer le vent de
l'histoire et qui vont réussir sans vraiment s'en rendre
compte à le faire souffler en tempête. C'est la première
semaine folle de mai, celle de l'invraisemblable victoire
étudiante, événement impossible et décisif.

La police dans le sanctuaire

Ce 3 mai avait commencé par un meeting raté. Ils étaient
à peine deux cents dans la cour de la Sorbonne vers midi ce
jour-là. C'est l'Union nationale des étudiants de France
(UNEF) qui les a convoqués, pour dénoncer « la terreur
fasciste et la répression policière » qui viennent de frapper
à Nanterre. Cette « répression » se résume à la convocation de huit étudiants agités, dont Cohn-Bendit, devant le
conseil de discipline de l'université, et cette « terreur »
tient en quelques bagarres avec les casqués musclés du petit
mouvement Occident. Mais enfin le conseil de discipline se
réunit très rarement. La convocation fait événement. Et
surtout, tout cela a débouché sur un fait tangible qui frappe
l'opinion : la veille, pour la deuxième fois en trois mois, le
doyen Grappin a suspendu les cours de l'université de
Nanterre.
Le Mouvement du 22 mars est chassé de son fief. Son
chef de file, Daniel Cohn-Bendit, dont la renommée
commence à poindre, sera la seule attraction d'une réunion
un peu terne [5]. Un trotskiste de la Fédération des étudiants
révolutionnaires (FER) commence par invoquer la nécessaire et mythique alliance avec la classe ouvrière. Puis un
militant entame la lecture de l'éditorial de Georges Mar-

chais dans *l'Humanité*. Les incidents de Nanterre ont reçu un traitement important dans la presse. Le Parti se devait de prendre position. C'est Marchais, l'ancien collaborateur de Maurice Thorez, l'homme d'appareil énergique et dur, le camarade déjà en lice pour la conquête du pouvoir au sein du PCF, qui se charge du travail. Les communistes se méfient comme de la peste de l'effervescence gauchiste, qui a battu en brèche leur influence dans le milieu étudiant, qui conteste leur monopole sur le marxisme, qui revigore le vieil ennemi trotskiste ou bien joue la Chine de Mao contre le « révisionnisme » de l'URSS et des partis prosoviétiques. Marchais a toutes les raisons de cogner dur. Il ne s'en prive pas, dans ce style lourdaud qui sert de syntaxe à la langue de bois[6]. Pour forcer le trait, l'orateur imite l'emphase des congrès.

— « Comme toujours lorsque progresse l'union des forces ouvrières et démocratiques, les groupuscules gauchistes s'agitent dans tous les milieux. »

— C'est bien vrai ! crie le public.

— « Malgré leurs contradictions, ces groupuscules, quelques centaines d'étudiants, se sont unifiés dans ce qu'ils appellent le " Mouvement du 22 mars ", dirigé par l'anarchiste allemand Cohn-Bendit. »

Rires bruyants et incrédules. L'adjectif « allemand » est tellement grossier qu'il paraît pastiché. « Et juif, et juif ! », crie-t-on dans la foule.

— « ...Les thèses et l'activité de ces " révolutionnaires " pourraient prêter à rire. D'autant qu'il s'agit en général de fils de grands bourgeois — méprisants à l'égard des étudiants d'origine ouvrière — qui rapidement mettront en veilleuse leur " flamme révolutionnaire " pour aller diriger l'entreprise de papa et y exploiter les travailleurs. »

Cette fois les protestations fusent. Marchais ne fait qu'appliquer à la truelle les analyses du PCF sur le milieu étudiant : un milieu bourgeois où seuls les étudiants d'origine ouvrière peuvent fournir une base saine à l'activité politique. Mais il met à côté de la plaque. Les étudiants de l'extrême gauche sont souvent d'origine modeste, parfois boursiers. Stupide, l'argumentation de Georges Mar-

chais est aussi insultante. D'autant que beaucoup de
responsables étudiants sont anciens communistes ou fils de
communistes, souvent les deux. Là le conflit politique
prend un tour viscéral. La lutte des générations, qui
parcourt Mai, trouve une application sensible, passion-
nelle. Dès le premier jour, l'un des principaux traits de la
révolte est fixé. Le mouvement de Mai sera anticommuniste autant qu'anticapitaliste ; et cette apparente symétrie
n'en sera pas une : on sait aujourd'hui que le capitalisme
français y perdra peu, et le communisme beaucoup.

Le divertissement passé, le meeting reprend son cours
tranquille. Cohn-Bendit parle, puis un inconnu au visage
fin et à la voix fluette. Celui-là s'appelle Jacques Sauvageot. C'est un militant du Parti socialiste unifié (PSU) qui
s'est retrouvé à la tête de l'UNEF sans l'avoir vraiment
voulu, en remplacement du président démissionnaire. Un
intérimaire dirigeant une organisation décadente : ce sera
le représentant le plus légitime de la révolte étudiante
pendant tout le mois. Un jeune homme intelligent mais
inexpérimenté, qui devra s'appuyer sur ses aînés du PSU
pour maintenir un cap dans la tourmente. Son discours ne
fait guère d'effet. Il est 13 heures. L'échec du meeting est
patent. En butte aux menaces disciplinaires, les contestataires n'ont pas mobilisé au-delà du cercle habituel des
sympathisants actifs de l'extrême gauche. En dépit du
« fascisme » montant et de la « répression » déchaînée, la
masse étudiante prépare les examens dans l'indifférence.
On se sépare pour aller déjeuner. Peut-être l'après-midi
apportera-t-il une assistance un peu plus nombreuse.

A cette heure-là, le Général est de bonne humeur.
D'abord parce qu'il déjeune à l'Élysée avec un hôte
habituellement peu ennuyeux : Fernandel. Ensuite et surtout parce que ses services viennent de publier un communiqué qui sonne comme une victoire. C'est à Paris que les
délégations américaine et vietnamienne se rencontreront
pour chercher un compromis à la guerre qui dure depuis six
ans. La diplomatie gaullienne cueille là un succès éclatant,
elle qui préconise depuis longtemps, au grand dam des
faucons de l'Occident, la fin des combats et l'ouverture

d'une discussion entre les belligérants. Le Général ignore tout du meeting de la Sorbonne. Il s'est tenu au courant de l'agitation nanterroise et il a donné des instructions de fermeté. Le 1er mai, pendant que les forts des Halles apportaient leur traditionnel bouquet de muguet, il s'est penché vers son ministre de l'Intérieur Christian Fouchet : « Il faut en finir avec ces incidents de Nanterre[7]. » Que les trublions ne viennent pas semer le désordre à Paris au moment où va s'ouvrir la conférence ! Pour le reste, qu'on procède aux réformes nécessaires. De Gaulle depuis long-temps presse ses ministres successifs d'introduire la sélection à l'entrée de l'université, pour que ce grand corps fatigué soit enfin capable de dégager l'élite en second dont le pays a besoin, à côté des hauts responsables déjà sélectionnés par les grandes écoles. Mais les ministres tergiversent, parlent de démocratisation, d'ouverture des facultés, d'orientation souple et d'adaptation structurelle, tout un vain bavardage aux yeux du Général, qui voit dans l'agitation le produit attendu de cette non-sélection. Alors, au moins, qu'on maintienne l'ordre, que la petite politique ne vienne pas contrarier la grande.

Vers 14 heures, trois cents étudiants se retrouvent dans la cour de la Sorbonne, agora rituelle de la gauche universitaire. C'est la répétition plate de la réunion de la matinée. Cohn-Bendit se taille un petit succès en apostro-phant un militant de l'Union des étudiants communistes (UEC) sur l'article de Georges Marchais. Courageux et résigné, l'interpellé approuve son chef, achevant de margi-naliser les communistes dans cet embryon du mouvement qui va commencer. Une heure se passe, poussivement ; il faut que les services d'ordre de la Jeunesse communiste révolutionnaire (JCR) et de la FER occupent la scène en entonnant leurs hymnes guerriers et prolétariens pour que l'attention se maintienne. A 15 heures le spectacle est sauvé. Une estafette essoufflée apporte une nouvelle électrisante : une centaine de « fascistes » ont formé un bataillon menaçant à l'Observatoire ; ils marchent en rangs serrés vers la Sorbonne. Ouf ! L'action prend le relais de la parole déficiente. Prochinois de l'Union des jeunesses

communistes marxistes-léninistes (UJCml) et trotskistes de
la JCR retrouvent le sens de la vie. On sort les casques de
leurs sacs de plastique, on arrache des pieds de chaise, on
ramasse des pierres dans un couloir en travaux. Un petit
état de siège bruyant et fébrile s'empare de la Sorbonne, où
la plupart des étudiants étaient en cours ou bien passaient
sereinement l'agrégation dans l'amphi tout proche. Les
fafs providentiels peuvent venir : ils trouveront à qui
parler.'

Ces préparatifs stratégiques impressionnent le recteur
Roche, qui craint la contagion nanterroise et plaint le sort
du doyen Grappin, capitaine impuissant du vaisseau nanterrois. Il commence par faire évacuer et fermer les amphis
où l'on donne des cours, ce qui a pour effet de grossir la
petite troupe qui transforme la cour en mini-camp
retranché. Puis il appelle ses supérieurs. La police surveil-
lait discrètement l'évolution du meeting. Sans trop de
craintes. Son chef suprême, le préfet de police Maurice
Grimaud, n'a pas jugé bon d'annuler pour si peu son
rendez-vous de l'après-midi.

A cette heure-là, il est en hélicoptère au-dessus de Paris,
présentant à un journaliste spécialisé le nouveau plan de
circulation mis en œuvre par ses services[8]. Du ciel bien
dégagé, il voit seulement la Sorbonne encombrée d'une
foule peu nombreuse, qui paraît bien dérisoire à cette
altitude. Appliquant les consignes classiques, la police s'est
contentée de séparer les deux camps en bloquant les accès à
la Sorbonne. Cette fois encore, le fascisme ne passera pas
la limite du Luxembourg. Les militants de la Sorbonne ne
le savent pas. Dans la fièvre, ils attendent les légions
ennemies, sous l'œil toujours plus inquiet du recteur
Roche, qui voudrait bien se débarrasser au plus vite de
cette encombrante garnison. D'autant que les consignes,
venues du sommet *via* les services d'Alain Peyrefitte, jeune
ministre de l'Éducation, sont bien celles de la fermeté[9].
Roche appelle le directeur de cabinet de son ministre. Tous
deux conviennent que les conditions d'une intervention
policière sont réunies. La Sorbonne ne sera pas Nanterre.
Elle sera libérée, dût-on transgresser les traditionnelles

franchises universitaires. Couvert par ses supérieurs, Roche appelle la préfecture. En l'absence de son chef, qui survole de très haut la question, le directeur de cabinet de Maurice Grimaud est réticent [10]. La police doit-elle entrer dans le guêpier sorbonnard ? Jean Paolini, briscard du maintien de l'ordre, bras droit du préfet, connaît bien la philosophie de son supérieur. La police doit en faire le moins possible à l'université. Ignorée, confinée au ghetto étudiant, l'agitation universitaire reste marginale. Que les pandores s'en mêlent, et aussitôt les contestataires recevront le renfort solidaire d'une masse d'étudiants jusque-là indifférents.

Alors Paolini demande une réquisition écrite. Approuvé par les doyens Durry et Zamanski, Roche signe un court texte qui couvrira l'intervention : « Prière de rétablir l'ordre à l'intérieur de la Sorbonne en expulsant les perturbateurs [11]. »

A 16 h 50, les uniformes bleu nuit débouchent par la porte de la rue des Écoles. Quelques militants s'enfuient par la rue Cujas [12] ; le gros de la troupe reste, l'arme au pied. C'est que les responsables sont là, qui donnent des mots d'ordre de sang-froid. Les étudiants sont dans la nasse. Qu'ils se battent et ils prendront des coups sans espoir de s'échapper. Inutile et dangereux. Alain Krivine [13], de la JCR, Jacques Sauvageot, de l'UNEF, Stéphane Berg, de la FER, s'avancent en délégation vers le commissaire qui dirige l'opération. On négocie une sortie dans le calme. Mai 68 commence par un arrangement. Il est de courte durée. La routine policière veut que l'on contrôle l'identité des « perturbateurs » désignés par le recteur. Ils sont trop nombreux pour qu'on puisse le faire sur place. Quelque cinq cents étudiants sont donc embarqués dans les cars qui attendent à l'extérieur. Pour Pierre Viansson-Ponté [14], c'est l'erreur qui a tout déclenché. Il suffisait de laisser partir les trublions en s'assurant de leur dispersion. Tout serait rentré dans l'ordre. Grimaud présent l'eût peut-être décidé ainsi. Mais cette arrestation massive en plein cœur du Quartier latin a provoqué le mouvement de solidarité. « Le mouvement se serait déclenché tôt ou tard,

répond Alain Peyrefitte vingt ans après, un prétexte
suffisait. Alors, ce jour-là ou un autre [15]... »

Première émeute

Par manque de « paniers à salade », l'embarquement de
la fine fleur de la contestation parisienne durera plus de
trois heures. Pendant ce temps, les quelques étudiants
échappés par-derrière cherchent des renforts dans le Quartier latin. Ceux qui déambulent boulevard Saint-Michel,
badauds ou militants arrivés en retard pour le meeting,
s'arrêtent eux aussi devant le spectacle. Pour la première
fois depuis longtemps, les politiques captent l'attention de
la masse. Alors le petit miracle se produit. Des cris partent
de la foule : « Libérez nos camarades » ; « La Sorbonne
aux étudiants » ; « Halte à la répression » ; bientôt repris
en chœur. Jean-Marcel Bouguereau, animateur avec Brice
Lalonde d'un petit mouvement contestataire, le Mouvement d'action universitaire (MAU), interroge Alain Krivine, qui prend son mal en patience en face de lui [16].
    — Qui sont ces mecs qui crient ?
    — Ça doit être les fafs...
A ces vieux routiers de l'agitation, la réalité est inimagi-
nable. Ce que des mois et des mois de militantisme
n'avaient pas réussi à produire, la violation des franchises
universitaires et le remplissage des cars en public l'ont
provoqué en dix minutes. Les étudiants se solidarisent
spontanément avec les pros de l'agitation. Le premier car
s'en va au milieu des cris. « CRS-SS », crie-t-on, même s'il
n'y a là que des policiers municipaux. Le deuxième et le
troisième car sont secoués par la foule. Il faut dégager les
abords de la Sorbonne. Les policiers lancent des grenades
lacrymogènes. A ce moment-là, le brigadier Christian
Brunet a le crâne ouvert par un pavé à vingt mètres de là.
La nouvelle se répand aussitôt dans les rangs policiers. Elle
s'amplifie ; certains agents croient que leur collègue est
mort.

Les forces employées n'ont aucune expérience des manifestations, encore moins des émeutes. Agressés brutalement, ces gardiens de la paix et ces inspecteurs ne savent
pas doser la violence. L'opération de dispersion commencée autour de la Sorbonne devient aveugle. Les lacrymos
fusent de toutes parts, les policiers repoussent la foule vers
la Seine en contrebas. Ils chargent tout le monde, étudiants, passants, clients de bistrots, commerçants, touristes
et riverains. Les coups de matraque pleuvent dans un air
irrespirable et bleuté.

Alors arrive la surprise : les manifestants veulent aussi
en découdre. Habituellement, en cas d'incident, une ou
deux charges policières suffisaient à disperser les manifestants. Cette fois, les étudiants se rebiffent. Ils rendent les
coups, bousculent les policiers, s'échappent et reviennent
avec des pierres. La protestation devient émeute. On
bombarde les policiers, on déplace trois voitures place du
Luxembourg et on élève la première barricade, haute de
trente centimètres. Dans l'improvisation, la technique
émeutière de 68 se met en place. Les charges policières
attirent des lancers de pavés. Henri Dacier, qui allait au
cinéma aux Trois Luxembourg, rue Monsieur-le-Prince, est
matraqué au sol devant son amie. Ils se joignent tous deux
aux émeutiers. Au coin de la rue de l'École-de-Médecine,
Claude Frèche, vendeur de logiciels IBM, arrête sa 404 et
demande ce qui se passe à un agent. Il reçoit deux coups de
matraque et rejoint les manifestants. Un camionneur
descend de son véhicule boulevard Saint-Michel et fait
tournoyer la grande manivelle qu'il tient à la main. Les
policiers reculent [17]. Dans les petites rues autour du Boul'-
Mich, Nicole Le Guennec [18] et quelques autres militants
prochinois renversent les voitures en stationnement avec
une facilité qui les déconcerte. Au carrefour Saint-Michel-
Saint-Germain, Henri Vacquin, ancien de l'UEC, voit un
groupe de jeunes secouer un car de police comme un
prunier. « Vous êtes fous ! — Ta gueule, vieux con, t'es
plus dans le coup [19]. » Vacquin a fait toutes les manifestations contre la guerre d'Algérie. Il n'a jamais vu ça. Un peu
plus loin, au croisement du boulevard Saint-Germain et de

la rue Saint-Jacques, ce sont les loulous du Roméo-Club, rendez-vous de la banlieue adolescente, qui mènent la danse avec une vigueur toute prolétarienne. Juché sur une auto, un militant de la FER crie : « C'est une folie, camarades ! Repliez-vous ! Ne suivez pas les provocateurs ! » Sans résultat.

A 21 heures l'émeute est maîtrisée et vers 23 heures les derniers manifestants dispersés. Aidés par les passants, quelque deux mille étudiants ont tenu la rue pendant plus de trois heures. La police a été totalement débordée. Devant la 10ᵉ chambre correctionnelle, le dimanche suivant, le brigadier Demurrier racontera ce désarroi : « Vendredi, j'ai vu des garçons fous furieux dressant des barricades, se livrant à des détériorations de toutes sortes, faisant fondre le goudron pour dépaver la chaussée. J'ai vu pour la première fois de ma vie des forces de police obligées de reculer devant une offensive de manifestants qui les bombardaient à coups de pavés. Il y avait quelques meneurs, peut-être une quarantaine. Mais je crois que les manifestants agissaient dans l'ensemble spontanément, par plaisir de détruire [20]. »

Le gouvernement hésite

Sous l'influence de Grimaud, la réplique gouvernementale sera mesurée. Certes, à 20 heures, le recteur Roche annonce qu'il ferme la Sorbonne jusqu'au retour au calme. Mais, quand Fouchet, ministre de l'Intérieur, demande à Grimaud [21] ce qu'il compte faire des militants arrêtés dans les commissariats, le préfet propose de les relâcher sans les poursuivre : l'émeute a commencé en leur absence. Grimaud suggère au ministre de laisser les procédures judiciaire et universitaire suivre leur cours. Fouchet s'interroge, s'inquiète, mais laisse faire. C'est aux juges et aux autorités universitaires de sévir. En fait, dès ce premier soir, le gouvernement hésite entre indulgence et fermeté.

Sur le terrain, Grimaud plaide avec conviction pour l'accommodement, la discussion, l'apaisement.

A l'Élysée, tout à ses projets planétaires, convaincu que cette affaire parfaitement subalterne se réglera avec un peu de caractère, le Général demande qu'on rétablisse l'autorité de l'université et surtout celle de l'État. S'il y a des émeutiers, qu'on les châtie ; s'il y a des meneurs, qu'on les poursuive. La masse des étudiants veut étudier. Un ou deux exemples, et cette majorité s'imposera aux excités.

Entre ces deux thèses, la rigueur gaullienne et la souplesse du préfet, le gouvernement ne choisira pas. C'est qu'il n'est pas vraiment dirigé. A l'heure où l'émeute éclate boulevard Saint-Michel, le Premier ministre est à Téhéran. Il visite les sous-sols de la banque Lelli, où on lui montre les joyaux de la couronne iranienne. Georges Pompidou est parti la veille pour dix jours en Iran et en Afghanistan. Selon l'ordre protocolaire, l'intérim a été confié à Louis Joxe, ministre de la Justice. Par tact, le garde des Sceaux est resté place Vendôme à son ministère, laissant l'hôtel Matignon sous la surveillance discrète, efficace et toujours ironique de Michel Jobert, directeur de cabinet de Georges Pompidou. Joxe est une figure du gaullisme. Mais, quand la crise se développera, il faudra se rendre à l'évidence : il n'est pas l'homme de la situation. C'est qu'il préfère toujours la négociation à la décision. Né en 1901, il a choisi la carrière diplomatique, qu'il couronnera en représentant la France aux négociations d'Évian en 1962, aux côtés de Louis de Broglie et Robert Buron. Son gaullisme date de 1940, quand il rejoint Londres. Mais il a aussi fait partie du cabinet de Pierre Cot avant-guerre, et jamais il ne reniera ses origines d'homme de gauche modéré et libéral. Il a été élu député en 1967 dans une circonscription difficile : ce petit exploit au sein d'une majorité qui sort étriquée du scrutin lui a valu son portefeuille ministériel, prestigieux à souhait. Nez bourbonien, teint rouge, amateur de bon vin et de poésie, on l'a vu sur les planches de la Comédie-Française, où il avait organisé une soirée littéraire[22]. Il est le doyen du gouvernement, et ses trois fils se retrouveront engagés à gauche, voire à l'extrême gauche. Denis, étu-

diant en sciences humaines, sera de toutes les manifestations. « Il partage un costume avec trois ou quatre camarades ; ils le portent à tour de rôle », dit son père en
souriant. Comment sévirait-il contre les étudiants ? Vingt
ans après, Louis Joxe livre avec affabilité son état d'esprit
de l'époque : « C'étaient des enfants, nous n'allions tout de
même pas leur tirer dessus[23]. » Le Premier ministre par
intérim gérera donc la crise pendant les dix premiers jours ;
à tout le moins il ne se prendra certainement pas pour un
Galliffet.

Sous lui, deux ministres, qui ne sont guère plus des
sabreurs. Alain Peyrefitte est une jeune étoile du gaullisme. Normalien, énarque, il a été remarqué par le
Général, qui l'estime. Lettré, ambitieux, il peaufine une
réforme de l'éducation à laquelle il pourrait laisser son
nom. La contestation étudiante l'empoisonne ; il n'est
guère préparé à y faire face. Christian Fouchet est d'allure
bien plus martiale. Résistant et gaulliste de la première
heure, il a rejoint Londres le 17 juin 1940 et de Gaulle le
19. Il est le fidèle des fidèles, sourcil charbonneux et verbe
haut. Au physique, la place Beauvau lui va bien. Au moral,
beaucoup moins. Bien sûr, il mène les préfets à la baguette.
Mais ce grognard est lui aussi un littéraire. Il vient de
quitter le ministère de l'Éducation, laissant une réforme
derrière lui, prisant beaucoup la société des universitaires,
fier d'avoir dirigé un secteur dont Georges Pompidou a dit,
sans prévoir l'ironie du mot, qu'il était « la plus belle
réussite de la Vᵉ République ». Ces trois hommes plutôt
débonnaires, humanistes, gênés au fond d'avoir à faire
matraquer des jeunes qui pourraient être — ou qui sont —
leurs enfants, vont tenir le gouvernail pendant cette
première tempête. Certes, ils sont conservateurs, compta-
bles d'un pouvoir souvent autoritaire, parfois archaïque,
qui couvre du manteau de la grandeur le contrôle absolu de
la télévision, l'omniprésence d'un État tentaculaire, la
tutelle sur la justice ou la mise en veilleuse du Parlement.
Mais ils le défendront avec une hantise : éviter à tout prix
que le sang coule. Fouchet le dira plus tard à Philippe
Alexandre : « Mon seul souci était d'éviter une escalade

sanglante. Je me souviens du 6 février 1934 : j'étais alors jeune étudiant. Je revois les morts, les blessés, l'espèce de stupeur qui avait frappé Paris. Bien sûr nous pouvions techniquement stopper l'émeute quand nous le voulions. Mais le bruit de nos coups de feu aurait retenti dans toute l'Europe[24]. »

Dans cette tâche contradictoire — rétablir l'ordre en bridant la violence —, ils seront secondés avec une modération énergique par un quatrième littéraire, que le hasard de la carrière a mis à un poste dont il n'a, *a priori,* guère le profil. Préfet de police, premier flic de Paris, Maurice Grimaud a toujours regretté de n'avoir pas pu entrer à Normale supérieure[25], où ses penchants pour la poésie et le roman auraient pu s'épancher sans entraves. Courtois, fin, il est devenu administrateur compétent, modelé par la préfectorale, qui demande diplomatie et caractère. Avec courage, il suivra sa ligne, celle d'un pragmatisme qui sait composer avec les principes pour dompter l'émeute sans effusion de sang.

Durement chargés, bastonnés sans retenue, les étudiants diaboliseront ce régime à leurs yeux casqué de noir. C'est le grand paradoxe du drame qui commence : les piliers de l'ordre préfèrent de loin la plume à la matraque, le verbe à la grenade. Sans le Général et ses algarades, ils eussent sans doute très vite cédé aux revendications étudiantes. Ils savent aussi que les manifestants ont l'opinion avec eux : la raideur aurait un coût politique fort élevé. Cette combinaison de fermeté dans les directives et de modération dans l'exécution offre aux émeutiers l'ouverture décisive. Dans cette brèche, un jeune état-major improvisé va s'engouffrer avec une astuce étonnante et manœuvrer les politiques du gouvernement comme à la parade. Il est vrai qu'ils ont derrière eux une riche expérience militante.

2

La double origine
de la révolte étudiante

Le mystère du 3 mai, cette explosion spontanée, s'explique bien sûr par l'action des groupuscules, du Mouvement du 22 mars et par la crise universitaire. Mais on ne comprend pas grand-chose à s'arrêter là. Les émeutiers du boulevard Saint-Michel ont une autre origine : ils sont sans trop le savoir membres d'une génération. Une génération très particulière dans l'histoire des pays occidentaux, la première de son genre. Il faut donc raconter cette histoire-là, avant d'entrer dans la généalogie étudiante de la révolte. On y trouve des noms et des événements futiles en apparence : les Beatles, les Rolling Stones, Elvis, Bob Dylan, Joan Baez, le concert de la Nation, Carnaby Street et *Salut les copains*. Ils sont des ingrédients décisifs et, dans la révolution de Mai, Lennon joua un rôle plus important que Lénine[1].

Les jeunes ne sont pas une classe sociale, lisait-on dans les bréviaires marxistes[2]. En Mai 1968, ils jouent pourtant, en tant que groupe particulier, un rôle décisif. Ils forment les bataillons étudiants et lycéens à Paris et en province, pas seulement dans les manifestations, mais dans tous les lieux où le mouvement prend corps, dans les universités, les lycées, les cafés, les rues, sur les places, jusqu'au sein des familles. Dans les usines, les jeunes ouvriers sont souvent au premier rang, insufflant l'ardeur, l'enthousiasme, l'efficacité militante. La jeunesse n'est pas une classe. Peut-être. En ce printemps 1968, elle est l'avant-garde indiscutable du mouvement qui permet à la révolte étudiante de trouver immédiatement un écho de sympathie, puis un relais dans l'ensemble de la société, grâce à cette confrérie qui fonctionne depuis des années au grand jour, celle de l'âge. Il y faut bien des raisons précises. Les éclaircir, c'est rappeler l'histoire, non pas d'une classe, mais d'une génération[3].

La saga des « baby-boomers »

Ils sont apparus à une date invraisemblable, au plus fort du conflit mondial : en 1942. Les démographes sont formels, c'est au milieu de cette année noire que la courbe des naissances s'est soudainement infléchie, sans doute à cause du retour des prisonniers de 1940 qui commence à ce moment-là. C'est le début d'une longue période de fécondité. Peut-être galvanisées par la victoire alliée, condamnées à l'optimisme par l'immense tâche de la reconstruction, confiantes dans l'avenir d'un système qui a surmonté le plus grave défi de son histoire, les populations des démocraties occidentales s'avisent tout d'un coup de procréer beaucoup plus qu'avant la guerre. Entre 1945 et 1965, le taux de fécondité dépasse largement le seuil de reproduction de la population. Vingt ans pour engendrer une génération particulière, celle qui accédera aux responsabilités trente ans plus tard, dans les années quatre-vingt.

Dans l'après-guerre occidental, les « baby-boomers » reçoivent d'emblée, par le hasard de l'histoire, des traits marquants, communs à des millions d'enfants sur trois continents. Ils ne connaîtront plus la guerre sur leur sol, ni en Europe, ni aux États-Unis, ni au Japon. Ils grandiront dans une atmosphère de croissance rapide et régulière. Ils vivront tous les effets, culturels, bienfaisants ou pervers, de la « société d'abondance ». Leur simple nombre est un facteur décisif. Il faut les nourrir, les loger, les vêtir et les éduquer. Le boom de la consommation et de l'immobilier et la construction hâtive d'un énorme appareil scolaire en dérivent directement, tout comme l'immense énergie soudain déployée par tous les foyers d'Occident pour produire,

produire et encore produire. Nés dans la pénurie, les « baby-boomers » sont nubiles dans un début d'abondance et adultes dans la prospérité.

A force de travail, leurs parents sont bientôt dotés d'un pouvoir d'achat inégal mais souvent conséquent, beaucoup plus élevé, en tout cas, que celui de leurs propres parents. Ces adultes des années cinquante forment les rangs innombrables de cette classe moyenne qui sera bientôt le pilier de toutes les démocraties capitalistes. Du coup, les enfants n'ont pas besoin, à l'inverse de toutes les générations qui les ont précédés depuis l'origine de l'humanité, de passer directement de l'enfance à l'âge adulte. Entre quinze et vingt-cinq ans, pour ceux, de plus en plus nombreux, dont on peut financer les études, ils vivent un âge intermédiaire, autonome et dépendant, studieux par à-coups, oisif le reste du temps, pendant lequel ils peuvent lire, apprendre, rêver, aimer et se distraire. Cet âge, c'est l'adolescence, une idée neuve en Occident.

Dans les années cinquante, cette catégorie particulière voit ainsi le jour, qui a vingt ans et laissera tout le monde dire à loisir que c'est le plus bel âge de la vie. L'Occident est marchand : la jeunesse, que les bosseurs de l'après-guerre dotent avec magnanimité d'argent de poche, forme un marché solvable. Les adolescents ont bientôt leur musique, leurs vêtements, leurs films et leurs journaux. Leurs signes de reconnaissance et leur langage : leur univers.

A cette jeunesse affranchie des contraintes matérielles, les codes du vieux monde paraissent surannés. Sous leurs yeux, la science, alliée à l'industrie, transforme tout, nature et société. Les religions s'affaiblissent en professant des morales dépassées. La décontraction, la sexualité, la musique et les ivresses artificielles sont autrement attrayantes que les disciplines traditionnelles tournées vers la réussite sociale.

La contestation commence par des chansons

Le jazz a ouvert la voie vers ces libérations personnelles. Le rock'n roll, dérivé fruste et énergique, devient le prisme de toute chose. Au début, nulle critique sociale dans tout cela. Les fans d'Elvis, de Buddy Holly, de Chuck Berry ou de Gene Vincent veulent seulement vivre à leur guise en attendant l'âge adulte, danser, flirter, boire et faire la fête. Mais, dans un monde de rigueur industrielle et de morale religieuse, cette revendication est déjà subversive. Les rockers font scandale par leur insolence de ton, leurs vêtements et leur gesticulation sensuelle. Le cinéma s'en empare et hisse d'autres adolescents, James Dean ou Marlon Brando, à la hauteur de demi-dieux.

Les rockers américains font école en Grande-Bretagne, et, au bout de trois ou quatre ans, la vieille Angleterre remuée par sa révolution pop renvoie dans le monde entier ses jeunes prolos propulsés au sommet par une batterie et quelques guitares électriques[4]. Beatles et Rolling Stones conquièrent la planète en poussant devant eux les légions colossales de l'adolescence d'Occident. En France, le mouvement « yéyé » naît par imitation des Anglo-Saxons. Johnny, Sylvie, Eddy, Dick Rivers, Richard Anthony, Sheila, Claude François et Françoise Hardy révolutionnent le show-biz et la conscience adolescente. Grâce au bas prix des 45 tours, des transistors et des électrophones, la société industrielle donne ses bases matérielles à cette révolution culturelle. La jeunesse du monde entier communie aux mêmes rythmes simples, aux mêmes refrains un peu niais, aux mêmes danses frénétiques.

Leurs parents, qui ne croient qu'au travail et à la famille — et pour cause, ce sont eux qui ont fait la croissance et le baby-boom —, sont désorientés par tant de frivolité. Tarte à la crème des magazines et des scénaristes, le conflit des générations naît tout naturellement de ce décalage. On tente de contenir les adolescents ; on se les aliène un peu plus. En quelques années, de la fin des années cinquante au milieu des années soixante, les jeunes unis par la musique adoptent des valeurs et des modes de vie tournés de plus en plus clairement contre ceux de leurs parents.

Car les chanteurs issus de la classe ouvrière ou de la toute petite bourgeoisie commencent à donner un tour de plus en plus critique à leurs productions[5]. John Lennon, Bob Dylan, Mick Jagger, Joan Baez, baladins surdoués promus maîtres à penser, ne pensent pas dans le droit chemin. Au contraire, leur origine ouvrière (pour certains d'entre eux), leur goût de la provocation, leur fréquentation assidue des musiciens noirs américains, leur penchant pour les excès de boisson et de stupéfiants, leur recherche incessante de la nouveauté musicale et vestimentaire les éloignent chaque année un peu plus des normes en vigueur. Les Beatles explorent les paradis artificiels, la gentillesse communautaire, le baroque musical et les religions contemplatives. Les Rolling Stones font revivre la violence originelle du rock sans fioritures, tout de rythmes efficaces et de provocations verbales. Bob Dylan prolonge avec un talent insigne la tradition du « protest song » américain, nourrissant de couplets vengeurs toute une génération d'étudiants yankees qui refuseront bientôt la guerre du Viêt-nam. Sous ces magistères colorés, des centaines de milliers de jeunes vont apprendre le jerk, la marijuana, les nuits sans fin, les longs voyages, la sexualité sans contraintes et le rêve éveillé[6]. Dans les années soixante-dix, une nouvelle morale va prendre corps, faite de tolérance, d'ouverture, d'humour naïf, de pacifisme, de dérision, de mépris de l'argent et de la carrière, de refus de l'autorité. Tous n'y adhèrent pas, loin de là, beaucoup voient tout cela avec prudence, ou retenue, toujours respectueux de la vieille morale. Mais tous en sont influencés. Pour la première fois, la jeunesse s'arroge collectivement le droit de juger ses aînés. Peu ou prou, l'adolescence des démocraties se retrouve en dissidence morale.

Alors, aux yeux des « baby-boomers », une deuxième histoire se déroule en marge de la première, une suite d'événements que le monde adulte ignore ou néglige, mais qui forment pour eux la vraie trame du temps qui passe. Le

déferlement de la « Beatlemania », le conflit mondial qui
oppose dans un débat futile et décisif partisans des Beatles
et des Rolling Stones, le concert de Johnny Halliday à la
Nation en 1962, l'arrivée des premiers Bob Dylan avec
leurs mélodies simples et leurs refrains corrosifs, le succès
radiophonique de *Salut les copains,* la naissance du rock
californien, avec la mode du haschich et de la marijuana et
les premières orchestrations psychédéliques des Pink
Floyd, le succès mondial de *Satisfaction,* hymne de la
frustration consommatrice, l'avènement de la minijupe et
de Carnaby Street, la mort de Brian Jones, guitariste des
Rolling Stones, ou celle d'Otis Redding, grand prêtre de la
« soul music », et, en 1967, ce qui restera pour beaucoup
l'événement esthétique de la décennie, la sortie de *Sergeant
Pepper's Lonely Hearts Club Band,* l'album le plus inventif
des « années Beatles », peaufiné pendant toute une année
de travail harassant par les quatre de Liverpool, et qui va
révolutionner le monde de la « pop music ». Ce sont les
vrais événements historiques pour les « baby-boomers »,
plus que l'élection présidentielle de 1965 en France, la
victoire des travaillistes en Grande-Bretagne ou bien celle
de Lyndon B. Johnson aux États-Unis en 1964.

Face à ces phénomènes déconcertants, la réaction des
adultes est maladroite. Certains sont goguenards et incrédules ; d'autres s'inquiètent pour les morales traditionnelles
et la stabilité politique. Alors, c'est une petite guérilla
symbolique qui oppose les générations, achevant de creu-
ser le fossé. Déjà on avait tenté d'interdire la retransmis-
sion de concerts d'Elvis Presley, puis exigé que le « king »
soit filmé en buste de manière à épargner au public le
spectacle de son jeu de jambes suggestif. Dans les écoles et
les lycées, on traque la minijupe et les cheveux longs. Les
Rolling Stones doivent, pour se produire à la télévision
américaine, transformer les paroles de leur tube *Let's
Spend the Night Together* en un plus lénifiant *Let's Spend
Some Time Together.* Dans les écoles et les lycées de
France, on maintient la discipline d'antan, estrades, défilés
en rangs et notes de « conduite », petite police des corps
qui frustre et horripile toute une génération. Rien d'éton-

nant si dans les cités universitaires l'agitation se focalise
autour du droit de visite des garçons chez les filles, affaire
nationale qui remontera jusqu'en Conseil des ministres, et
si la première apparition publique de Daniel Cohn-Bendit,
dans une altercation avec le ministre de la Jeunesse et des
Sports, a trait à l'éducation sexuelle. Ces petites choses
sont de grandes affaires pour les adolescents conquérants,
qui veulent changer leur vie avant de changer le monde.

Ces réactions rigides, la France gaulliste les incarne
jusqu'à la caricature. Soumise à un taux de croissance à la
japonaise, elle est réglée par les normes culturelles de la
bourgeoisie catholique de province. Le respect des hiérarchies, la morale sexuelle retardataire, des critères esthéti-
ques dépassés, une diffusion du savoir fondée sur l'autorité, tout cela produit une sensation d'étouffement. Pour
cette raison, l'explosion fut en France plus violente qu'ailleurs.

Viêt-nam et pop music

Encore faut-il une initiation politique. Pour beaucoup,
Mai 68 en tiendra lieu. Mais il n'y aurait pas eu de leaders,
de porte-parole, ni même beaucoup de militants si l'explosion n'avait pas été précédée d'une longue préparation.
Dans cette première partie des années soixante, une
fraction de « baby-boomers » va s'engager dans la politique, petite troupe marginale à l'origine, qui sera rejointe
au fil des ans par une masse grandissante de sympathisants.
Sur l'humus de la « pop music » et de la contestation
esthétique et vestimentaire, une plante politique va pousser, aux fleurs d'un rouge éclatant. Comme souvent dans
l'après-guerre, les États-Unis ouvrent la voie. Sous Elvis
Presley, la star politique s'appelait John Kennedy. Pour
l'opinion publique, sa jeunesse, son charisme, ses appels
éloquents au sens civique et à la justice, la lutte de son frère
contre la ségrégation puis contre la mafia séduisaient la
jeunesse. Les fans de rock n'avaient aucune raison, dans

leur lutte pour l'assouplissement de la vie quotidienne, de mettre en cause l'ensemble de la société américaine. Son représentant le plus éminent leur convenait. Sa mort, le premier vrai choc politique pour des millions de « baby-boomers », allait changer beaucoup de choses. Un système qui se débarrasse ainsi d'un président juste et fort ne peut être innocent. Lyndon Johnson, qui lui succède, se lance dans des réformes sociales, mais aussi dans l'engrenage de la guerre du Viêt-nam (initiée par Kennedy, on l'oubliera parfois à cause du martyre du jeune président). Pendant ce temps, l'enrichissement continu de la société, dès lors qu'il n'était plus couvert et transcendé par un président moraliste, finissait par devenir suspect. Comment les parents pouvaient-ils amasser autant de richesses, si ce n'était en les prenant à quelqu'un ? La chose devenait insupportable quand ces sociétés riches et démocratiques refusaient l'indépendance aux pays colonisés, violant avec éclat leurs propres principes. Après la guerre d'Indochine, et d'Algérie, le conflit viêtnamien paraissait ressortir de la même hypocrisie. Avant tout regard critique porté sur les révolutionnaires viêtnamiens, leur combat était d'emblée légitime. Habilement mise en scène par la propagande viêt-cong, la lutte des maquisards du Sud appuyés sans qu'on le dise trop par l'armée régulière du Nord faisait figure de guerre exemplaire, les bons contre les méchants, David frugal et épris de justice contre Goliath gras et inhumain. Abusée par la désinformation nord-vietnamienne, parfois même complice, la presse occidentale taisait consciencieusement la brutalité des combattants communistes et le caractère concentrationnaire du régime établi au Nord, préférant se concentrer sur les exactions américaines, les bombardements massifs, l'usage du napalm et les turpitudes bien réelles des dictateurs du Sud. L'opinion, la jeunesse au premier chef, en déduisait l'immoralité de principe de l'intervention américaine et le bon droit ontologique des communistes vietnamiens. La même opinion déchanterait dix ans plus tard quand les réalités du système nord-vietnamien apparaîtraient au grand jour. En attendant, le combat des troupes américaines contre les maquisards était celui des ténèbres contre la lumière.

C'est alors que l'Amérique embourbée devant les légions besogneuses et innombrables de Giap et de Hô Chi Minh s'avisa de recourir massivement à cette jeunesse en dissidence pour l'aider à gagner cette guerre du Viêt-nam. Ce fut l'explosion de la « draft-revolution », le refus massif d'obéissance face à la conscription. Des milliers de jeunes Américains refusèrent l'incorporation, préférant passer au Canada plutôt que de servir le pays les armes à la main. Les autres partirent tout de même, mais accumulèrent dans les rizières bourbeuses et les villes grouillantes du Viêt-nam du Sud une expérience traumatisante, eux qui, jusque-là, voyaient la vie à travers les mélodies gentilles de Donovan [7] et de Paul McCartney. L'agitation devint endémique sur les campus, et les marches de protestation contre la guerre furent le pain quotidien de la jeunesse d'Amérique. Les intellectuels, les écrivains et les cinéastes donnèrent le cadre culturel de ce mouvement de refus. Les philippiques des Soviétiques, des Cubains et de tous leurs alliés contre « l'impérialisme américain » trouvaient une magnifique occasion de se déployer. En trois ou quatre ans, l'Amérique de Kennedy, des droits civiques, de la conquête de l'espace et de Martin Luther King (assassiné également en 1968, comme Robert Kennedy, frère de John), généreuse et idéaliste, devenait dans l'imagerie de la jeunesse celle d'un Johnson qu'on n'était pas loin d'assimiler à un dictateur fasciste, l'Amérique des multinationales, de la CIA, du napalm, de l'aliénation consommatrice, du racisme anti-Noirs et du Ku Klux Klan. Les posters d'Angela Davis, de Hô Chi Minh et du Che allaient orner la chambre de centaines de milliers d'adolescents que les méthodes léninistes auraient révulsés, mais qui voyaient dans ces figures les héros d'un romantisme moderne et révolutionnaire. A la contre-culture hédoniste et pacifique s'ajoutait une couche de virulence militante relevée d'un marxisme-léninisme vite assimilé qui déclarait l'Occident coupable et les communistes du tiers monde le sel de la terre.

Version française

En France, le mouvement contre la guerre du Viêt-nam, qui après la guerre d'Algérie permit aux principaux animateurs de Mai de faire leurs classes, allait prendre un tour particulier. A la différence des États-Unis, la France était dotée d'un parti communiste puissant. L'atmosphère idéologique qui prévalait sur les bords de la Seine n'avait rien à voir avec celle qui agitait les rives du Pacifique.

Quelques francs-tireurs mis à part, l'intelligentsia « progressiste » se retrouvait enrôlée de près ou de loin parmi les compagnons de route du « parti de la classe ouvrière ». Aux yeux des intellectuels, le Parti comportait quelques défauts, mais il avait l'immense avantage de représenter l'humanité souffrante dans un monde voué à l'argent. Il s'appuyait aussi sur un bloc communiste dont l'image, malgré la révélation des crimes de Staline par Khrouchtchev et la divulgation des réalités de la répression soviétique par Souvarine, Kravtchenko, David Rousset et quelques autres, par une étrange aberration, était restée globalement très positive aux yeux de l'opinion éclairée et bien-pensante[8]. Le marxisme, dans sa version stalinienne classique, ou bien dans la théologie d'apparence novatrice construite par Althusser, ou encore dans les variantes dissidentes construites par les théoriciens de la « nouvelle gauche » dominait toujours les esprits. Autrement dit, on parlait le langage du PCF, même pour le combattre. La langue de bois entravait tout autant partisans et adversaires du stalinisme français. Lesté d'un poids électoral énorme, contrôlant étroitement le principal syndicat ouvrier ainsi qu'une myriade de pseudopodes à façade démocratique, solidement implanté dans l'université, doté d'une presse puissante, le Parti dominait la gauche de la tête et des épaules. Fidèle auxiliaire de l'URSS, il ne comptait pas sur une révolution dans cette partie là de l'Europe, se contentant de gérer ses positions de pouvoir en favorisant autant que possible la politique étrangère gaulliste d'équilibre entre les deux blocs, qui convenait parfaitement à ses maîtres moscovites. Plus stalinien que les héritiers de Staline, il désapprouvait au fond le rapport Khrouchtchev et les réformes engagées par le secrétaire général du PCUS. La chute de M. K. l'avait ravi ; il tenait dans le mouvement communiste occidental le rôle ingrat et commode de gardien de l'orthodoxie stalinienne, fidèle à Moscou quand Moscou jouait la carte de la stabilité.

Une lutte interne aussi secrète que furieuse opposait néanmoins un camp « modernisateur » et un camp « conservateur ». Quelques avancées en sortaient parfois, vite contrebattues par l'exclusion périodique des réformateurs trop imprudents, toujours sidérés de voir se retourner contre eux les méthodes de mise au silence qu'ils avaient eux-mêmes employées contre la génération précédente de communistes novateurs. Waldeck Rochet, qui présidait aux destinées du PCF depuis la mort de Thorez, était prudemment acquis à la cause du changement. Mais il devait constamment louvoyer entre les fractions de l'appareil et les pressions plus ou moins vigoureuses du grand frère soviétique. Pour l'heure, le PCF s'était engagé dans une voie légaliste de progression électorale et d'unification de la gauche. En 1962, un accord de désistement au second tour avait été passé avec la Section française de l'internationale ouvrière (SFIO) de Guy Mollet et, en 1965, le PCF avait soutenu François Mitterrand, candidat unique de la gauche, qui lui paraissait un moindre mal par rapport à un Defferre ou un Mendès par trop atlantistes. Il entretenait depuis des rapports difficiles mais suivis avec la « gauche non communiste » réunie dans le fragile cartel radicalo-socialiste de la Fédération de la gauche démocrate et socialiste (FGDS).

En 1967, la coalition électorale avait donné de bons résultats, puisque les gaullistes avaient failli perdre la majorité parlementaire et qu'un fort contingent de SFIO, de radicaux et de membres de la Convention des institutions républicaines (CIR), le petit parti dévoué à François Mitterrand, s'étaient retrouvés sur les bancs du palais Bourbon à côté des solides troupes communistes. Campé

sur son appareil, assis sur un empire municipal et commer-
cial florissant, le PCF voyait l'avenir avec confiance. Une
chose le titillait néanmoins : ses rapports avec la jeunesse,
et notamment avec la jeunesse étudiante.

C'est que, dans la contre-société communiste, les effets
du conflit de générations entre les « baby-boomers » et
leurs parents se faisaient sentir autant que dans la société
tout court. A la fin des années cinquante et au début des
années soixante, une fraction ténue mais très active de la
jeunesse communiste, souvent composée de fils de communistes, commençait à se poser des questions. Par atavisme,
on adhérait à l'UEC. Mais on commençait à trouver
singulièrement conformistes et ennuyeux les apparatchiks
thoréziens. Leur légalisme mollasson, leur discipline grise,
leur absence totale d'imagination, leur révérence absolue à
l'égard des Soviétiques, leur mépris absolu de la démocratie interne, leur refus des débats qui de Cuba à Pékin en
passant par Rome agitaient le mouvement communiste,
leur conformisme intellectuel en béton, leur fermeture
absolue à la vie moderne, leur morale petite-bourgeoise
agressivement imposée, tout cela détachait rapidement les
jeunes de la ligne et les faisait dériver dangereusement vers
d'autres pôles idéologiques. Au fond, le PCF semblait
participer à sa manière de la vieille société française,
autoritaire et archaïque. S'y ajoutait encore, aux yeux de
beaucoup de militants, l'attitude timorée des communistes
pendant la guerre d'Algérie. Les fils de bourgeois en
rupture se mariaient avec une fille de cantonnier, partaient
au-delà des mers sur des cargos rouillés, lisaient Boris
Vian, fumaient des gauloises papier maïs ou écoutaient du
Bill Haley. Les fils de communistes en dissidence lisaient
Trotski, Althusser, quelques-uns Marcuse, louchaient vers
le PC italien, juraient par la Chine de Mao, réclamaient de
la démocratie dans l'UEC et, comble de provocation,
allaient danser au Caveau de la Huchette. C'est ainsi que,
sur les marges de l'empire communiste, au sein de la
remuante UEC, beaucoup de futurs leaders de Mai firent
leurs classes [9].

La crise de l'université

Le deuxième facteur est universitaire. De 50 000 en 1936, les étudiants étaient passés à 250 000 en 1960 et à 500 000 en 1968. A cette démocratisation par le nombre, il manquait une démocratisation par les méthodes et une adaptation au monde moderne, que des structures vermoulues semblaient bien incapables de supporter. Le cours magistral restait l'alpha et l'oméga d'une transmission autoritaire du savoir, laissant l'étudiant isolé face à une institution distante et anonyme. Ce principe pouvait convenir avant 1960 à un public recruté pour l'essentiel dans les classes les plus éduquées de la population. La culture héritée suppléait aux insuffisances de la pédagogie universitaire. Dès lors que les enfants des classes moyennes, dépourvus de ces avantages familiaux, entraient en masse dans les facultés, il eût fallu organiser un enseignement plus structuré, encadrant de plus près l'étudiant, resserrant les liens entre enseignants et enseignés. Au lieu de cela, le corps professoral, à quelques exceptions près, persistait obstinément dans son être mandarinal.

Ajoutée au gonflement subit des effectifs, à la répartition hâtive de ces masses dans des bâtiments nouveaux construits à la hâte pour endiguer une marée démographique pourtant parfaitement prévisible, cette « dépersonnalisation » de l'étudiant produisait une frustration muette mais permanente. Le petit groupe situationniste de Strasbourg, influencé par les thèses brillantes et paradoxales d'un Guy Debord, avait publié un pamphlet prémonitoire, quoique passé à peu près inaperçu à l'époque, intitulé fort justement *De la misère en milieu étudiant*, qui annonçait avec brio les réflexes anti-autoritaires des contestataires de Mai.

Les garçons chez les filles

Ce sentiment diffus d'indifférence et d'inadaptation s'était aiguisé dans le monde clos des cités universitaires, le plus souvent habitées par les étudiants les plus modestes, séparés de leurs parents par la géographie. Propres et fonctionnelles, celles-ci ne brillaient ni par l'originalité architecturale ni par l'agrément de la finition, composant un décor froid de néon et de béton grisâtre. En conformité avec la morale sexuelle étroite en vigueur à l'époque (et avec l'inexistence de la pilule), le ministère avait établi un règlement pointilleux qui limitait les sorties le soir et proscrivait les visites nocturnes entre filles et garçons. Comprimant des inclinations naturelles et, aux yeux des étudiants, parfaitement légitimes, maintenant contre le temps une discipline désuète et vexatoire, ces entraves à l'autonomie personnelle suscitaient une opposition permanente des résidents, dont l'importance dans la généalogie du mouvement fut énorme. En 1965, 1966 et 1967, des incidents avaient régulièrement émaillé la vie des cités. Petit à petit, le ministère avait dû faire des concessions. Dès 1965 Christian Fouchet, ministre de l'Éducation, avait admis le droit de visite des filles chez les garçons. A l'automne de cette année-là, la police intervenait à la cité d'Antony, où la rumeur publique situait des chambres abritant des avortements. L'affaire ne s'apaisait qu'après plusieurs semaines d'agitation.

Au début de 1968, les résidents de la région parisienne s'élèvent de nouveau contre ces règlements archaïques [10]. Pris entre les demandes étudiantes et le puritanisme persistant d'une grande partie de l'opinion, le gouvernement cherche longuement une solution de compromis. Alain Peyrefitte, nouvellement nommé à l'Éducation nationale, y consacre une bonne part de son énergie. Le 26 janvier, il peut annoncer aux recteurs réunis son plan de réglementation. On accordera la liberté complète aux majeurs et aux mineurs munis d'une autorisation des parents (la majorité civile est alors placée à vingt et un ans). Pour les mineurs, la règle Fouchet est inchangée : visite possible des filles chez les garçons, mais non l'inverse. La solution suppose une répartition des étudiants entre majeurs et mineurs, ainsi que la désignation de concierges supplémentaires garants de son application.

Discutée, amendée, elle remonte jusqu'au Conseil des ministres, où Alain Peyrefitte présente son projet le 7 février. La procédure paraît aujourd'hui disproportionnée. Mais c'est la première fois qu'un gouvernement de la Vᵉ République se saisit d'une question touchant directement aux mœurs sexuelles, pourtant en pleine évolution.

Bougon, le général de Gaulle marmonne quelques phrases d'où ressort, paraît-il, le mot « bromure », et qui se conclut ainsi : « Ils n'ont qu'à se voir dans les amphithéâtres. » Georges Pompidou soutient au contraire son ministre par une maxime de bon sens : « Il faut vivre avec son temps. » Le projet est adopté.

L'impératif sélectif

Ces tracasseries dépassées se doublent pour les étudiants d'un problème plus austère, celui de la sélection. Produit de la sélection militaire, homme d'ordre et de modernité à la fois, conseillé par un universitaire moderniste et prestigieux, Jacques Narbonne [11], le Général voit la solution des questions d'éducation dans un principe simple : l'adaptation du système scolaire et universitaire aux besoins du pays en cadres de haut niveau, par une sélection à l'entrée dans les facultés régulant le flot des étudiants et le dirigeant dans les filières où ils sont les plus utiles à la nation. Cela suppose la planification universitaire et le tri des étudiants à l'entrée dans le supérieur, et même avant. Le Général a devant lui deux exemples aux méthodes différentes mais à la même finalité, celui des États-Unis et celui de l'URSS. Il ne voit pas pourquoi la France échapperait à cette règle simple qui paraît dictée naturellement par l'évolution des sociétés industrielles.

Il presse donc ses ministres de satisfaire ses vœux, ce qu'ils ne sont guère pressés de faire. Le milieu enseignant et étudiant est en effet traditionnellement hostile à un remède aussi draconien. Marquée par le plan Langevin-Wallon, le grand projet éducatif progressiste d'avant la guerre et par les espoirs de la Libération, la génération qui gère l'université croit à son ouverture sociale et à sa mission d'éducation universelle. Il lui paraît contraire aux principes de la démocratisation de fermer les portes des facultés à une partie des bacheliers. Libéraux sous des dehors parfois autoritaires, certains ministres gaullistes comme Christian Fouchet sont sensibles au principe du libre choix des études par les étudiants, règle qui exclut la planification autoritaire.

A gauche, ce refus se double d'une critique des résultats de la sélection scolaire et supérieure. Aux yeux d'un nombre croissant d'enseignants et d'étudiants, auxquels les travaux de Bourdieu et Passeron fournissent une base argumentée, l'université est aussi une machine à reproduire les classes sociales. Par l'application d'un modèle d'enseignement réglé sur les références culturelles et les codes langagiers des classes supérieures, elle favorise naturellement les enfants de cette mince élite sociale, au détriment des rejetons des classes populaires, qui ne peuvent dans leur majorité s'adapter à ces modèles culturels qui leur sont étrangers. Accroître la sélection, c'est éliminer plus sévèrement les enfants des classes pauvres, qu'on reléguera naturellement, quelles que soient leurs capacités réelles, dans les tâches d'exécution. Les statistiques confirment par leur sécheresse ces raisonnements sociologiques : elles font apparaître une « sur-représentation » massive des couches éduquées de la population (qui se recoupent en grande partie avec les classes riches) et une « sous-représentation » symétrique des fils d'employés, de paysans et d'ouvriers.

Appelé au ministère en 1962, Christian Fouchet, bourgeois libéral à l'apparence de colonel d'empire, répugne à appliquer brutalement les principes de Jacques Narbonne. Il a le soutien discret de Georges Pompidou, qui s'appuie sur son expérience personnelle pour promouvoir ses vues en matière d'enseignement. Elles sont également libérales. « Je ne veux pas encaserner la jeunesse française », dit-il. Les contraintes prévues par Narbonne pour organiser l'orientation des élèves et des étudiants lui paraissent violer le libre choix des familles. Le normalien d'origine modeste croit aux vertus républicaines de la promotion par le diplôme. Il lui déplaît sans doute de penser que d'autres élèves pauvres, parce qu'ils auraient connu une moindre réussite que d'autres au lycée, se verraient fermer l'accès à l'université par une décision sans appel.

Consultant, réfléchissant, élaborant longuement, le ministre met en œuvre un plan qui édulcore largement les directives du président de la République. A tel point que Jacques Narbonne, découragé par tant de pusillanimité, démissionne en 1964. En avril 1967, après les élections législatives, Christian Fouchet est muté au ministère de l'Intérieur.

Le plan Peyrefitte

Prenant la suite du grognard au cœur tendre, un intellectuel habile et nouveau en politique hérite de ce dossier compliqué. C'est Alain Peyrefitte, qui est nommé après les élections d'avril 1967. Christian Fouchet lui a laissé une réforme importante, préparée par le secrétaire général de son ministère Pierre Laurent : l'orientation des élèves en troisième. Aux termes du projet, une commission souveraine décidera de l'orientation des élèves. Les meilleurs resteront dans les filières longues, les autres seront dirigés d'autorité vers les formations courtes. Le nouveau ministre garde le principe de cette sélection, mais en assouplit les modalités. Quatre instances successives examineront le cas des élèves, qui ne pourront se plaindre d'avoir été jugés arbitrairement.

En quelques mois, Alain Peyrefitte [12] prépare surtout un projet qui révolutionnera l'organisation universitaire. Le principe français veut que le baccalauréat, diplôme charnière, soit à la fois une sanction des études secondaires et un passeport pour l'université. Contrairement aux souhaits du Général et de Jacques Narbonne, Peyrefitte ne souhaite pas mettre fin à cette double qualité. Mais, à l'inverse des principes libéraux de son prédécesseur, il veut en modifier l'application. Les facultés, décide-t-il, doivent avoir le pouvoir de choisir les étudiants qu'elles accueillent. Le bac ne donnera donc pas accès à n'importe quelle filière. En revanche, l'État s'engage à trouver à tous les bacheliers une place dans l'enseignement supérieur, qu'il s'agisse de l'université ou bien des organismes dispensant une formation plus courte, tels que les futurs « instituts universitaires de technologie ». Il est intéressant de noter que ce compromis sera à la base du projet de réforme élaboré en 1986 par Alain Devaquet, ministre du gouvernement Chirac, qui servira de détonateur à un mouvement de protestation étudiante lui aussi très puissant.

Alain Peyrefitte fait étudier et amender son projet par les professeurs au début de 1968, puis il le présente au Conseil des ministres le 24 avril, une semaine avant le déclenchement des manifestations du Quartier latin. Il est décidé qu'une déclaration du gouvernement suivie d'un débat sera faite au Parlement le... 14 mai.

Le ministre prépare dans le même temps une autre réforme, qui porte cette fois sur les méthodes pédagogiques. Il s'agit de mettre davantage l'accent sur l'éducation que sur l'instruction, d'organiser le dialogue entre enseignants et enseignés et de pousser à l'utilisation de l'audiovisuel par les professeurs. Ainsi les gouvernants ne peuvent pas être taxés d'aveuglement devant la crise universitaire. Ils l'ont analysée depuis longtemps, discutée, soupesée ; ils ont produit les réformes qui doivent à leurs yeux remédier au mal. L'ennui c'est qu'il est déjà trop tard. Le gonflement des sections de droit et de lettres, l'anonymat universitaire, l'angoisse des débouchés, les facultés de béton, la désuétude des méthodes, tout cela s'est développé en quelques années. Bien loin d'apaiser l'atmosphère, les réformes vont faire peser sur les étudiants et les lycéens qui les suivent la menace de la sélection. Alain Peyrefitte a prévu d'entamer l'application de sa réforme à la rentrée 1968. Il n'en aura pas le temps. L'incendie a déjà pris, allumé par quelques boutefeux insaisissables.

22 mars

Sous les coups de barre de fer, la vitrine vole en éclats.
Ils sont une centaine à crier au pied de l'architecture
plantureuse de l'Opéra, au coin de la rue Scribe et de la rue
Auber : « FNL vaincra ! FNL vaincra ! » Devant les
employés effrayés, ils brûlent un drapeau américain avant
de s'enfuir vers le métro Opéra. La police n'a pas eu le
temps de bouger. Sans doute la contribution de l'American
Express à l'effort de guerre yankee au Viêt-nam est-elle
limitée. Il n'empêche : l'attaque symbolique de sa succur-
sale parisienne est un succès complet [13].

A une nuance près : un des militants est revenu sur place
évaluer les dégâts. C'est Xavier Langlade, étudiant trotskiste de Nanterre. Il est aussitôt embarqué quai des
Orfèvres. Dans la nuit, quatre lycéens membres des
« comités Viêt-nam » sont arrêtés chez eux. Au petit
matin, Nicolas Boulte, secrétaire du Comité Viêt-nam
national, est lui aussi emmené par les policiers. Nous
sommes le 22 mars 1968.

Quand la nouvelle éclate à Nanterre, Daniel Cohn-
Bendit voit tout de suite l'occasion [14]. Langlade est connu
dans la faculté. Responsable du service d'ordre de la JCR,
il est aussi un jeune homme flegmatique et respecté. Le
petit groupe des « enragés », comme ils s'appellent, tient
un excellent thème de mobilisation. Alors, le rouquin, suivi
de quelques militants, visite tous les amphithéâtres et
mobilise contre « la répression policière ». A 17 heures,
une centaine d'étudiants sont réunis dans l'amphi B2.
Ordre du jour : la riposte. Le chef de file des enragés a
trouvé le geste adéquat : l'occupation symbolique d'un
bâtiment de la faculté. L'autorité sera défiée, les étudiants
touchés, l'opinion alertée. Adopté par acclamations, le
projet est aussitôt mis à exécution. La tour administrative
qui domine le campus sera la place forte à enlever d'assaut.
Circonstance commode : elle est vide, les portes sont
ouvertes et il n'y a que deux appariteurs en bas. Les

trublions hésitent un instant, puis, sur le conseil d'un anar astucieux, Jean-Pierre Duteuil, ils montent dans les étages et choisissent, pour s'établir, la salle du conseil, lieu du pouvoir à Nanterre. La bière et les sandwichs s'étalent sur la table ovale où débattent habituellement les professeurs. On discute, on rit, on argumente et on motionne. A 1 h 30, on a décidé de transformer le 29 mars suivant en journée d'étude et de débats sur l'université, les luttes ouvrières, les pays de l'Est et la lutte anti-impérialiste. On va se coucher tranquillement. Les étudiants arrêtés ont été relâchés par la police en début de soirée. Trop tard. Les enragés ont déjà empoché le bénéfice du symbole [15].

Fidel Castro, après l'attaque de la caserne de la Moncada pendant l'été 1953, avait baptisé son organisation « le Mouvement du 26 juillet ». L'imagerie de la révolution cubaine fascinait les trotskistes de la JCR, qui ont pour ainsi dire déifié le « Che ». Pour se moquer de cette vénération grandiloquente [16], les amis anarchisants de Daniel Cohn-Bendit s'appelleront « le Mouvement du 22 mars ».

Rigolarde, confuse, mais aussi intelligente et bouillonnante, cette troupe imprévisible sera l'un des principaux ingrédients de Mai 68, la goutte d'eau dans le vase, la mèche du baril de poudre. Orateur tranchant et débatteur hors pair, intuitif, chaleureux, Daniel Cohn-Bendit a le talent inné d'un agitateur. Son imagination tactique, son humour, son sens de la repartie tranchent sur l'allure raide des militants d'extrême gauche. Marginal chez les marginaux, inclassable entre les groupuscules accrochés à leur rhétorique, pièce mobile dans la mécanique grippée du mouvement étudiant, il a vingt-deux ans en 1968. « L'anarchiste allemand » est en effet né de parents allemands, mais à Mautauban, où le couple Cohn-Bendit s'est fixé après avoir fui Hitler en 1933. A treize ans, il est retourné en Allemagne, pour revenir en France pour ses études supérieures, après la mort de ses parents. Il a une bourse d'études, vivant chichement entre Nanterre et sa chambre à Paris, à cheval entre la France et l'Allemagne, influencé par le mouvement étudiant allemand, attiré par les thèses

anarchistes, dévoreur de livres et drogué par la parole. Son
frère aîné Gabriel, qui enseigne les lettres à Nantes, est un
intellectuel libertaire. Il a joué un rôle important dans la
formation intellectuelle du jeune Dany. Ne sachant pas
bien que faire, le rouquin s'est inscrit en sociologie à
Nanterre, où il fait un parcours brillant quoique peu
studieux. Vif, exubérant, il ne se passe pas un cours sans
qu'il le coupe de questions, de remarques et d'interventions. « Il ne s'est pas passé d'heure de mon cours de
licence, en 1968, où il n'ait pas parlé pendant au moins dix
minutes », racontera Alain Touraine, qui dirige le département de sociologie [17]. Virtuose du verbe provocateur, le
leader du « 22 mars » introduit une innovation décisive —
l'unité autour de l'action immédiate — dans un mouvement
étudiant divisé et affaibli.

Déclin de la politique étudiante

Depuis deux ou trois ans, la politique étudiante était
l'ombre d'elle-même. Elle avait joué un rôle de premier
plan pendant la guerre d'Algérie. C'est là que plusieurs
chefs de file de Mai avaient fait leurs classes militantes,
dans les réseaux de soutien au FLN ou bien contre les
étudiants de la droite extrême mobilisés en faveur de
l'Algérie française.

L'UNEF, qui réunit alors plus de cent mille étudiants,
est leur terrain de manœuvre, l'UEC leur gîte naturel [18].
L'indépendance algérienne acquise, les débats se déplacent
vers d'autres thèmes. Le syndicalisme étudiant devient le
grand sujet de réflexion à l'UNEF, fief de la gauche
syndicale, la critique de la ligne du Parti l'exercice favori à
l'UEC. La filiale étudiante du PCF est devenue un
chaudron intellectuel où bouillonnent toutes les dissidences
du marxisme, toutes les variantes du léninisme. Au grand
dam des bonzes du Parti, le droit de tendance est acquis de
fait. On conteste les mots d'ordre du « 44 », le siège de la
place Kossuth, on moque le style empesé des vieux

staliniens, on réfute à coups d'arguments savants puisés chez les auteurs les plus hétérodoxes la lourde rhétorique post-thorézienne.

« L'UEC était un lieu de rencontre naturel de tous ceux qui s'intéressaient à la politique à gauche, même, et peut-être surtout, lorsqu'on était antistalinien », dit aujourd'hui Jean-Marcel Bouguereau, qui fera partie du petit groupe des animateurs de Mai.

Trois tendances principales se dégagent de ces batailles furieuses aux marges du communisme français. Les « italiens », où s'illustrent Bernard Kouchner ou Jean Schalit, sont influencés par l'évolution rénovatrice du PC italien. Ils sont antistaliniens, modernistes, démocrates. Ils ne sont pas loin des animateurs de la « gauche syndicale » à l'UNEF, Jean-Louis Péninou et Marc Kravetz. Les trotskistes d'Alain Krivine et Henri Weber communient dans le culte du prophète et enragent devant les orientations par trop sages et réformistes prises par le PCF, tout en réclamant avec virulence l'ancienne démocratie interne en vigueur chez les bolcheviks d'avant Staline.

Influencés par Louis Althusser, jeunes normaliens dogmatiques, les prochinois marxistes-léninistes, parmi lesquels se distingue la figure austère de Robert Linhart, professent un purisme théorique d'acier, qui les rapproche d'une Chine mythifiée par leurs soins. Althusser [19] a fustigé la « déviation humaniste » du marxisme à la Garaudy, adoptée par le PCF. Il plaide avec austérité pour un retour au « vrai Marx », celui qui a rompu avec tout humanisme au terme d'une « coupure épistémologique » qui fonde le socialisme scientifique. Enseignant à Normale-Sup et membre du PCF, le philosophe a influencé quelques générations d'élèves de l'école, qui ont fondé avec son approbation une revue théorique où les thèses du Parti sont passées au crible de la nouvelle science révolutionnaire [20].

Entre ces trois courants, des francs-tireurs apportent leur pierre originale à la contestation, qu'il s'agisse de Pierre Goldman, qui se cherche un destin tragique comme ses rêves, ou de Jean-Louis Péninou, qui fascine ou agace par sa rigueur d'analyste surdoué.

A partir de 1965, le Parti se résout à mettre de l'ordre dans sa dépendance anarchique. Roland Leroy, secondé par Guy Hermier, reconstitue patiemment une majorité soumise au sein de l'organisation étudiante. Par exclusions, démissions spectaculaires ou départs discrets, les dissidents se retrouvent tous en quelques mois hors du giron communiste. Maître chez lui, le Parti s'est pratiquement coupé du monde étudiant, en tout cas de sa fraction la plus vivante. Adversaires de l'intérieur, les chefs de file de ce qu'on n'appelle pas encore le gauchisme sont désormais l'ennemi à abattre.

Les groupuscules

Commence alors la petite saga des groupuscules. Krivine et ses amis fondent la Jeunesse communiste révolutionnaire, dont ils font un instrument discipliné d'agitation révolutionnaire, doté d'une presse et d'un service d'ordre efficace, lieu de débats théoriques, école de formation pour une génération de militants.

La JCR est marquée à la culotte par l'autre chapelle trotskiste, le Comité de liaison des étudiants révolutionnaires (CLER), qui deviendra FER en avril 1968, au militantisme plus agressif et plus sectaire. Le CLER est l'organisation étudiante d'un petit parti qui végète depuis une dizaine d'années dans l'obscurité, l'Organisation communiste internationaliste (OCI), fondée et dirigée par un syndicaliste de Force ouvrière, Pierre Lambert. Le théoricien et le père spirituel de la JCR s'appelle Pierre Frank. Entre « frankistes » et « lambertistes », le débat théorique est aussi abstrait que virulent, selon une tradition déjà bien établie parmi les héritiers du prophète.

Plus âgés, les italiens quittent bientôt en majorité le monde étudiant, sans perdre le contact. Absents le 3 mai, ils seront sur la brèche dès le 4, apportant leur expérience et leur liberté de pensée à un mouvement qui en a besoin. Le PSU, animé notamment par un jeune ancien du mouvement étudiant de la fin des années cinquante nommé Michel Rocard, possède une petite organisation étudiante, les Étudiants socialistes unifiés (ESU), qui représentent péniblement une gauche plus traditionnelle dans cette jungle baroque.

Enfin, les prochinois se constituent vite en secte ésotérique, langue de fer, ouvriérisme et arrogance revendiquée. L'organisation s'appelle l'Union des Jeunesses communistes marxistes-léninistes (UJCml), vite surnommée « l'UJ » par le petit milieu des militants. Obsédés par la nécessaire implantation dans la classe ouvrière, les prochinois se distinguent par une critique virulente du « révisionnisme » khrouchtchévien. A la suite de Mao, ils jugent scandaleuse la réforme entreprise par le secrétaire général du PCUS et, à l'instar des Chinois, se font même, face aux « calomnies khrouchtchéviennes » les défenseurs d'une filiation marxiste-léniniste dans laquelle Staline lui-même trouve sa place.

Leur ferveur les conduit à pousser plus loin que d'autres l'engagement personnel. Certains s'établissent en usine ; d'autres doublent les exercices rhétoriques d'exercices physiques. L'UJ possède un service d'ordre discipliné, brutal, expert dans le maniement du gourdin et de la barre de fer. Un tout petit parti la concurrence sur les terres prochinoises, le Parti communiste marxiste-léniniste de France (PCMLF), de Jacques Jurquet, plus orthodoxe et, si possible, encore plus sectaire, retrouvant dans le PC chinois la continuation d'un stalinisme officiellement banni au PCF. Il a l'avantage de bénéficier de la bénédiction officielle de l'ambassade de Chine populaire, ce qui ne compense pas son absence d'influence.

Le milieu militant

Ce foisonnement de chapelles entretient une agitation sporadique au Quartier latin. Il donne surtout corps à un milieu militant à la fois réduit et vigoureux. Les leaders de tous les groupes ont une histoire commune ; ils se connaissent tous, s'estiment même quand ils se déchirent. Au-delà des querelles violentes qui les opposent, une solidarité élémentaire les réunit. Leur vie quotidienne se déroule tout entière dans le petit monde du Quartier latin, cœur de la vie universitaire à une époque où l'éclatement des facultés n'a pas encore eu lieu. Entre la place Saint-Michel et Port-Royal, la Halle aux vins et l'école de médecine, un village politique vit à son rythme propre, avec ses codes, ses lieux d'élection, ses potins et ses rituels. Tout se fait à pied, tant est proche la Sorbonne du local de l'UNEF, Jussieu du Champo et des bistrots de la rue des Écoles, la MNEF du local de l'UEC place Paul-Painlevé, le Beach, rendez-vous des ulmards, de La Joie de lire, la librairie dè François Maspero. Le temps se passe en lectures, en réunions, en rédactions de tracts et de journaux, en conciliabules secrets, en manœuvres savantes et en débats théoriques infinis. On ne travaille pas et on apprend énormément, toujours en quête d'arguments, d'exemples historiques, de précédents éclatants destinés à confondre l'adversaire. Formé à l'origine par les luttes de la guerre d'Algérie, on l'a vu, ce « milieu militant » qui va diriger en partie la révolte (pour autant qu'on puisse le faire) baigne dans une atmosphère intellectuelle qui dépasse aussi la querelle de l'UEC ou des groupuscules. Daniel Lindenberg le remarque très justement dans un numéro spécial d'*Esprit* de mars 1988. Sartre, prédicateur du « rachat » de l'intellectuel bourgeois par l'action, surplombe ces années de formation. Nizan, romantique et révolutionnaire, offre une figure de héros à ces étudiants fascinés par l'histoire et l'engagement. La recherche d'un marxisme critique et d'un communisme plus libre capte les intellects et les imaginations. On lit avec avidité Rosa Luxemburg, Karl Korsch, Gramsci, le jeune Lukacs. On vit aussi dans le souvenir de la Résistance. Maspero est l'éditeur pour ainsi dire officiel. Mais il y a aussi Christian Bourgois, dont la production éclectique nourrit débats et discussions. On s'immerge encore dans les discussions complexes qui agitent le mouvement communiste mondial, de La Havane à Pékin. On cherche des voies

révolutionnaires nouvelles, qui vont du marxisme-léninisme le plus rigide aux innovations modernistes d'un
André Gorz. Bref, on vit ses idées et on pense sa vie, avec
acharnement. En 1968, ce milieu est moins vivace que trois
ou quatre ans auparavant. Il n'embraye plus sur la masse
étudiante, elle-même démesurément gonflée. Mais il sub-
siste, redoutable vivier de cadres politiques, de leaders
d'amphithéâtres, d'orateurs d'assemblées générales et
d'organisateurs de manifestations ; il a devant lui un champ
d'expansion à conquérir, constitué de tous ceux qui ont pris
part aux protestations diverses qui agitent le monde
étudiant, qu'il s'agisse des grèves contre tel ou tel projet de
réforme, ou de l'agitation dans les cités U.

Deux champs clos abritent des affrontements périodi-
ques. L'UNEF, d'abord, qui garde un certain prestige de sa
grandeur passée et de la sophistication des débats dont elle
a été le cadre, mais qui ne parvient pas à enrayer une
décadence rapide et n'est plus, à Paris en tout cas, que
l'enjeu d'une picrocholine bataille d'appareils. A la veille
de Mai, l'UNEF est dirigée par les étudiants du PSU, qui
ne disposent que d'une majorité relative et ne doivent leur
prédominance qu'à la division de leurs concurrents. Principalement les trotskistes et l'UEC. C'est Jacques Sauvageot,
vice-président, qui dirige depuis peu le syndicat. C'est un
militant UNEF de Dijon, formé par six ans d'action
syndicale, mai peu au fait des manœuvres nationales. Il
vient d'adhérer au PSU. L'action de soutien aux communistes vietnamiens est la deuxième occasion de luttes
acharnées et subtiles. Deux réseaux se concurrent dans
cette tâche : le Comité Viêt-nam national, où se retrouvent
notamment les militants de la JCR (avec d'autres), et
chapeauté par un aréopage de personnalités de gauche
comme Jean-Paul Sartre ou le professeur Laurent
Schwartz ; les « comités Viêt-nam de base » (CVB), principale « organisation de masse » et « de base » de l'UJCml,
qui privilégie l'action sur le terrain et adopte un langage
plus agressif et plus étroitement calqué sur les thèmes de
propagande du PC vietnamien.

3

Janvier-mai 1968.
Nanterre allume l'incendie

La crise de l'université — et de la jeunesse — possède son prototype, son cas d'école : Nanterre, l'université nouvelle et moderniste de la banlieue parisienne. Entre bidonvilles et pavillons tristes, sur une étendue de terre nue, les urbanistes du gaullisme ont réussi un chef-d'œuvre d'architecture sans âme. Répartis en ovale autour de la piscine, les bâtiments sont gris et géométriques. Un gazon rare pousse entre les cubes de béton ; la boue des travaux jamais terminés emplit les abords de la faculté. Consacrée aux lettres, au droit, à l'économie, et aux sciences humaines, savoir ultra-sensible, Nanterre accueille une population hybride. Drainés par la carte universitaire, les rejetons des beaux quartiers emplissent les parkings de mini-Cooper et les amphithéâtres de minijupes écossaises, de shetlands ajustés et de bottes luisantes à hauts talons. Ils sont majoritaires. Au milieu d'eux, une minorité de contestataires d'origine souvent plus modeste traînent une dégaine plus disparate, plus intéressés par les méandres de la politique du campus que par les cours magistraux. Les plus militants sont issus de la résidence, petite cité dans la cité, réunion de huit HLM groupées par deux, surveillées par un concierge placide. A cent mètres de ces murs froids s'étale une ville de tôles ondulées posées sur des planches, parsemée de linge séchant au vent qui chasse difficilement une persistante odeur de latrines. Entre les jeunes filles de Neuilly en kilt et les Africaines qui marchent dans la boue, les étudiants de la résidence reçoivent à toute heure un cours de sociologie appliquée sans égal.

Menant sur le campus une existence autonome, formant une société séparée, dormant tard et vivant la nuit, partagés entre des lectures éparses, des soirées de musique et de palabres sans fin, tout occupés des rebondissements de la vie groupusculaire, les enragés de Nanterre s'épanouissent dans ce décor déprimant. Provocants, agressifs, rigolards et incontrôlables, ils forment la mince avant-garde de Mai. Dans la chronologie qui mène à l'explosion, reléguée pourtant dans les dernières pages des journaux, l'actualité de Nanterre tient une place de choix.

La rentrée fut d'abord cinématographique. Toujours à l'affût, Jean-Luc Godard a senti Nanterre. *La Chinoise* fait le portrait — quelque peu austère — d'une militante de la faculté saisie par la Révolution. Anne Wiazemsky, la petite-fille de François Mauriac, parle sans fin devant une caméra impavide. Prémonitoire.

Dany et la piscine

L'application de la réforme Fouchet, qui modifie la répartition des enseignements, pose de délicats problèmes d'équivalence. Dès novembre, Nanterre est en grève. Le mouvement dure ; il faut tout le sens du compromis du doyen Grappin, ancien résistant et homme de gauche, pour parvenir à la reprise des cours. Libéral, soucieux de dialogue, il a concédé aux enragés ce qu'ils réclament depuis longtemps, la cogestion de l'université. Signe des temps : Barbet, le maire communiste de Nanterre, est venu apporter son soutien aux grévistes. Il a été injurié par les étudiants.

Les incidents de Nanterre sont alors bien loin des préoccupations gouvernementales. Il semble aux hommes du pouvoir que la France ait définitivement choisi, après les orages de la guerre d'Algérie, la voie paisible de la prospérité. Dans ce paysage calme et industrieux, nulle trace de trouble ni de rébellion. La société française s'enrichit, laissant son chef vaquer à ses rêves de grandeur.

Dans ses vœux de nouvelle année, le Général peut donc déclarer sans que personne ne songe à le contredire : « On ne voit plus comment nous pourrions être paralysés par des crises telles que celles dont nous avons jadis souffert. »

Le 8 janvier, le ministre de la Jeunesse et des Sports, François Missoffe, décide d'aller voir où en sont les travaux de la piscine de Nanterre, beau bassin de cinquante mètres et jolie réalisation du régime. Énergique et zélé, le ministre est un néophyte. A sa nomination, le Général l'a convoqué et lui a dit : « Regardez la jeunesse, cherchez, je ne veux pas vous influencer. Mais vous verrez, il y a quelque chose, un problème... » Alors Missoffe s'est mis en chasse. Convoquant une armée d'experts, il a fait rédiger un « livre blanc de la jeunesse » fondé sur un monceau d'études et de sondages. Peut-on prévoir les révolutions ? Citée après coup, la conclusion de ce travail prête évidemment à sourire : « Le jeune Français songe à se marier de bonne heure... Son objectif n° 1 est la réussite professionnelle... Il s'intéresse à tous les grands problèmes, mais il ne demande pas à entrer plus tôt dans la vie politique... Il ne croit pas à une guerre prochaine et pense que l'avenir dépendra surtout de l'efficacité industrielle, de l'ordre intérieur, de la cohésion de la population. »

Aux yeux de Daniel Cohn-Bendit, le livre blanc a un autre défaut. Alors que les cités universitaires sont périodiquement agitées par les revendications concernant le droit de visite chez les filles, alors que toute l'adolescence démontre dans sa vie quotidienne la nécessité d'une transformation de la morale sexuelle, le texte commandé par Missoffe ne souffle mot de la question. Alors, quand le ministre a fini sa visite, refusant de sortir par la petite porte que lui montre le prudent doyen Grappin et marchant au-devant des étudiants qui l'attendent, il est interpellé par le rouquin, qui s'est approché en demandant du feu :

— J'ai lu votre livre blanc. Six cents pages d'inepties. Vous ne parlez même pas des problèmes sexuels des jeunes.

— Si vous avez des problèmes de cet ordre, vous feriez mieux de plonger trois fois dans la piscine...

— C'est exactement le type de réponse qu'on obtient en régime fasciste[1].

L'esclandre fait grand bruit dans la faculté. Cohn-Bendit y gagne un surcroît de prestige. Les autorités sont ulcérées d'un tel manquement à la dignité ministérielle. Le bruit commence à courir de sanctions prises à l'égard du leader des enragés. Conseillé par l'avocat de l'UNEF, Mᵉ François Sarda, Daniel Cohn-Bendit envoie une lettre d'excuses très courtoise au ministre, qui passe l'éponge. Le rouquin n'a pas la nationalité française. Il risque à tout moment l'expulsion vers l'Allemagne. Il a préféré faire amende honorable. Une rumeur, lancée selon lui par le Parti communiste, le décrit aussi comme petit ami de la fille de François Missoffe[2], Françoise, qui sera vingt ans plus tard députée chiraquienne sous le nom de Françoise de Panafieu. C'est un pur bobard. Les deux jeunes gens sont dans des années différentes et ne se connaissent pas. En attendant, le héros de la piscine peut continuer son activité.

Le 24 janvier, les enragés manifestent dans le hall. Les efforts de concertation du doyen n'ont pas porté leurs fruits, si l'on en juge par le slogan principal des manifestants : « Grappin, nazi ! » Les professeurs de gauche ne sont pas épargnés : « Ah ! Ça ira ! Ça ira ! Morin, Lefebvre on les emmerde ! Ah ! Ça ira ! Ça ira ! et le Touraine on s'le paiera ! » Cette fois le doyen met un terme à son libéralisme. La police fait irruption dans le hall de la faculté pour se saisir des trublions. Aussitôt, les étudiants jusque-là indifférents se solidarisent avec eux. En miniature, c'est le mécanisme de Mai qui commence à fonctionner.

Pressé par les enseignants de droite, le doyen décide de se doter d'une petite milice de protection composée d'appariteurs « musclés ». Après accord du ministère, ils seront mis en place au mois de mai, pendant les examens.

Alertes ouvrières

Les étudiants ne sont pas seuls à s'agiter en cette fin
janvier. Dans un paysage social d'un calme quasi total,
quelques conflits ouvriers prennent un tour dramatique. Le
26 janvier à Fougères, cité de la chaussure et du textile, un
gros cortège défile derrière dix cercueils représentant dix
entreprises fermées au cours de la dernière année. Un tiers
des habitants a moins de vingt ans et deux industries de
base emploient 67 % de la population active. En 1967, on a
créé 206 emplois, mais 935 ont disparu. La population de
Fougères sait qu'elle va payer durement la restructuration
économique induite par le gaullisme industriel. A
11 heures, la foule inaugure la « place du chômage »
devant la mairie. Puis une délégation est reçue par le sous-
préfet Chaumeil. A ce moment, un groupe de jeunes gens
escaladent les grilles de la préfecture et commencent à
briser les vitres. Ils s'emparent du drapeau et le piétinent.
La police les pourchasse. Mais les incidents reprennent
dans l'après-midi. Cette fois, les gendarmes doivent charger sous une pluie de pierres. L'odeur du gaz lacrymogène
emplit Fougères.

A Caen, chez Saviem, c'est une grève qui dure depuis
trois jours. L'usine moderne emploie une armée d'OS issus
de la paysannerie, dont la majorité est syndiquée à la
CFDT. Après plusieurs conflits portant sur les primes de
transport puis sur la cantine, le syndicat majoritaire a fait
voter un arrêt de travail général. La direction a fait dégager
le piquet de grève par les gendarmes mobiles. Mais cinq
cents ouvriers seulement sur cinq mille se sont présentés à
l'usine. Le 26 janvier, la CFDT décide un meeting à Caen,
avec le soutien de l'UNEF et de la Fédération de l'Éducation nationale (FEN). La veille, une première marche sur
Caen a été violemment dispersée par les CRS. Étudiants et
jeunes ouvriers se retrouvent au coude à coude dans les
rues de la ville. Ils sont remuants, agressifs : très vite, des
bagarres éclatent avec les gendarmes. Boulons, pavés,

cocktails Molotov tombent sur les forces de l'ordre, qui répliquent à coups de grenades. La bataille dure des heures. Le travail ne reprendra que le 29, après l'occupation de l'usine par les gendarmes mobiles. Deux conflits caractéristiques de ce premier semestre 1968, où le niveau de violence ouvrière monte imperceptiblement.

La Sorbonne occupée

A la mi-février, l'élite militante baigne en plein internationalisme. C'est déjà une tradition. Partout dans le monde se développent des mouvements étudiants puissants. La guerre du Viêt-nam aidant, l'agitation est devenue permanente sur tous les campus d'Occident. Depuis longtemps, la jeunesse américaine s'est rebellée contre le rêve de ses aînés. Berkeley baigne dans la contre-culture. Popularisée par le rock des Jefferson Airplane, des Mamas and Papas et la symbolique psychédélique, la Californie est devenue un mythe pour les adolescents de toutes les latitudes.

Régulièrement, les dirigeants étudiants français rencontrent leurs homologues étrangers. Permanents de l'UNEF pour les relations internationales, Jean-Louis Péninou et Jean-Marcel Bouguereau se sont fait une spécialité de ces contacts internationaux, mettant sur pied des organismes de coordination entre syndicalistes, étudiants et gauchistes de l'Europe de l'Ouest. Cette fois, c'est le SDS (Union des étudiants socialistes allemands) qui a organisé une grande rencontre des révolutionnaires de tous les pays à Berlin. Il y a là vingt mille jeunes dont trois cents Français, qui participent à un meeting de vingt-quatre heures, puis marchent dans les rues de Berlin sous des portraits géants de Hô Chi Minh, Che Guevara, Lénine et Karl Liebknecht. Ernest Mandel le trotskiste belge, Rudi Dutschke, leader des jeunes Allemands révolutionnaires, Alain Krivine pour la JCR prennent la parole. Daniel Cohn-Bendit est là également. Paradoxe : les Français sont séduits par la fantaisie allemande, les Allemands étonnés par l'organisation et la rigidité doctrinale des Français[3]. Tous ont puisé dans la rencontre une énergie supplémentaire.

Le 21 février, les contestataires parisiens ont organisé une « journée pour le Viêt-nam ». Films, débats, conférences occupent les étudiants. Depuis le début de l'année, les « comités Viêt-nam » se multiplient. Les deux organisations concurrentes poursuivent leur guéguerre obscure. Les prochinois ont pris le parti des communistes vietnamiens et diffusent des opuscules saisissants de ridicule dogmatique. L'UJ veut confondre le révisionnisme de l'organisation ennemie en reproduisant telle quelle la rhétorique du Viêtnam du Nord. Les contestataires ne veulent pas du slogan « Paix au Viêt-nam », jugé lénifiant. Ils lui préfèrent le martial « FNL vaincra ! ». Les prochinois contestent ce dernier slogan, car, disent-ils, le peuple est invincible.

Ces divisions incessantes, un seul mouvement sera capable de les surmonter : le « 22 mars ». L'occupation de la tour administrative a brutalement tendu les rapports avec le doyen. D'autant que les occupants ont publié une « Déclaration des 142 » qui sonne comme une déclaration de guerre. Les amis de Cohn-Bendit ont prévu une journée de débat autour de thèmes révolutionnaires pour le vendredi 29. Le doyen riposte en décidant la suspension des cours pendant deux jours. Les étudiants se réunissent tout de même au pied des bâtiments fermés. On craint une descente des militants du mouvement Occident. Les prochinois transforment la faculté en camp retranché, circulant sur le campus armés de barres de fer, postant des guetteurs à toutes les entrées. Mais Occident ne se montre pas. Le soir, c'est le Mouvement d'action universitaire (MAU), petit groupe animé principalement par des anciens de la « gauche syndicale » de l'UNEF, Jean-Louis Péninou et Marc Kravetz et par Brice Lalonde, secrétaire de la Fédération des étudiants de lettres de la Sorbonne (FGEL-Sorbonne), qui organise un meeting à la Sorbonne. Quand les nanterrois arrivent, la police a pris position autour de la vieille faculté. L'administration a interdit la réunion. Ceux de la Sorbonne hésitent à passer outre. Impérial, Cohn-Bendit prend le mégaphone et balaie les hésitations :

« Nous occupons les amphithéâtres de Nanterre depuis des jours. Puisque nous sommes ici, faisons pareil. » Les étudiants s'emparent de l'amphithéâtre Descartes. La police ne bouge pas : Maurice Grimaud a exposé sa doctrine à son ministre. Il préfère de loin laisser les autorités universitaires se débrouiller seules, quitte à tolérer le désordre.

Ainsi, geste après geste, le mouvement étudiant, peu à peu unifié autour des initiatives des nanterrois, rode en miniature les mécanismes de Mai. Paralysie des autorités, escarmouches avec les « fascistes », agressivité anticommuniste, revendications immédiates et rhétorique révolutionnaire : le mélange est détonant. Là aussi, le niveau de violence monte doucement. Déjà, en février, et pour la première fois, le service d'ordre prochinois a rossé la police lors d'une manifestation des « CVB ». C'est un précédent, dans une atmosphère de plus en plus tendue.

Ils ont tué Rudi !

A la reprise des cours à Nanterre, la faculté a fait peau neuve. Les affiches ont été décollées, les murs repeints. Il en faudrait plus pour décourager le « 22 mars ». Toujours libéral, le doyen a assigné un amphithéâtre de cinq cents places pour les réunions politiques. Daniel Cohn-Bendit y voit une injure à son influence. Il faut au moins mille places. Alors le « 22 mars » refuse l'amphi prévu et en occupe un autre.

L'administration n'a d'autre ressource que de couper le courant. La voix du rouquin s'élève dans le noir : « Si la lumière n'est pas rétablie dans deux minutes, nous tiendrons meeting dans la salle du conseil. » La lumière revient. Les vacances de Pâques qui commencent le 4 avril pourraient laisser espérer un répit. Mais, le 11 avril à 16 h 30, à Berlin, le jeune Joseph Bachmann abat de plusieurs balles de revolver dans la tête un cycliste qui passe sur le Kurfürstendamm. C'est Rudi Dutschke, le chef de file des contestataires allemands. Aussitôt, la nouvelle se répand chez tous les militants d'Europe : « Ils ont voulu tuer Rudi ! » « Ils », c'est la conjuration des conservateurs, le complot des puissants. Un ennemi est désigné, coupable moral sinon agissant : le groupe Springer, qui contrôle une chaîne de journaux, dont le très populaire et très réactionnaire *Bild ;* le soir même, une manifestation assiège les locaux de Springer à Berlin. La police doit batailler durement pour interdire l'entrée aux manifestants, qui réussissent néanmoins à envahir le parking et à brûler une dizaine de voitures.

Le lendemain, un cortège descend le boulevard Saint-Michel aux cris de « Springer assassin ! ». Devant l'Odéon, un représentant du SDS prend la parole, puis Daniel Cohn-Bendit exhorte les étudiants à l'action. La manifestation se disperse à la demande des organisateurs. Mais, dans la soirée, un car de police est lapidé.

Le jour suivant, dans un amphithéâtre proche de la Sorbonne, se tient une assemblée générale extraordinaire de l'UNEF. Le syndicat étudiant est déconnecté de l'agitation nanterroise, comme de beaucoup de choses dans la vie universitaire. Coquille bientôt vide, il est surtout le champ de bataille des tendances opposées du microcosme groupusculaire. Ses dirigeants ne sont de toute manière pas très chauds pour soutenir les initiatives des amis de Cohn-Bendit, qu'ils jugent incontrôlables, voire irresponsables. Jusqu'en avril 1968, le rouquin est resté un marginal dans la marginalité étudiante. Sauvageot ne le connaît pas et s'en méfie. Trop anarchique, trop imprévisible. Il faudra attendre le 3 mai et leur incarcération commune pour qu'ils fassent connaissance. Le lever de rideau de Mai, c'est l'histoire de ce renversement du rapport de forces entre les trublions de Nanterre et les anciens de la politique étudiante.

Le syndicat étudiant exsangue est dirigé par les Étudiants socialistes unifiés, mais son président Michel Perraud souhaite passer la main. Il démissionne. C'est Jacques Sauvageot, militant PSU de vingt-cinq ans, qui doit le remplacer. Mais on n'aura pas le temps de procéder à une élection en bonne et due forme. A 22 h 30, un commando d'Occident fait irruption dans la salle. La bagarre est courte mais violente. Le service d'ordre de la FER réplique et les assaillants décampent. On relèvera plusieurs blessés.

Les trotskistes en profitent pour mettre en accusation les ESU avec qui ils partagent pour l'instant la direction du syndicat. On se sépare vers minuit sans résultat. Sauvageot reste vice-président d'une organisation sans président. Les ESU sont convenus de former une coalition avec l'UEC pour faire pièce aux ambitions trotskistes. A quinze jours de la grande révolte, l'UNEF, sans troupes et sans chef, s'enfonce dans la décadence.

Juquin-Judas

Le lendemain, c'est au tour de Pierre Juquin d'essuyer l'ire contestataire. Quand il arrive à Nanterre pour une réunion, convié par les étudiants communistes, une bande-role d'accueil est déployée dans l'amphithéâtre : « Les intellectuels révisionnistes sont vomis par la classe ouvrière et les étudiants progressistes. » C'est que les prochinois ont décidé de frapper fort. Obsédés par leur recherche des éléments « sains » du PCF et de la CGT, ils orientent leurs tirs contre ceux qu'ils jugent les plus « révisionnistes » au sein du PCF. Pierre Juquin est de ceux-là. Alors les marxistes-léninistes vont soigner comme il convient le « Lecanuet du PCF ». A peine a-t-il pris place à la tribune que les militants de l'UJ massés en haut de la salle se lèvent d'un bloc en brandissant le « petit livre rouge » du président Mao. Un hurlement couvre la voix de l'orateur. Puis Robert Linhart se précipite vers Juquin suivi de ses troupes au cri de « Juquin, Judas ! ». Le député n'a plus d'autre issue que la fuite. On lui indique une porte dérobée. Il disparaît, emmené par ses fidèles. C'est un autre précé-dent. Pour la première fois, on a tourné la violence contre le PCF.

Laurent Schwartz, figure de la gauche, professeur respecté, succède à « Juquin-petit lapin », comme le surnommeront désormais les prochinois. Cette fois ce sont les trotskistes de la FER qui veulent l'empêcher de parler. Schwartz est « sélectionniste » : à ce titre il doit être exclu du mouvement ouvrier. Cohn-Bendit s'insurge. Il a déjà regretté le départ de Juquin, avec qui il s'apprêtait à en découdre sur son terrain favori : la parole. « Laissez parler Schwartz. Même si c'est un salaud, on lui répondra. » Les trotskistes sont alors tenus en respect par les prochinois, qui ne défendent pas Schwartz, mais ne veulent pas voir le CLER lambertiste prendre trop d'ascendant. Schwartz trouve le mot qu'il faut, dont l'ironie lui échappe encore : « Ce n'est pas en paralysant Nanterre que vous renverserez de Gaulle [4]. »

Le 26 avril est encore une journée Cohn-Bendit. Cette fois, c'est le tout jeune Mouvement du 22 mars qui tient ses assises. Le rouquin note l'ampleur de la participation et observe avec satisfaction que toutes les composantes de la politique étudiante, communistes exceptés, sont représentées. Les militants de l'UJ viennent même, par la voix de Roland Castro, ancien « italien » passé au marxisme-léninisme pur et dur, faire leur autocritique. Dany a gagné ses galons de rassembleur. Au terme d'un long débat, deux « journées anti-impérialistes » sont fixées pour les 2 et 3 mai.

Le lendemain, Daniel Cohn-Bendit est arrêté. Depuis plusieurs jours, un tract circulait à Nanterre, signé encore une fois par le « 22 mars ». Sur la couverture verte : « Bulletin n° 5494 *bis* (supplément au n° 5494) ». On y lit l'annonce de la réunion plénière du mouvement. Mais c'est surtout la dernière page, rose, qui attire l'attention. Au recto figurent les paroles de l'Internationale, et au verso ces mots sulfureux : « La recette du cocktail Molotov ». Son contenu est en grande partie canulardesque. Elle pique néanmoins au vif les sentiments de la police et des autorités universitaires. A cela s'ajoute le fait qu'un étudiant de droite, Yves Kervendaël, a été blessé au cours d'une bagarre devant les locaux de la Fédération nationale des étudiants de France (FNEF), la concurrente conservatrice de l'UNEF. Il a parlé de Cohn-Bendit. Alors, à 8 heures ce 27 avril, Dany-le-rouge est interpellé à la sortie de son domicile.

L'arrestation du trublion de Nanterre, dont la notoriété commence à dépasser l'enceinte de la faculté, provoque une frénésie de conciliabules gouvernementaux. Grimaud ne veut pas de martyr[5]. Il plaide pour l'élargissement rapide du leader du « 22 mars », dans l'espoir d'éviter les troubles qui ne manqueront pas de se produire à Nanterre. Les faits incriminés, fait-il valoir, se sont déroulés à l'intérieur de la faculté. Pourquoi ne pas laisser les autorités universitaires face à leurs responsabilités ? L'affaire remonte jusqu'à Pompidou, qui choisit la clémence. Daniel Cohn-Bendit est relâché peu avant 20 heures. L'agitation est désamorcée. Pour un temps.

Occident

Sa mésaventure a fait de Dany-le-rouge un personnage public. A la sortie du palais de justice, il est attendu par des photographes et pose longuement à quelques mètres de deux policiers. A son retour à Nanterre, il est acclamé par les étudiants. « Je me marie cette semaine », dit-il à la réunion qui suit. Au milieu des rires, il continue : « Je vous fais cette confidence, parce qu'il paraît que je suis le meneur, le leader. Alors je sacrifie au culte de la personnalité. »

Le lendemain dimanche 28 avril, la place Saint-Germain-des-Prés est tranquille sous le soleil de midi. Touristes et badauds sont à la terrasse du Café de Flore, humant l'air du printemps. Soudain une 4L s'arrête brutalement devant l'entrée du 44 rue de Rennes[6]. C'est là que Roger Holeindre, baroudeur de l'extrême droite parisienne, a organisé une exposition en l'honneur des « combattants du Viêt-nam du Sud victimes de l'agression communiste ». La direction de l'UJCml a jugé la présence de ces « fascistes » insupportable. Une opération a été soigneusement préparée par Jean-Marc Salmon, responsable du service d'ordre, dans la base rouge de la rue d'Ulm. La 4L est remplie de matraques et de barres de fer. Les jeunes gens qui attendaient en silence plaqués contre le mur de l'immeuble bondissent vers l'entrée pendant que les autres extraient leurs armes de la voiture. Holeindre, ancien de l'Indochine et de l'OAS, est à l'intérieur avec une vingtaine de jeunes gens au crâne rasé. Ils se battent comme des diables mais sont débordés par le nombre et l'agressivité des assaillants. La salle est dévastée et les militants d'extrême droite roués de coups. Un peu plus tard, l'UJ revendique cette action d'éclat. Occident, dirigé par Alain Madelin, Alain Robert et Gérard Longuet, réplique par une déclaration de guerre totale : « Désormais, la police n'aura qu'à ramasser les bolchos blessés qui vont s'allonger dans les rues du Quartier latin. La chasse aux bolcheviques est ouverte. Nous les écraserons. » Ces promesses ne sont pas vaines. Occident fait ce qu'il dit et tape dur, en dépit de la maigreur de ses effectifs. Dès lors, tous les militants de la gauche étudiante savent que la contre-attaque aura lieu bientôt et qu'elle sera violente. Le silex de l'extrême droite commence à frotter celui de l'extrême gauche. L'étincelle est prochaine.

R.A.S.

Mais personne ne le sait. Quarante-huit heures avant son départ pour l'Afghanistan, Georges Pompidou résume les affaires en cours devant le bureau de l'Union des démocrates pour la Ve République (UD-Ve), l'ancienne Union pour la nouvelle République (UNR). Le Premier ministre est content.

« La motion de censure qui vient d'être repoussée à l'Assemblée a fait le plein des voix d'opposition. Le gouvernement est solidement installé sur sa majorité. Seule la presse s'intéresse à la gauche.

« On discute de la quatrième semaine de congés payés. Le gouvernement évitera les surenchères sociales.

« Les projets de réforme de l'orientation scolaire et universitaire provoqueront un " grand débat " riche et salutaire. »

Georges Pompidou n'est pas le seul à faire fond sur la stabilité de la Ve République, sur le calme politique et la paix sociale. Tous les responsables dans tous les secteurs voient les choses de la même manière. En avril, Jean-Marcel Jeanneney reçoit les leaders syndicaux. La routine revendicative va son train. En fin de réunion, le ministre du Travail s'enquiert du climat. Tout est calme, lui disent en confidence certains syndicalistes, « il n'y aura rien avant l'automne ». Souffrant de douleurs abdominales sans gravité, un responsable patronal doit se faire opérer. Pour arrêter ses activités au moment le plus creux, il décide d'entrer à l'hôpital au mois de mai[7].

Le défilé du 1er mai organisé par les syndicats, le premier depuis longtemps (on avait remplacé la manifestation par un meeting), se déroule dans une quiétude parfaite, si l'on excepte quelques altercations entre cégétistes et étudiants devant le métro Filles-du-Calvaire. Cohn-Bendit et Robert Linhart, le leader de l'UJ, injurient copieusement les cégétistes, qui le leur rendent bien. Dany-le-rouge est sans doute le seul à croire à la montée de l'agitation dans les semaines qui viennent. Déjà, quelques mois plus tôt, dans une réunion de l'UNEF, il a pris la parole pour exalter les luttes de Nanterre et prédire un printemps chaud, sous l'œil incrédule des responsables étudiants. En ce début mai, ceux-ci voient bien que le petit milieu concerné par l'agitation militante est en effervescence. Dans l'avant-Mai, on manifeste tous les deux ou trois jours au Quartier latin, pour le Viêt-nam, pour Rudi Dutschke ou bien contre les fascistes. Mais, aux yeux des semi-professionnels de la politique étudiante, le grand rendez-vous est fixé à la rentrée d'automne, quand les projets sélectionnistes du gouvernement commenceront d'entrer en application[8].

A la mi-mars, Pierre Viansson-Ponté, dans un article devenu depuis célèbre, a paru sentir l'orage venir. C'est du moins la réputation que gardera le texte du grand journaliste, paru en « une » du *Monde* le 15 mars sous le titre

« Quand la France s'ennuie ». A la relecture de ce texte semi-légendaire, vingt ans après, le diagnostic est beaucoup plus nuancé. Bien sûr la notation d'atmosphère est parfaite. « Ce qui caractérise la vie publique aujourd'hui, c'est l'ennui. » Les convulsions internationales n'intéressent plus un pays qui n'est plus, pour la première fois depuis trente ans, impliqué dans un conflit à l'extérieur. « La jeunesse s'ennuie », poursuit-il. Les jeunes ont l'impression « qu'ils ont des conquêtes à entreprendre ». Mais la revendication d'un droit de visite chez les filles, objet principal aux yeux de Viansson-Ponté, des luttes étudiantes, procède « d'une conception limitée des droits de l'homme ». « De Gaulle s'ennuie » aussi, qui doit gérer quand il exaltait jusque-là la grandeur du pays au milieu des tempêtes. Certaines phrases sont même prophétiques : « Les Français ont souvent montré qu'ils aimaient le changement pour le changement », mais « un pouvoir de gauche serait-il plus gai qu'un pouvoir de droite ? » « On ne construit rien sans enthousiasme. » Mais Pierre Viansson-Ponté reste surtout pessimiste quant au dynamisme de la société civile. « Dans une petite France presque réduite à l'Hexagone, qui n'est pas vraiment malheureuse, ni vraiment prospère, en paix avec tout le monde, sans grande prise sur les événements mondiaux, l'ardeur et l'imagination sont aussi nécessaires que le bien-être et l'expansion. » A la limite, conclut-il, « un pays peut aussi mourir d'ennui ». Bref, Viansson-Ponté sent un malaise ; il n'anticipe pas son explosion prochaine. Bien au contraire, il se tourne vers les dirigeants du pays pour qu'ils insufflent un peu de vie à ce corps flasque qu'est devenue la France. L'un de ceux qui ont le mieux saisi l'air de ce temps-là (si l'on excepte Daniel Cohn-Bendit) croit le pays si amorphe qu'il s'adresse à l'establishment pour le réveiller, au lieu de faire confiance à la société civile, qui allait un mois et demi plus tard prendre une revanche torrentielle. Mai était décidément imprévisible.

La mèche prend feu

Depuis longtemps la mèche est en place à Nanterre.
Le 2 mai, elle s'enflamme brutalement. C'est la première
des deux journées « anti-impérialistes » arrêtées par le
« 22 mars » dans sa dernière assemblée générale. Débats,
projections, ventes militantes doivent émailler ces quarante-huit heures des révolutionnaires nanterrois. Dany et
ses amis ont réclamé une salle pour s'installer à l'aise.
L'administration se fait prier. Le matin, on envahit le
bâtiment administratif. La salle est accordée, trop petite
aux yeux des étudiants. L'après-midi, René Rémond,
professeur d'histoire, trouvera son amphithéâtre occupé
avec un mot sur la porte : « Le cours de Rémond n'aura
pas lieu. » Ulcéré, il entre quand même suivi de ses
étudiants. Il reçoit un banc dans les jambes et doit battre en
retraite, blanc de rage.

Mais dès le matin la tension est montée. La rumeur d'une
intervention de l'extrême droite s'est propagée dans la
faculté. On se passe de main en main le tract d'Occident
ramené de Paris : « Nous montrerons vendredi 3 mai que
nous sommes capables de nous opposer à la terreur rouge
et de rétablir l'ordre avec les moyens qui s'imposent. »
Aussitôt, c'est la mobilisation. Venus à la rescousse des
masses nanterroises, les prochinois sont là en force.
Experts en guérilla, ils prennent en main la défense de la
faculté. Ils placent des guetteurs partout, charrient des
caisses de boulons et de cailloux, vont dans les bois
avoisinants couper des branches pour fabriquer des lance-
pierres. Une orgueilleuse banderole est déployée : « Paras,
vous avez échappé à Diên Biên Phu, vous n'échapperez pas
à Nanterre. » Au milieu de cette effervescence, on apprend
que huit étudiants du « 22 mars », Cohn-Bendit, Duteuil,
Castro et tous les leaders ont reçu une convocation pour un
conseil de discipline qui se tiendra le 6 mai. Cohn-Bendit
réunit derechef tous les groupuscules pour étudier la
riposte. Entre-temps, le doyen Grappin, découragé par ces

nouveaux incidents, consulte ses collègues. Il n'y a qu'une
seule solution : fermer de nouveau la faculté. Il l'annonce
en fin de journée par un communiqué.

Les contestataires décident alors de convoquer un meeting le lendemain dans la cour de la Sorbonne. L'UNEF a
elle aussi décidé d'appeler à une protestation. Les « journées anti-impérialistes » n'ont pas déplacé grand monde.
Peut-être demain les masses seront-elles plus émues par la
répression qui menace. La réponse du vendredi, on l'a vu,
est éclatante.

4

4-5 mai. Le week-end des juges

Dès le vendredi 3 mai au soir, le mouvement naissant s'est doté d'une direction, informelle, changeante, mais efficace. Libérés peu avant minuit du commissariat de l'Opéra où on les avait regroupés, les chefs de file des groupuscules se retrouvent un peu plus tard à Normale-Sup, bastion prochinois et althussérien, rejoints par Alain Geismar.

L'état-major étudiant

Dirigeant national des Étudiants du PSU (les ESU) en 1963, maître-assistant, Geismar a vingt-neuf ans. Depuis un an, il préside aux destinées du Syndicat national de l'enseignement supérieur, le SNE-Sup, qui a échappé à l'emprise traditionnelle du PCF. Syndicat reconnu, membre de la FEN, partenaire traditionnel du concert revendicatif à l'université, interlocuteur du ministère, le SNE-Sup est aussi un lieu vivant de débat et de réflexion pour toute la gauche. Depuis des années, il réclame en vain la modernisation des méthodes universitaires. Politique chevronné, plus âgé que les leaders étudiants, mais aussi plus proche d'eux que les autres responsables syndicaux, Geismar a immédiatement réagi aux incidents. Sa caution est décisive pour les chefs de la contestation. Il leur donne un débouché national, une représentativité naturelle dont manqueraient leurs seules organisations.

A l'annonce des incidents de la Sorbonne, Alain Geis-

mar s'est précipité au Quartier latin. Il est arrivé après la
bataille. A 21 heures, après avoir consulté les membres du
SNE-Sup qu'il a pu trouver, il a lancé un mot d'ordre de
grève générale dans l'université[1]. Le geste pèse lourd.
Dans les années précédentes, à chaque incident entre
police et manifestants, les leaders étudiants faisaient le tour
du tout-syndical pour demander un appui qui arrivait
généralement sous la forme d'un communiqué, ou bien de
la participation symbolique à un défilé. Cette fois, grâce à
Geismar, les enchères montent tout de suite.

Vers 2 heures, le débat commence dans les locaux
vénérables de l'école. Toutes les organisations sont représentées, l'UNEF, le « 22 mars », Krivine et Weber pour la
JCR, le PSU, Bouguereau et Péninou pour le MAU,
Linhart pour l'UJ. Une équipe redoutable : tous sont des
militants chevronnés, appuyés sur cinq ou dix ans de
pratique politique. La chance les choisit enfin. Ils sauront
la saisir.

Robert Linhart, orateur abrupt de l'UJCml et puissance
invitante, parle le premier. Pour lui, l'agitation du Quartier
latin n'est que vaine palinodie. Il faut en appeler à la classe
ouvrière, quitter les facultés et aller aux usines. Les autres
se récrient unanimement. Ulcérés, les prochinois quittent
la salle drapés dans l'infaillibilité du socialisme scientifique.
Jusqu'au 10 mai, ils developperont la même analyse : ce
mouvement est un piège où tomberont les militants révolutionnaires. Il faut l'arrêter, déserter le Quartier latin et
chercher le contact avec le peuple. Pendant la semaine la
plus folle de toute l'histoire du mouvement étudiant, la
direction de l'UJCml restera avec obstination en dehors du
coup.

Restent les autres, qui se réuniront désormais tous les
soirs au local du SNE-Sup, rue Monsieur-le-Prince. En
météorologues avertis du climat universitaire, ils ont immédiatement jaugé la perturbation, à la violence du grain
avant-coureur[2]. Pas de doute, ce qui se prépare est un
orage peu ordinaire. On décide de deux manifestations :
l'une le lundi matin, pour soutenir Cohn-Bendit, Duteuil et
les autres qui passent devant le conseil de discipline, une

autre à Denfert-Rochereau, à 18 h 30. Dès le lendemain, le MAU commencera à mobiliser boulevard Saint-Michel. Puis on se sépare pour une courte nuit.

Dormir...

C'est la première d'une très longue série. Comme beaucoup de crises politiques, Mai fut le mois des nuits blanches. Quand débute le crescendo, tous les acteurs sont frais comme des gardons. Après dix jours d'émeutes, la fatigue commencera à se faire sentir. La remarque paraît triviale : le manque de sommeil jouera un rôle important dans la crise. Après deux ou trois semaines de haute tension et de repos éphémères, la lucidité des protagonistes, leur sang-froid, leur capacité d'analyse commenceront à s'émousser. Erreurs tactiques, affolements, paniques, découragements, fuites, démissions : l'épuisement fut l'un des acteurs principaux dans cette pièce sans entractes. On pourrait écrire une histoire de Mai à cette seule aune. Le plus résistant fut Georges Pompidou, qui garda son courage et sa fraîcheur sans jamais faiblir, alignant nuit blanche sur nuit blanche et compensant leurs effets par une extraordinaire consommation d'aspirine. Par contraste, Charles de Gaulle ne tint pas la distance. L'âge commençait à peser pour ce monstre d'énergie et Bernard Tricot avoue qu'une de ses tâches principales au secrétariat général de l'Élysée fut de veiller à la santé du président[3]. Ce n'est nullement prétexte quand de Gaulle, avant de disparaître, explique au Premier ministre qu'il a besoin de dormir une nuit complète à Colombey pour faire face.

De la même manière, Daniel Cohn-Bendit a physiquement besoin de prendre du champ alors que la crise approche de son paroxysme. Il plante le mouvement là et va se refaire une santé en Allemagne, ce qui permettra au gouvernement de prononcer contre lui une interdiction de séjour. La fatigue des forces de l'ordre et celle de l'état-major du quai des Orfèvres furent une des principales préoccupations de Maurice Grimaud, qui vit venir le moment où il faudrait faire appel à l'armée pour suppléer gendarmes et CRS trop usés.

Le courage le plus difficile est celui de 3 heures du matin, disait Bonaparte. Plusieurs fois les acteurs de Mai 68 durent y puiser largement. Peut-être les gagnants furent-ils ceux qui avaient les plus grosses réserves.

Les condamnés

A l'aube du samedi 4 mai, Christian Fouchet compulse la presse. L'impact de la contestation est énorme. Les journalistes qui ont pu arriver sur place au milieu de l'émeute ont tous été choqués de la violence déployée de part et d'autre. Le ministre est fébrile. Sans doute sent-il qu'une des principales batailles est engagée dès cette heure matinale : la bataille pour l'opinion. Les journaux de droite réprouvent sans nuance et sans surprise. « Étudiants, ces jeunes ? demande Papillon dans *le Figaro*, ils relèvent plutôt de la correctionnelle. » Un bon point pour le gouvernement : *l'Humanité* rivalise dans la condamnation des étudiants. « On voit clairement aujourd'hui à quoi aboutissent les agissements aventuristes des groupes gauchistes, anarchistes, trotskistes et autres qui, objectivement, font le jeu du gouvernement et de sa politique contre les étudiants. » Un peu plus tard, mais Fouchet ne le sait pas encore, François Mitterrand, chef de la FGDS, qu'on appelle à cette époque, symptôme de faiblesse, la « gauche non communiste », exprime lui aussi sa réticence. Tout en critiquant le gouvernement, il « émet des réserves sur la valeur des méthodes employées par les étudiants ». C'est que la classe politique va au départ balancer entre deux attitudes, ne sachant pas encore de quel côté l'opinion va pencher. On voit bien que la violence n'est pas unilatérale, que la police a surtout répliqué à une explosion spontanée et totalement imprévue. On ne sait encore à cette heure si l'invention politique surgie ce vendredi-là — l'emploi

volontaire et symbolique de la violence par les étudiants —
va jouer pour ou contre le gouvernement. La logique
voudrait que la brutalité des affrontements minorise le
mouvement. C'est l'inverse qui va se produire. Certes, le
thème des « violences policières » n'a pas encore pris le
devant de la scène. Mais il commence à poindre. Dans
l'après-midi, *le Monde* critiquera « le manque de sang-
froid » du gouvernement [4]. Chez les étudiants, l'accusation
prend déjà une dimension hyperbolique. En fin de soirée
vendredi, les rumeurs les plus extravagantes circulent déjà
parmi les manifestants. On parle de mauvais traitements
dans les commissariats, d'étudiants tués dont la police
aurait fait disparaître les corps. Totalement infondés, ces
bruits créent une atmosphère, qui déborde vite le cercle des
participants aux manifestations. Elle ne fait qu'affleurer
dans la presse, mais déjà une partie du corps enseignant y
est sensible. Montée par le SNE-Sup de Geismar, une
pétition d'universitaires de gauche, entraînés par Laurent
Schwartz et Alfred Kastler, va bientôt circuler, et toutes
sortes de bonnes âmes vont se proposer en médiation,
affaiblissant vite la position du gouvernement dans l'opinion.

Christian Fouchet anticipe-t-il tout cela ? A 7 heures, de
très méchante humeur, il appelle Maurice Grimaud [5]. Il est
très contrarié de la manière dont les choses se sont passées.
Ne pouvait-on juguler cette émeute plus vite, éviter cette
débauche de horions en plein Paris ? Grimaud répond que
la presse, dans l'ensemble, ne critique pas la police. Quant
à la suite, elle appartient aux magistrats, qui doivent juger
en flagrant délit, procédure accélérée, les émeutiers, ou
supposés tels, arrêtés la veille. Encore une fois, Grimaud
souhaite la clémence. Un peu plus tard, il appelle le
procureur de Paris, M. Pageaud [6]. Pour le magistrat, il sera
difficile d'établir le flagrant délit. Les vingt-sept étudiants
arrêtés n'ont pas été pris sur le fait. On leur reproche
seulement leur présence sur les lieux et les quelques
« armes par destination » qu'ils transportaient au moment
de leur arrestation. Aucun d'entre eux n'est connu des
services, et on ne peut leur imputer aucune voie de fait

établie. Grimaud approuve. Bien sûr une condamnation ferme satisferait la base policière, qui a de nombreux blessés dans ses rangs. Mais Grimaud ne veut pas avoir à réprimer d'autres manifestations ; il sent qu'un verdict de clémence pourrait désamorcer le conflit en faisant cesser le mouvement de solidarité. C'est alors que Louis Joxe l'appelle. Ce matin-là, il a reçu la visite de François Sarda. C'est un avocat catalan, sanguin et impétueux, gaulliste de gauche qui connaît bien Joxe pour fréquenter le même club politique que lui, l'un de ces nombreux cénacles où l'on accommode le gaullisme à la sauce progressiste. Sarda est aussi l'un des avocats de l'UNEF. Sa double qualité le pose naturellement en intermédiaire. Il propose au Premier ministre par intérim de reporter en octobre le conseil de discipline qui doit examiner lundi le cas de Cohn-Bendit et de ses amis. Alors, assure le bouillant négociateur, l'UNEF jouera l'apaisement. Joxe l'écoute volontiers. Mais l'ombre au képi plane sur lui. Il connaît l'ambiance de l'Élysée. Toute concession serait un recul aux yeux du Général. Joxe lâche quelques bonnes paroles et ne s'engage sur rien. Au contraire, quand il parle à Grimaud, c'est encore de fermeté. Le préfet de police devine derrière ces propos les instructions du Général[7]. Le président aussi, qui se lève tous les jours à 6 heures, a lu la presse et s'est estimé confirmé dans sa conviction. L'autorité de l'État est en jeu. Céder, c'est se condamner à céder encore plus par la suite. Le principe de l'ordre public est intangible.

Ministre de la Justice en même temps que Premier ministre, Joxe donne ses instructions au parquet. A cette époque (cela a-t-il vraiment changé ?), la volonté du ministère public est un élément important d'appréciation pour les magistrats du siège. On jugera en conséquence. Une première fournée d'étudiants est condamnée dans l'après-midi par la 10e chambre correctionnelle de Paris. Prison avec sursis. Verdict mesuré. Mais on réunit encore le tribunal le lendemain dimanche, fait exceptionnel, et cette fois quatre étudiants se voient infliger deux mois ferme. Les magistrats ont pris leur part dans la stratégie gouvernementale. Quatre condamnations pour l'exemple.

Quatre condamnations qui vont coûter cher. La 10ᵉ chambre vient d'offrir sur un plateau aux dirigeants étudiants un argument qui s'ajoute au choc symbolique provoqué par l'entrée de la police à la Sorbonne. « Libérez nos camarades. » Le slogan sera un catalyseur de la révolte, celui pour lequel la masse des étudiants non politisés, cette majorité silencieuse qui apparaît dans toutes les enquêtes des renseignements généraux qui arrivent sur le bureau de Christian Fouchet, va bientôt crier plus fort que les meneurs. D'autant qu'un policier déclare tranquillement à la barre qu'il ignore combien d'étudiants ont été blessés car « ils ne se sont pas présentés au service d'ordre et ils ont bien fait [8] ».

Sur instruction de son chef, le gaullisme a donc pris pendant ce week-end son costume d'autorité. Il a ses raisons : la défense de la légalité républicaine, qui suppose l'ordre public. Mais il va se couper d'une génération entière. Dans l'après-midi, pendant que l'AS Carcassonne et le SC Limoux s'empoignent en finale du championnat de France de jeu à treize, Grimaud, qui voit venir les ennuis, dresse son plan de bataille. Deux manifestations sont prévues, l'une le matin pour accompagner Daniel Cohn-Bendit devant le conseil de discipline, l'autre à 18 h 30 à partir de Denfert-Rochereau. A 17 heures, Grimaud va voir Fouchet avec son plan. Il laissera faire, limitant la présence policière au strict minimum, observant les manifestants sans intervenir. Fouchet l'approuve. Le ministre veut à cette heure dédramatiser. Mais, en début de soirée, il rappelle son préfet : fermeté ; force doit rester à la loi. Grimaud devine encore derrière ce revirement l'oukase gaullien. De la même manière, Alain Peyrefitte publie un communiqué dans lequel il affirme que les examens auront lieu et que les trublions seront sanctionnés. Pareillement, Sarda retourne voir Joxe et lui demande un geste à l'égard des étudiants arrêtés. Joxe ne peut pas répondre : ce serait reconnaître à l'UNEF un rôle d'interlocuteur représentatif. Or le gouvernement a constaté avec satisfaction que l'organisation étudiante, si puissante pendant la guerre d'Algérie, est en pleine déconfiture. Le ministère lui a même supprimé sa subvention annuelle, ce qui a plongé le syndicat dans la gêne financière. Pourquoi ressusciter ce moribond ? Sarda est encore une fois gentiment éconduit. L'UNEF et le SNE-Sup appellent à manifester le lundi 6 mai. Alain Geismar a obtenu de son bureau la ratification de son mot d'ordre de grève générale qu'il avait lancé seul vendredi après-midi. En fin de journée, il formule devant la presse les trois revendications qui formeront désormais le programme du mouvement : libération des étudiants emprisonnés, réouverture de la Sorbonne, retrait des forces de police du Quartier latin. Un objectif noble et indiscutable, l'élargissement de ceux qui ont payé pour les autres ; un but géographique, la Sorbonne, symbole du savoir et bien commun de l'humanité étudiante qu'il faut reprendre aux barbares ; un ennemi simple, tangible et détesté, la police. La triade est parfaite. Ce lundi sera chaud.

6 mai. L'émeute

Marcuse à Paris. Fort peu de militants ont lu à cette date les écrits du vieux théoricien allemand réfugié aux États-Unis, pour qui la relève révolutionnaire sera prise par tous les marginaux des sociétés occidentales, déclassés, immigrés, étudiants révoltés. Pourtant il est là, ce matin du 6 mai. Il participe très sagement au Conseil international de la philosophie et des sciences humaines, qui s'ouvre ce lundi 6 mai 1968 avec un thème choisi comme à dessein : l'influence de Karl Marx, dont c'est le cent cinquantième anniversaire de la naissance, sur la pensée scientifique. Marcuse répondra aux questions pertinentes de Pierre Viansson-Ponté dans *le Monde*[1], mais ne mettra pas les pieds aux manifestations. Il a bien tort ; pendant qu'il disserte, ce sont ses fils spirituels qui s'emparent de la rue. A commencer par le premier d'entre eux, qui remonte à cette heure la rue Saint-Jacques suivi d'une troupe de journalistes et d'un petit cortège étudiant, sous les yeux de quelque mille cinq cents policiers répartis par Maurice Grimaud autour de la Sorbonne.

La comparution

La chevelure rouquine en bataille, en chemise à carreaux[2], Daniel Cohn-Bendit arbore son air le plus goguenard, sourire retroussé et regard d'éclairs bleus. Il se rend dans cet équipage au conseil de discipline de l'université de Paris, qui tient tribunal en Sorbonne pour juger le cas pendable des huit trublions de Nanterre. Le verdict est connu d'avance, l'exclusion de la faculté, probabilité qui chagrine très sérieusement Dany-le-rouge, peu soucieux au fond de sacrifier d'emblée son avenir à sa chère révolution, et risquant de surcroît une expulsion en raison de sa qualité d'étranger. C'est pourquoi des défenseurs prestigieux accompagnent les prévenus, Alain Touraine, Paul Ricœur et Henri Lefebvre, un sociologue et deux philosophes de renom. Ils plaideront une cause juridiquement peu défendable : la légalité universitaire a été mille fois bafouée par les huit jeunes gens. On argumentera sur un autre plan, plus politique, et plus solide.

Dès l'abord de la Sorbonne, un premier incident : Dany et les autres refusent de comparaître un par un, comme le prévoit le règlement. Ils s'assoient sur le trottoir et entonnent *l'Internationale,* puis une version personnelle de *la Carmagnole,* dénommée *la Grappignole* en hommage au doyen de Nanterre. L'auguste tribunal cède immédiatement. On jugera les accusés en groupe. L'audience durera quatre heures, pendant lesquelles Cohn-Bendit se montrera à la fois insolent et prudent. A la sortie, il dira simplement : « On s'est bien amusés pendant quatre heures. »

Le vrai spectacle est à l'extérieur. Trois mille étudiants sont venus soutenir les Nanterrois. Les prochinois ont distribué les premiers tracts, ouvriéristes bien sûr, le matin en banlieue, sans résultat. Plus lucide, le MAU a appelé à la constitution immédiate de comités d'action, capables d'organiser le mouvement dans les facultés et, qui sait, dans les lieux de travail. Le premier s'est constitué dans le XIIIᵉ, d'autres sont en cours de formation. C'est le réseau des « comités Viêt-nam » qui sert de squelette. Dans plusieurs lycées, des comités se sont aussi mis en place. Leurs deux représentants, Maurice Najman, trotskiste de tendance « pabliste » qui créera plus tard son propre groupuscule avec son frère, et Michel Récanati[3], affilié à la JCR de Krivine, rejoindront bientôt la direction collégiale du mouvement rue Monsieur-le-Prince.

Le gros de la troupe a été ameuté par la radio et les

journaux, qui ont donné de la journée de vendredi un compte rendu propre à allécher les plus blasés. Ceux qui n'y étaient pas veulent se rendre compte par eux-mêmes, ceux qui y étaient veulent voir s'ils pourront remettre ça. On voit aussi apparaître les anciens, qui avaient quitté l'université et reviennent sur les lieux de leur ancien engagement. Les militants sont là, encadrés cette fois par un service d'ordre déterminé et soudé, fidèles de Krivine pour la plupart. Mais il y a surtout les convertis du week-end, apolitiques, inorganisés, qui veulent témoigner de leur solidarité, ou qui ont été tout simplement happés par l'air du temps qui enveloppe maintenant Paris, fait d'irrévérence, d'agressivité soudainement débridée, de défi brusque et libérateur à l'autorité, de rébellion instantanée contre le monde des adultes, la triste société des raisonnables et des besogneux, des responsables et des ambitieux.

Un quart d'heure après l'entrée de Cohn-Bendit, la police disperse la foule : il faut que la délibération ait lieu dans le calme. Premières grenades, premières pierres de la journée. Les manifestants décrochent pour se retrouver une heure plus tard boulevard Raspail. Grimaud laisse faire. C'est la première longue marche de Mai. Une halte à la Halle aux vins pour un meeting, puis on passe rive droite devant un barrage qui condamne les quais, trois heures de marche avant de revenir vers le Quartier par le boulevard Saint-Germain. Quand le cortège arrive au carrefour Saint-Jacques, il bifurque brusquement vers la Sorbonne. Le geste est parfaitement délibéré. A l'improvisation du vendredi succède la tactique du service d'ordre JCR, qui conduit le cortège[4]. Les trotskistes de Krivine ont vu la brèche. C'est la violence qui fait l'événement. Il faut la provoquer, sous peine de voir la tension retomber et le mouvement s'effilocher. Au vrai, les trotskistes n'ont guère besoin de beaucoup manœuvrer pour déclencher la bagarre. La masse vibre aussi d'un désir pressant d'en découdre, en dehors de tout mot d'ordre. Le plaisir de l'émeute s'est diffusé comme jamais parmi les étudiants. On va à l'affrontement.

Grimaud voudrait bien éviter le contact. Mais il faut

protéger la Sorbonne. Les gardes mobiles déboulent de la rue des Écoles, mousqueton levé. On résiste un moment ; la poussée est trop forte ; on se replie place Maubert. Le combat commence. C'est d'abord un duel d'artillerie de fortune, grenades contre pavés. A l'avant les lanceurs, qui courent vers la muraille noire du barrage policier, se bloquent et balancent leur pavé avant de détaler frénétiquement. Un de ces francs-tireurs surpasse les autres. Il s'approche à quelques mètres pour bombarder les gardes mobiles. Alors une des cibles se détache du groupe à sa poursuite, matraque levée. A tort : le manifestant fait volte-face, sort une longue matraque de son imperméable et bastonne proprement le vengeur imprudent[5]. Devant les troupes, casque et foulard, les défenseurs s'initient au renvoi de grenade, sport dangereux qui demande un coup de pied précis et un œil acéré. On s'aperçoit vite que la mise à feu est lente. Alors on ramasse les engins, qui reviennent éclater au milieu des uniformes noirs.

Derrière, on dépave et on forme la chaîne pour ravitailler les premières lignes. Une cabane de travaux publics est incendiée. Les policiers sont sidérés. Cette fois, ils ont le sentiment d'avoir affaire sinon à des professionnels, du moins à des militants entraînés, qui manœuvrent plus vite qu'eux, avec un sang-froid et une organisation redoutables.

Grimaud ne veut pas faire charger tout de suite. Il lui suffit d'interdire l'accès à la Sorbonne. Le corps à corps est inutile. Alors les gardes mobiles doivent rester l'arme au pied sous une pluie de pierres, de boulons et de bouteilles, insultés, nargués, maigrement protégés par leur bouclier de plexiglas. Régulièrement, l'un d'eux s'écroule en hurlant, vivement tiré vers les cars par ses collègues. La fureur contenue monte dans les rangs. Elle se libérera d'autant plus violemment à l'heure de la charge.

Le préfet de police veut tenir ses troupes, et juger par lui-même. De son bureau, il se rend à pied place Maubert, où il est reconnu. Étudiants et journalistes l'entourent. On critique la police. « Les manifestants ont usé les premiers de la violence », répond-il, rappelant le crâne défoncé par un pavé du brigadier Christian Brunet. Souriant, il débat

tranquillement, puis s'éloigne après cette conclusion :
« Parmi vous, il y en a peut-être un qui sera préfet de
police. Eh bien, lui aussi il faudra qu'il fasse son métier et
qu'il assure l'ordre dans les rues de Paris. »

La bataille de Saint-Germain-des-Prés

Vers 18 heures, l'émeute cesse faute d'émeutiers. Les
manifestants se sont esquivés pour rejoindre le cortège
convoqué par l'UNEF à 18 h 30 place Denfert-Rochereau.
Sur le trajet, on côtoie des troupes fraîches qui se pressent,
foulard autour du cou et casque à la main. Six mille
étudiants entourent le lion de Belfort. L'enthousiasme
soulève la foule, qui n'en revient pas de se retrouver si
nombreuse. Les lambertistes de la FER veulent imposer
leurs banderoles. Ils doivent les rouler précipitamment
sous les huées. Le style de Mai est trouvé : la dérision avant
la langue de bois. « Nous sommes un groupuscule ! »
L'invention verbale commence. La foule s'écoule joyeuse
le long du boulevard Raspail. On entonne *l'Internationale,*
sans dépasser le deuxième couplet, faute de connaître les
autres. Des jeunes femmes lancent des roses rouges de leur
balcon : « Les bourgeoises avec nous ! » Quelques drapeaux rouges apparaissent, le cortège exulte. Carrefour
Vavin, rue de Rennes, boulevard Saint-Germain. Le
premier rang casqué s'immobilise, le cortège se fige rang
après rang. Silence. A cent mètres, sous l'œil de Diderot,
l'éclat noir d'un barrage, bottes sur la chaussée grise et
casques luisant au soleil. On se mesure du regard. Hésitation, angoisse. Mais les chefs sont là. La JCR joue toujours
le choc. Il faut y aller. Les francs-tireurs se détachent avec
leurs projectiles. On se cherche du regard, on ajuste les
foulards sur le nez. Puis on démarre.

Lapidée, chargée, craignant d'être prise à revers par la
rue du Four, la police recule. C'est la ruée. Pour la
première fois, les gardes mobiles doivent céder le terrain.
Les officiers sont abasourdis.

D'autant que la foule s'est mise à l'œuvre. Elle a arraché des panneaux de signalisation pour marteler le pavé. Dès la première fissure dans le macadam, dix mains descellent dix pavés, qui s'acheminent vers les premiers rangs avant de voler vers les uniformes. Des voitures sont poussées sur la chaussée et retournées, des grilles d'arbres arrachées. La police réplique par des salves de grenades qui éclatent en chapelet. On court, on hurle, on lance ce qu'on trouve, on fuit, on se cache, on a peur et on en redemande. La nuit vient obscurcir le champ de bataille. L'air saturé de gaz brûle les poumons et les yeux, les incendies se reflètent dans les cirés noirs des gardes mobiles. Les passants sont matraqués, les vitrines éventrées, on n'entend que des hurlements, des insultes et des explosions.

La police a fait venir deux autopompes. Un pavé bien ajusté casse le pare-brise de la première : elles doivent reculer sous une pluie de pierres. Les CRS chargent, mais ils sont pris à revers par des embusqués qui les lapident dans le dos à bout portant. Saisie de panique, une compagnie fuit en désordre malgré les coups de matraque dont l'abreuve un officier. Un grenadier court aveuglé par les gaz et percute un arbre sous les lazzis. Soudain, une camionnette roule vers le barrage policier, un pavé sur l'accélérateur. Son conducteur s'éjecte au dernier moment, les CRS réussissent à éviter le véhicule, de peu [6]. Les forces de l'ordre sont clouées sur place. Elles ne peuvent pas organiser d'assaut frontal, tant les manifestants sont déchaînés, et organisés. Alors, au bout d'un long moment, les policiers entreprennent un mouvement tournant qui prend les émeutiers à revers. La foule reflue rue de Rennes, où elle se débande. Il est plus de 21 heures. Enfin maîtresse du terrain, la police pourchasse les petits groupes qui veulent encore en découdre. C'est la ratonnade, qui frappe au hasard et alourdit vite le nombre des blessés, car cette fois les manifestants ne peuvent pas faire front. Le bruit des affrontements durera jusqu'à 23 heures. Le lendemain matin, malgré les efforts des services de voirie, Saint-Germain-des-Prés paraît avoir subi le passage d'un cyclone. Chaussée dépavée, vitrines en miettes, épaves calcinées, odeur persistante du gaz. Paris connaît son premier petit matin d'émeute. Il y a (officiellement) 481 blessés, dont 279 parmi les étudiants. Sur 81 arrestations, 40 ont été maintenues.

L'opinion soutient les étudiants

A 20 h 30, à la télévision, Alain Peyrefitte répond aux questions d'un jeune journaliste nommé Yves Mourousi. Nous avons été très patients, dit le ministre, mais les étudiants veulent jouer à l'émeute. Les incidents sont le fait d'agitateurs organisés. Il faut mettre fin « à l'escalade de la violence ». Techniquement, juridiquement, le gouvernement a tous les arguments pour lui. L'interdiction du périmètre de la Sorbonne est régulière sinon adroite ; le droit de manifester ne comporte pas celui de lapider les forces de l'ordre, encore moins celui de les charger en masse ; les affrontements ont été déclenchés sciemment par la fraction organisée de la manifestation (en général, le service d'ordre de la JCR), même si la masse a ensuite suivi de bon cœur ; il y a beaucoup de blessés parmi les policiers, qui ont répliqué durement à des attaques qu'ils n'avaient pas provoquées, sinon par leur présence.

Mais, politiquement, le plaidoyer officiel ne passe plus. Pour la masse étudiante, l'emprisonnement des lampistes arrêtés vendredi légitime les bagarres ; la fermeture de la Sorbonne porte atteinte à des traditions qui remontent au Moyen Age, quand Philippe Auguste accordait aux étudiants parisiens un statut qui les soustrayait à la police et à la juridiction royale ; la brutalité policière, notamment celle qui s'est exercée sans pitié sur les fuyards, annule toute interrogation sur l'origine réelle des heurts. Et, surtout, le discours de l'ordre tourne à vide quand l'opinion acquiert le sentiment flou que c'est une génération entière qui commence à se mobiliser contre le régime ; la jeunesse étudiante bénéficie spontanément d'un privilège de sympathie, d'autant qu'elle reçoit la caution d'enseignants nombreux et prestigieux ; dans le conflit du gendarme et du trublion, le second gagne naturellement les cœurs, tant que ses agissements ne font pas peur. Or la peur n'est pas encore là. Les uns s'amusent de voir l'autorité défiée ; les autres se récrient devant la violence des matraquages ; tout le monde tait le rôle pourtant bien réel de la minorité agissante, sauf le gouvernement qui paraît employer là un argument de pure polémique. Sans le savoir encore, le mouvement étudiant a gagné haut la main la bataille d'opinion.

La presse cristallise ce basculement. « Massacre au Quartier latin », titre *Combat,* qui dramatise un sentiment général : la police a manqué de sang-froid face à des manifestants excités, mais désarmés. Gardiens de l'ordre s'acharnant sur des jeunes filles, CRS chargeant des passants ou grenadant des salles de cinéma, rossant systématiquement des Noirs et des Arabes, les journaux déroulent la longue description de la violence en uniforme. Les innombrables brutalités commises dans les commissariats par des gardiens de la paix surexcités commencent à transpirer largement, en dépit des démentis de la hiérarchie policière. « Je fus obligé d'entrer au commissariat pour une simple vérification d'identité... lit-on, j'en suis sorti quelques minutes plus tard le nez cassé par un manche de pioche habilement manié par un officier[7]. » Le centre Beaujon, où l'on achemine le gros des manifestants arrêtés, commence à établir une réputation solide et peu usurpée, même si la rumeur l'exagère un peu. Les passages à tabac sont monnaie courante, les insultes et les bousculades permanentes. La rancœur policière s'y donne libre cours, mâtinée de racisme, parfois d'antisémitisme. Maurice Grimaud devra morigéner sa hiérarchie et venir sur place en grand appareil pour que se modère l'ardeur de ses troupes[8]. Tout cela affaiblit dangereusement la position gouvernementale. La classe politique commence à le sentir. Le Général continue de mettre l'épée dans le dos de ses ministres pour que la fermeté soit maintenue. Mais, recevant à l'Élysée une délégation parlementaire, il tient un propos à double détente : « Messieurs, l'université a besoin de se réformer... mais il n'est pas possible de tolérer les violences dans la rue[9]. » Ce n'est plus l'ordre et la réforme. Le propos paraît anodin ; il légitime pourtant en partie les manifestants. Passée inaperçue, la phrase contient en filigrane toute l'attitude du Général jusqu'au 29 mai. Symétriquement, le PCF doit lui aussi amender discrètement son attitude. C'est Georges Séguy qui indique le changement. Il parle au nom de la CGT, mais chacun sait qu'il est aussi membre du bureau politique du Parti, où les prises de position de la centrale sont toujours discutées. Le secrétaire général commence par la dénonciation désormais rituelle des « provocateurs » de l'extrême gauche. Mais le PC a senti que quelque chose naissait depuis vendredi, dont il ne fallait pas se couper d'emblée. Aussi Séguy affirme-t-il sa « sympathie envers les intellectuels qui se placent résolument du côté de la classe ouvrière ». L'hommage au mouvement étudiant est alambiqué et conditionnel. Il est néanmoins patent.

6

7 mai. La longue marche

En deux manifestations, le mouvement étudiant a pris le devant de la scène. Comment y rester ? Comment transformer en victoire politique cette mobilisation aussi puissante qu'inespérée ? La direction du mouvement s'interroge dès les premières heures de la matinée. L'unanimité se fait sur les objectifs : les trois revendications déjà formulées par Geismar, libération des emprisonnés, retrait des forces de police, réouverture de la Sorbonne.

Pragmatisme

On glosera beaucoup, après coup, sur l'irréalisme de Mai, sur le délire verbal, l'illusion révolutionnaire et la métastase de l'idéologie. Les chefs des groupuscules justifient souvent ces jugements. Mais c'est surtout un effet de perspective. Justes, ces qualificatifs s'appliquent plus à l'après-Mai qu'aux événements eux-mêmes. La floraison gauchiste des années soixante-dix a faussé le jugement. En 1968, il n'y a que des bourgeons d'idéologie. L'arbre est apolitique. Les tacticiens qui chevauchent le tigre en tirent d'instinct les conséquences. Pas un soupçon de rhétorique dans le programme de cette première semaine. On joue la solidarité, l'indignation élémentaire, le réflexe de corporation. Le débouché politique viendra ensuite. Pour l'instant, il faut élargir, enrôler, populariser. Pétris d'idéologie, Cohn-Bendit, Krivine, Geismar, Péninou et les autres savent quand il le faut mettre leur petit drapeau compliqué dans leur poche et déployer la large bannière de l'émotion.

De même, l'usage de la violence ne sera pas systématique. On se souvient de Mai comme d'une longue série de
manifestations brutales, une sorte d'émeute ininterrom-
pue. Là encore, la mémoire est sélective. Il y eut trois
flambées de violence, deux en mai, une en juin, en tout dix
manifestations violentes sur soixante jours de crise. A
cause de leur intensité, on exagérera leur nombre. Les
barricades bouchent rétrospectivement la vue.

Ce mardi matin, le petit état-major de la rue Monsieur-
le-Prince n'est surtout pas d'humeur militaire. On est
abasourdi par le nombre des manifestants ; mais on voit
bien qu'ils étaient six mille pour cent soixante mille
étudiants à Paris. Chiffre incroyable mais minoritaire. On
s'inquiète aussi des effets de la violence. Porte-parole d'une
organisation affaiblie mais tout de même responsable, seul
interlocuteur possible des pouvoirs publics avec Geismar,
plus légaliste que les chefs des groupuscules, Jacques
Sauvageot souhaite qu'on manifeste le soir même, mais
cette fois dans le calme. Les autres se rallient à lui. On
laissera les casques et les lance-pierres au vestiaire. Proche
du Quartier latin, spacieuse et munie de larges voies
d'accès, la place Denfert-Rochereau est un bon rendez-
vous. On y convoquera les manifestants à 18 h 30.

Un peu plus tard, Geismar reçoit la presse pour lui faire
part de ces résolutions, présentées au nom du SNE-Sup et
de l'UNEF. « En signe de bonne volonté, nous nous
engageons à ce que la manif de ce soir soit la moins violente
possible. » C'est un risque politique : si le défilé dégénère,
le SNE-Sup et l'UNEF auront démontré leur impuissance à
contrôler quoi que ce soit. Tant pis. La direction du
mouvement joue sa carte. Elle a au moins un auditeur
attentif. C'est Maurice Grimaud, qui commence à considérer avec angoisse les soirées de manifestation que promet-
tent l'intensité du ressentiment étudiant et l'intransigeance
gouvernementale [1]. Les heurts vont recommencer, et avec
eux le risque permanent du dérapage ou de l'accident, cette
mort d'un manifestant contre laquelle rien ne peut le
garantir, sinon l'arrêt de l'affrontement. Bien sûr, il
pourrait interdire la manifestation ; la loi l'y autorise. Il ne

le veut pas. L'interdiction dissuade les plus mous mais elle accroît la détermination des autres. Techniquement, elle est très difficile à réussir. Il faut encercler le lieu de rendez-vous et charger tous ceux qui y parviennent, notamment par le métro. La violence est inévitable. Et, surtout, les manifestants peuvent changer très vite de point de rallie-ment. Il faut alors déplacer les escadrons en camion, avec le risque qu'ils soient pris dans les embouteillages. On peut manœuvrer à pied. Dans ce cas, les policiers mal entraînés, lourdement équipés et souvent bedonnants sont facilement distancés par les étudiants. « On ne peut rien faire, chef, ils ont des baskets », dira un officier de CRS à son supérieur un soir de cavalcade[2]. Dans ce cas, la manifestation a lieu quand même, dans le désordre, et les forces de l'ordre sont ridicules. Autant négocier les parcours à l'avance et disposer les troupes en conséquence. D'autant que, ce jour-là, les chefs de file étudiants parlent un langage plutôt modéré : Grimaud cherche à les joindre dans l'après-midi. Il appelle le local du SNE-Sup.

— J'ai eu beaucoup de mal à vous avoir, dit-il à Geismar quand la communication est établie.

— Nous n'avons que deux lignes, répond l'autre.

— Qu'à cela ne tienne, je m'en occupe[3].

Dans l'heure qui suit, des techniciens viennent rue Monsieur-le-Prince installer une ligne directe qui fonction-nera pendant six mois. Parfait symbole : tout au long de la crise, l'état-major de l'émeute et celui de la répression seront en contact suivi, sans intermédiaires. Ce seront surtout des discussions techniques, sur les itinéraires, les horaires et les objectifs des manifestations. Rompus aux manifestations depuis des années, les responsables du mouvement étudiant ont l'habitude de négocier un par-cours, de discuter une interdiction, de concéder une déviation à tel ou tel endroit. Ils continuent en mai : seule l'échelle change. Presque toujours, il s'agira de limiter la casse, d'éviter le sang, de respecter en somme cette convention tacite qui, sans appel, écarte « les événe-ments » de la liste des révolutions, même manquées : on ne montera en aucun cas aux extrêmes. Fût-elle civile, la guerre de Mai n'aura pas lieu, puisque personne ne veut tuer et que personne ne veut mourir.

Vers l'Étoile

A 18 h 30, à Denfert, la direction étudiante a gagné son pari. Il y a plus de six mille personnes. La mobilisation continue. En face, Grimaud aligne quatre mille cinq cents policiers pour contenir la foule et tenir le périmètre de la Sorbonne. Autour du lion de Belfort, ils sont tous là, vieux militants et briscards de deux jours. Ils n'osent pas y croire, ils écarquillent les yeux et contiennent l'émotion. Ils ne sont plus seuls. Bien d'autres les ont rejoints, tous les curieux, les amusés, les enthousiastes et les convertis, qui noircissent le pavé de Denfert. Sauvageot parle, encore mal assuré. Quelques phrases et un seul mot : la Sorbonne. On glisse lentement vers l'*alma mater*. « Nous sommes un groupuscule. »

Grimaud est sorti de sa préfecture. Il remonte le boulevard Saint-Michel à la rencontre des manifestants. A Port-Royal, il s'avance et parlemente : « N'essayez pas d'atteindre la Sorbonne, vous seriez rossés. J'autorise Montparnasse[4]. » Les premiers rangs obtempèrent et filent vers la Seine. Tant pis pour le Quartier latin. Il ne leur déplaît pas de porter au loin le message protestataire, sur cette rive droite qui est un autre continent. C'est le début de la longue marche étudiante. On descend par le boulevard des Invalides. Le cortège a grossi, la police regarde sans bouger. A droite de la foule, l'Assemblée nationale est à portée de mains. Pas un regard, à peine quelques sarcasmes. « Le pouvoir est dans la rue. »

On glosera infiniment sur ce mépris tranquille, cette souveraine indifférence à l'égard de la souveraineté parlementaire. Il y a du vrai : les foules de Mai agirent dans une faille de la légitimité. La mécanique institutionnelle fut brusquement récusée, la « brèche » fut entrouverte. Mais il y avait autre chose. Au fond les jeunes de 1968 n'avaient jamais vraiment connu que la Ve République. La IVe agonisait quand ils quittaient l'enfance. Sa fin fut celle du pouvoir parlementaire. Dix ans après, pourquoi s'en prendre à cet aréopage décrié, sans prestige et sans pouvoir ?

Effectivement, le pouvoir était dans la rue, mais c'était celui de l'État, du Général et de son gouvernement, matérialisé par les haies noires de la police. Pour libérer les emprisonnés, tout se jouait là. Ce n'était pas tant romantisme révolutionnaire que saine et intuitive connaissance du terrain. Par son charisme, ses voyages, ses bains de foule et la télévision, le Général avait instauré le contact direct entre le peuple et le pouvoir, sans intermédiaires. Grandis sous son magistère, les étudiants l'avaient parfaitement compris. C'est un paradoxe passionnant : l'indifférence des Invalides fut sans doute plus gaullienne que révolutionnaire. L'opposition parlementaire, qui vivait toujours le gaullisme comme une longue parenthèse dans le système, celui des partis, du Parlement et des coalitions, mettra beaucoup plus de temps à comprendre la légitimité nouvelle de la Ve, à laquelle les manifestants rendent un hommage implicite.

En tout cas, loin de ces subtilités, devant la Seine où luit le soleil couchant, la foule se sent forte, conquérante, invincible. L'illusion lyrique de Mai naît ce jour-là. « Nous étions les maîtres », dit Jacques Baynac[5]. Dans Paris affairé, douze mille trublions hument la brise de l'histoire.

La police barre le pont Alexandre-III. On file le long du quai d'Orsay vers le pont de la Concorde. Le 6 février 1934, elle avait été le lieu du drame. Le dernier cordon policier protégeait l'Assemblée, il avait fallu tirer. Cette fois, à cause d'une erreur tactique, le passage est libre. Ça n'a pas d'importance : la foule va dans l'autre sens. Le dos au Palais-Bourbon, elle part rive droite vers l'aventure. L'ivresse continue. Hilare, la tête dans les nuages, on remonte les Champs-Élysées drapeau rouge en tête. « C'était le plus beau moment, raconte aujourd'hui Jean-Marcel Bouguereau, on avait marché toute la journée, on avait parcouru tout Paris, et voilà que le cortège s'est enflé suffisamment pour emplir les Champs-Élysées. On n'osait pas y croire[6]. »

Place Beauvau, Christian Fouchet dîne sur le pouce avec son cabinet. L'ambiance aidant, on parle des « journées » parisiennes. Docte et assuré, le ministre promu stratège urbain explique qu'il est capital de ne jamais laisser l'émeute passer rive droite. Il est vrai que le palais de l'Élysée est à deux pas, et qu'aucune unité sérieuse ne le protège. Coup de téléphone. « Ils sont rive droite. — Merde[7]. » Fouchet furieux appelle Grimaud. « Il fallait barrer les ponts, voyons, c'est élémentaire. » Eh oui ! Mais le ministre se trompe. La foule a oublié l'Élysée caché par les frondaisons.

A 22 heures, elle s'assoit autour de l'Arc de triomphe, parsemée de drapeaux rouges et noirs. Mus par un restant de zèle républicain, les trotskistes auraient alors empêché un anarchiste d'uriner sur la flamme[8]. Slogans, chansons, on repart. Grimaud a redéployé ses hommes en catastrophe. Un gros barrage ferme les Champs à George-V. Cette fois, la route de l'Élysée est coupée, au cas où. Un commissaire signifie aux dirigeants étudiants qu'il faut retourner rive gauche. L'UNEF fait la chaîne devant les policiers, le fleuve est détourné vers les ponts. Exténués, les manifestants, alertés par la radio sur des incidents rue d'Assas, reviennent au Quartier. Il est minuit. La Sorbonne est en vue. L'ambiance s'échauffe. Rue Monsieur-le-Prince, grâce au « téléphone rouge » du SNE-Sup, Geismar conjure Grimaud d'ouvrir les barrages, « sinon ce sera le massacre ». Grimaud est tenté, mais il veut des garanties sur le devenir de la Sorbonne. On argumente. Soudain, la voix du préfet de police change : il vient d'apprendre que le cortège se disperse. Sur le terrain, le service d'ordre de l'UNEF, discipliné, annonce l'arrêt des hostilités. Il faut rentrer : la foule accepte sans hâte, mais sans violence. C'est là que les prochinois se singularisent encore. Leur mot d'ordre ouvrier a échoué : ils veulent désormais mener les étudiants à l'affrontement. En petits groupes serrés, ils attaquent les barrages, profitant de l'absence de Geismar et de Cohn-Bendit pour capter la direction de la manif[9]. Il n'en faut pas beaucoup plus pour libérer la foule, qui, elle aussi, a envie de bagarre. L'émeute reprend sous les yeux d'un service d'ordre qui n'en peut mais. Les pavés volent, les voitures brûlent, le gaz lacrymogène se répand dans la nuit parisienne. Dans son rapport, le commissaire Bondais raconte : « Boulevard du Montparnasse, à proximité de Port-Royal, j'ai été interpellé par quatre membres du service d'ordre de l'UNEF, très émus, l'un d'eux pleurait même, complètement affolés et débordés par les événements et qui ont tenu à me faire savoir que les manifestants irréductibles qui détruisaient les voitures et résistaient au service d'ordre par des jets de projectiles n'appartenaient pas à leur organisation, mais à une organisation révolutionnaire prochinoise. Ils m'ont supplié de faire intervenir mes effectifs pour mettre un terme à ces actes de vandalisme[10]. » Les affrontements durent trois heures autour du Quartier latin. La longue marche se termine en cavalcade. La tradition de la bagarre en fin de manif s'installe. Le mythe de Mai prend corps.

7

8 mai. Le recul

La marche à l'Étoile n'a pas impressionné le Général. En Conseil des ministres ce mercredi, alors qu'Alain Peyrefitte vient d'achever un long exposé sur la crise universitaire, les mutations nécessaires et l'exigence du retour à l'ordre, le président se fait tranchant. Le télégramme envoyé ce matin par trois prix Nobel, signé aussi par François Mauriac, n'a pas fléchi sa détermination. Cette affaire subalterne demande un peu d'énergie, c'est tout. L'université, dit-il, a disposé de moyens considérables. Sa démocratisation s'impose, mais aussi sa planification. La question de la sélection est urgente. Et, d'abord, que l'ordre soit maintenu. Après, on discutera. « Une émeute, conclut-il, c'est comme un incendie, ça se combat dans les premières minutes [1]. »

Réagissant au communiqué du Conseil des ministres, l'UNEF crie à la provocation. Pas un mot sur les trois revendications étudiantes, pas un geste d'ouverture, et en plus cette menace renouvelée de la sélection. Geismar donne une conférence de presse : « Libérée ou non par la police, ce soir, la Sorbonne sera à nous. »

Négociation

En apparence, l'opposition est donc totale. Pourtant, en coulisse, une négociation discrète, incertaine, ambiguë se fraye difficilement un chemin. L'état-major hésite entre deux sensibilités. Le « 22 mars », la JCR, le MAU sentent qu'une telle mobilisation ne se retrouvera pas de sitôt. Il faut continuer, rester d'une parfaite intransigeance pour préserver la dynamique, jouer l'affrontement et l'escalade. Alors, une fois le rapport des forces établi, l'opinion polarisée, on pourra en cueillir les fruits, voire, qui sait, réussir une percée hors de l'université en ralliant les syndicats. Au fond, sans le dire, ceux-là pensent que le compromis serait la pire des choses[2].

Le SNE-Sup, l'UNEF et, pour d'autres raisons, les trotskistes de la FER penchent plus vers la négociation ; pour les deux organisations en principe représentatives, c'est un réflexe normal. Les bagarres de rues ne sont pas l'objet principal de leur activité. Le but d'un syndicat, c'est de faire progresser les revendications. Si l'on pouvait obtenir satisfaction sur l'essentiel des trois points, on pourrait engranger le bénéfice, achever le mouvement sur une victoire et préparer la rentrée en position de force. Geismar et Sauvageot sont de plus en contact permanent avec leurs grands frères du syndicalisme adulte, ceux de la FEN notamment. Ceux-là poussent naturellement au compromis. En échange d'une attitude plus raisonnable de leur part, les leaders du SNE-Sup et de l'UNEF peuvent espérer obtenir le soutien public des forces du syndicalisme traditionnel, et élargir ainsi leur action. Les dirigeants de la FEN, d'un côté, l'avocat de l'UNEF François Sarda, de l'autre, ont ainsi fait savoir au ministère qu'il y avait peut-être moyen de s'arranger avec les leaders. Déjà, la veille, les dirigeants de l'UNEF avaient promis à Grimaud un cortège pacifique. Ils avaient tenu parole et le préfet de police avait constaté que les incidents de la fin de soirée s'étaient déclenchés contre le service d'ordre de l'UNEF. Alors, pour la manifestation du soir, Geismar et Sauvageot ont obtenu du doyen Zamansky la disposition de la grande cour de Jussieu à la Halle aux vins pour un meeting traditionnel, loin des yeux policiers, qui précédera un défilé pacifique vers le Quartier latin.

Sachant cela, Alain Peyrefitte s'essaie à une ouverture. Répondant aux critiques de l'opposition qui a interpellé le gouvernement lors de la séance des questions orales à

l'Assemblée, il évoque la possibilité d'une réouverture de
la Sorbonne. « Si ces conditions paraissaient réunies, la
reprise des cours de la faculté de Paris-Sorbonne pourra
intervenir dès que le recteur et les doyens concernés le
jugeront possible, c'est-à-dire, je l'espère, demain après-
midi[3]. » Entendant cela, un journaliste de *France-Soir*
croit à la résolution de la crise. Le journal sort une édition
annonçant la réouverture comme une certitude[4]. Lisant
cela un peu plus tard, Joxe appelle Peyrefitte pour le
morigéner et lui rappeler les consignes du Général[5]. Le
ministre explique qu'il a été mal compris. Mais l'effet est là.
Le lendemain, *Combat* titrera : « De Gaulle a cédé. » Les
leaders étudiants eux-mêmes commencent à penser que,
peut-être, le pouvoir va s'incliner. Grimaud en est fort
content. A cause d'une série de manifestations paysannes
dans l'Ouest, une partie des effectifs de CRS et de
gendarmes ont été appelés en province. Il ne pourrait pas
faire face à une nouvelle flambée au Quartier latin.

C'est dans cette atmosphère ambiguë, et sous une pluie
battante, que s'ouvre le meeting de la Halle aux vins. Les
leaders syndicaux parlent revendications, la sonorisation
puissante installée en hauteur interdit tout dialogue avec la
foule, on exige rituellement des engagements fermes du
gouvernement. Et, surtout, on se mouille et on s'ennuie
ferme. Absent jusque-là, le PCF a recollé au mouvement
dès lors qu'il retrouvait sa respectabilité. Ses élus sont là, et
ses militants, qui dénoncent mécaniquement la « provocation » et appellent au calme.

Le mouvement fourvoyé

Il y a pourtant plus de dix mille personnes quand le
cortège se met en marche vers le Quartier latin[6]. « Halte à
la répression », « De Gaulle responsable », « Fouchet
enragé ». On marche paisiblement, surveillés discrètement
par les commissaires de Grimaud. Le préfet a demandé
qu'on n'intervienne pas pour tester l'efficacité du service

d'ordre étudiant. Puis, au bout d'une marche sans histoires, on arrive au Luxembourg, à l'entrée de la rue Soufflot. C'est là que, conformément aux résolutions prises, les responsables appellent à la dispersion. Sauvageot pour l'UNEF, Chisseray pour la FER arpentent la place Edmond-Rostand pour dissoudre la foule. Mais les étudiants ne veulent pas partir. Les uns sont furieux, les autres pleurent. Ils assaillent les responsables, crient leur frustration, s'indignent de voir leur force partir de la sorte en quenouille, fourvoyée par les bureaucrates amollis. Des petits groupes se forment autour des grilles du Luxembourg, vouant l'UNEF et le SNE-Sup aux gémonies du défaitisme. Geismar, le matin même si faraud, promettant de coucher le soir à la Sorbonne, entend ces réquisitoires. La Sorbonne est à deux pas, toujours aussi solidement gardée. Le face-à-face avec la police, juste avant la dispersion, avait aiguisé les énergies. Le plaisir de l'émeute est tenace. Ce soir encore, les étudiants, hors de toute manœuvre, de tout complot groupusculaire, voulaient se mesurer aux forces de l'ordre. Les responsables ne l'ont pas compris. Les plus lucides voient le risque, qui est une chance inespérée pour le gouvernement. Il suffirait d'un geste, le lendemain, de la réouverture de la Sorbonne et du départ des uniformes noirs pour que tout rentre dans l'ordre, pour que la porte entrouverte vers l'impossible se referme brutalement, sur un tour de clé « responsable ». Cohn-Bendit est arrivé en retard, occupé à répondre aux questions de la BBC. Lui aussi saisit l'amertume de la foule, la déception de ceux qui croyaient à l'incroyable. « Ça devait arriver, entend-il, les organisations nous ont une fois de plus vendus. » Décidément, il faut réagir. La conspiration des raisonnables a failli tout compromettre, quand ce mouvement sorti de nulle part peut faire sauter toutes les défenses de la normalité, déboucher sur l'aventure tant désirée.

Les tourments de Geismar

Dans cette ambiance de dénonciation, Alain Geismar vit une crise morale[7]. Aucune organisation ne s'est interposée quand la FER et l'UNEF ont appelé à la dissolution. Pourtant, la volonté de la masse était patente. Quand la base veut l'affrontement, les dirigeants peuvent-ils l'en dissuader ? A la radio, on se félicite d'avoir enfin en face de soi un mouvement doté de leaders écoutés et présentables, qui peuvent éviter les violences et négocier. Le gouvernement, dit-on, pourrait faire un geste en direction des vrais étudiants, qui seraient élargis. Geismar fond en larmes. Voilà où mène la compromission. On va séparer le bon grain de l'ivraie, libérer les étudiants, garder les prolos. Et cela sous les applaudissements de l'opinion. Un peu plus tard, il parle à ses camarades du SNE-Sup, qui pensent marcher vers la victoire : « Ne voyez-vous pas que notre action ne correspond pas du tout à la logique du mouvement... En favorisant l'unité intersyndicale, nous avons enfermé le mouvement dans un carcan, qui va à l'encontre exacte de ce que veulent les masses mobilisées. Nous sommes tombés dans le piège de la politique, dans la routine de la droite et de la gauche. Résultat : nous devons abandonner justement ceux qui ne sont pas étudiants, qui sont justement l'indice que le mouvement commençait à sortir de son ghetto[8]. »

A l'autre bout de Paris a lieu une réunion des membres du « 22 mars ». Geismar va les rejoindre. Il décide que, finalement, ce sont bien eux qui représentent la légitimité du mouvement. Les militants assemblés sont furieux. Cohn-Bendit dénonce les accords passés par l'UNEF et le SNE-Sup. Au milieu de la réunion, Geismar fait irruption, défait, parmi des militants ulcérés. Il demande la parole et commence une pathétique autocritique, des larmes dans la voix et sur les joues. Il explique comment les appareils syndicaux sont en train de canaliser et de récupérer le mouvement, comment les partisans du compromis sapent l'énergie accumulée en trois manifs de rêve. « Ce qui me dégoûte le plus, dit-il, c'est que je vais être accusé d'avoir livré des types[9]. » On le regarde, incrédules. La tension du groupe est maximale. « Oui, maintenant, la police libère les étudiants français et garde les autres, étrangers ou travailleurs. » Dans un milieu qui tète le marxisme sous toutes ses formes depuis des années, le spectre de cette discrimination a un effet torrentiel. S'il existait la moindre hésitation, elle est balayée. Il faut aller jusqu'au bout, aucun compromis n'est possible.

Réuni le lendemain, l'état-major étudiant se retrouve sur la même longueur d'ondes. Il faut aller à l'affrontement, à moins d'une capitulation immédiate. Pour faire bonne mesure et parer à toute proposition alléchante émanant de Peyrefitte, on décide d'ajouter une quatrième revendication aux trois points de la plate-forme commune[10]. Non seulement le gouvernement devra rouvrir la Sorbonne, éloigner la police et libérer les emprisonnés, mais il devra en plus provoquer la démission du préfet de police, responsable des violences. En attendant, on tombe d'accord sur la date de la prochaine manifestation, qui partira de Denfert-Rochereau, le vendredi 10 à 18 h 30. L'UNEF et le SNE-Sup ne seront plus seuls à appeler à la mobilisation, on ajoute en bas du tract la signature des comités d'action lycéens (CAL) et celle du « 22 mars » de Cohn-Bendit. Ainsi le 10 mai, nuit des barricades, sort du 8, jour de doute et d'amertume.

9 mai. La veillée d'armes

Décidément l'homme de ces journées est bien Daniel Cohn-Bendit, qui obtient dès le lendemain le ralliement des modérés aux thèses du « 22 mars ». L'UNEF est toujours hésitante, Geismar a basculé, mais la pression des grands frères syndicaux en faveur du raisonnable continue de s'exercer. Les trotskistes de la FER penchent eux aussi pour « l'élargissement », c'est-à-dire pour le dialogue avec les syndicats traditionnels. « Tout est décidé, dit Dany-le-rouge, nous manifestons vendredi soir à 18 h 30. Nous avons tiré cinq cent mille tracts dans la nuit. Ils sont en cours de distribution [1]. » Au terme d'un bref débat, le mot d'ordre est adopté. Les plus radicaux ont gagné. Le mouvement continue.

Popularité

Du point de vue étudiant, ils ont raison. La masse considère que les trois points de revendication sont un minimum ; et surtout, le mouvement est à un sommet de popularité. Un sondage IFOP réalisé la veille auprès des Parisiens montre que 61 % des personnes interrogées approuvent les étudiants, et que 16 % seulement trouvent les trois préalables injustifiés. D'autre part, « l'élargissement » n'est pour l'instant qu'un vœu pieux. Séguy pour la CGT et Sauvageot pour l'UNEF se rencontrent un peu plus tard. Le récit qu'en fait le secrétaire général de la CGT parle de lui-même [2]. Il est d'abord ulcéré de voir la délégation de l'UNEF arriver avec une heure de retard, imposant une attente crispante aux cégétistes, dans un local qui n'est « qu'un capharnaüm ». Sauvageot n'est pas rasé. « Je me raserai après la victoire », croit entendre Séguy, qui ironise lourdement sur ce radicalisme capillaire. Surtout, l'accord ne se fait pas, les mots d'ordre proposés par l'UNEF étant beaucoup trop offensifs pour la respectable centrale. Le samedi suivant, Georges Séguy devra en rabattre. Les mal rasés lui tiendront la dragée haute.

Toujours hésitant, le gouvernement est ferme et mou à la fois. De Gaulle lisant son journal est furieux du titre de *Combat* : « De Gaulle a cédé. » Mais, à 14 h 30, le recteur Roche annonce que la suspension des cours est levée et que le conseil de discipline de Cohn-Bendit est reporté *sine die*. Rien n'y fait. Les concessions eussent peut-être produit un effet la veille au soir, pendant la manifestation, quand les leaders attendaient tous un geste. A froid, après la volte-face de la nuit, elles tombent à plat.

Aragon

A la même heure, Geismar, Sauvageot et Cohn-Bendit, trio désormais emblématique, sont place de la Sorbonne avec des mégaphones pour un meeting improvisé. C'est le vice-président de l'UNEF qui parle[3] :

— Hier, nous avons pensé que nous pouvions donner l'ordre de dispersion. Nous ne pouvions engager une épreuve de force qui n'aurait pas été à notre avantage.

Quelqu'un demande à Geismar :

— Pourquoi avoir dit qu'on serait le soir à la Sorbonne, si ça n'était pas possible ?

— J'ai effectivement annoncé hier matin que nous dormirions à la Sorbonne, répond Alain Geismar. J'ai fait une erreur.

Déjà un tract du MAU, qui se dissoudra bientôt dans les comités d'action, appelle à l'occupation de la faculté dès qu'elle sera libérée.

Plusieurs orateurs prennent ensuite le micro. A ce moment-là, Jacques Baynac et Pierre Guillaume, militants libertaires, interrompent la réunion :

— Vive la Guépéou ! Vive Staline[4] !

Ils montrent du doigt un vieillard à chevelure de neige qui s'avance vers le micro. C'est Aragon. La foule commence à le conspuer. Daniel Cohn-Bendit lui tend le mégaphone...

— Ici, hurle-t-il, tout le monde a le droit de parler, si traître soit-il !

Aragon tente d'apaiser le public :

— Je suis avec vous, clame-t-il, pensez-en ce que vous voudrez !

— Si vous êtes d'accord avec les étudiants, demande alors Cohn-Bendit, pourquoi n'étiez-vous pas dans la rue, avec eux ?

— Je ferai tout, réplique Aragon, pour vous amener le maximum d'alliés.

Et il promet d'ouvrir le prochain numéro de son journal, *les Lettres françaises,* à la contestation étudiante, avant de disparaître sous les rires et les applaudissements mêlés.

Pendant ce temps, la police a renforcé ses effectifs autour de l'attroupement.

Daniel Cohn-Bendit lance :

— Nous voulons seulement tenir un meeting ici !

Alors il se tourne vers les militants de la JCR présents sur les lieux. Le groupe de Krivine a prévu de longue date un meeting « internationaliste », qui doit se tenir le soir même à la Mutualité. Cohn-Bendit demande qu'il soit ouvert « à tous les révolutionnaires ». Applaudis, les militants trotskistes acceptent.

Émotion à la Mutualité

Ainsi le soir, dans la salle craquelée de la vieille « Mutu », une foule tendue écoute une série d'orateurs enflammés. Une grande banderole barre la tribune : « De la révolte à la révolution. » La scène est racontée avec verve par René Backmann et Lucien Rioux dans leur récit de Mai paru au lendemain des événements [5].

Dans la fumée, l'émotion, les rires et les ovations, c'est la grande veillée d'armes du mouvement, celle qui précède une journée historique.

On apprend que les invités du SDS allemand ont été refoulés à l'aéroport d'Orly par la police. Daniel Cohn-Bendit :

— Puisque le gouvernement ne veut pas les laisser entrer, nous allons les réinviter, et nous irons tous les chercher à Orly. » Puis il continue dans la ligne qu'il suit avec application depuis des semaines contre le sectarisme de ses alliés militants : « Il faut que tous les groupes et militants révolutionnaires s'unissent sur des actions à mener, tout de suite, contre la répression ; il faut que tous les groupes abandonnent toute idée d'hégémonie sur le mouvement. Pour exprimer cette unité, une seule solution : un mouvement unique, organisé sous la forme de comités de base... Le Mouvement du 22 mars a décidé de réoccuper Nanterre ; il faudrait faire la même chose à la Sorbonne, et de toute façon paralyser le fonctionnement de l'université française, tant que des étudiants ou des travailleurs, français ou étrangers, sont encore en prison.

La parole est alors prise par un prochinois de l'UJCml, qui jette un seau d'eau froide et dogmatique sur cet enthousiasme :

— Certains camarades ont choisi comme slogan : " La Sorbonne aux étudiants. " Nous, nous préférons dire et nous proposons : " La Sorbonne aux CRS. " Il n'y a aucune raison pour que nous n'en fassions pas une caserne de CRS. En revanche, il y a, à Saint-Ouen, une caserne de gendarmes mobiles, qui ferait une très bonne faculté des lettres, après quelques aménagements. » Les prochinois poursuivent leur obsession : l'alliance avec la classe ouvrière, qui seule sortira ce mouvement petit-bourgeois du piège où il s'enferme. « La social-démocratie essaie de tirer parti du mouvement des étudiants, continue l'orateur. Ses objectifs : maintenir les étudiants isolés de la classe ouvrière. La ligne suivie ces derniers jours par l'UNEF est révélatrice de cette attitude. » Puis il attaque Marcuse : « C'est un idéologue vaseux. La classe ouvrière n'a rien à foutre des théories de Marcuse, qui ne la concernent pas. » Enfin, dit-il, il faut que les étudiants se mettent au service du peuple, il faut qu'ils cessent de « considérer la classe ouvrière comme une force d'appoint au mouvement étudiant. C'est la classe ouvrière qui est à l'avant-garde des luttes. Le critère qui permet de juger un vrai révolutionnaire, c'est sa capacité à se lier ou ne pas se lier aux masses prolétariennes ».

Le lendemain, l'UJCml interdira à ses militants de manifester. Devant l'ampleur de la manifestation et la violence des affrontements, démentis cruels à ses thèses, Robert Linhart, chef des prochinois, va s'effondrer en fin de soirée et partira seul dans la nuit. Il ne se remettra qu'au bout d'une longue dépression nerveuse.

Daniel Cohn-Bendit :

— On n'en est plus à juger tel ou tel groupuscule, c'est fini. Maintenant, la seule question qui se pose, c'est de savoir si on veut lutter ou non.

Leader connu de la JCR, doué de belles qualités oratoires et d'un accent toulousain, Daniel Bensaïd lui succède :

— Je suis d'accord avec ce qu'a dit Dany. Du moins sur l'essentiel. Ce n'est pas le lieu et le moment de mettre en avant le problème qui nous sépare : la formation et le rôle du parti révolutionnaire. Ce qui est important maintenant c'est de trouver des thèmes de combat acceptables pour tous. Il est possible que l'absence d'une ligne et d'une direction au mouvement soit un obstacle sérieux à son développement. Mais il n'est pas question pour autant d'en poser la nécessité abstraitement, en dehors du contexte de la lutte : ce serait risquer de briser l'unité, et c'est à éviter absolument. Il n'est pas davantage question pour le mouvement de se mettre à la remorque des appareils syndicaux. Quant aux groupes d'avant-garde, je ne pense pas qu'il soit utile et nécessaire de les dissoudre dans la masse. Au contraire. Car ils correspondent à des courants révolutionnaires mondiaux; leur rôle est d'approfondir le travail théorique et idéologique, tout en respectant les autres groupes d'avant-garde, tout en corrigeant leur ligne propre, au contact du mouvement de masse... Dans les facs, continue Bensaïd, il faudra créer, dès qu'elles seront occupées, des conseils étudiants, pour que l'université critique puisse se développer comme une contestation permanente de l'université bourgeoise.

Un peu plus tard, c'est Jean-Louis Péninou, animateur des comités d'action, ancien dirigeant de l'UNEF, qui fait un exposé rigoureux et très écouté :

— Il est heureux que le gouvernement n'ait finalement pas reculé, hier soir, car nous aurions reculé aussi ! Malgré sa très grande capacité de combat, le mouvement a montré à quel point il était vulnérable. Et il en sera ainsi tant que nous ne serons pas organisés. Toutes les récupérations, tous les compromis seront possibles... Nous n'avons pas besoin d'un comité central de grève ! Le rôle du comité central de grève, c'est l'UNEF et le SNE-Sup qui le tiennent pour l'instant ! Ce dont nous avons besoin, c'est de comités de base, pour organiser l'unité à la base, dans l'action et surtout pour organiser l'action... Dans l'origine et le développement de la lutte, il faut distinguer plusieurs niveaux de conscience politique et de motivation dans l'engagement. Beaucoup de jeunes travailleurs, par exemple, ont rejoint les étudiants par haine des flics. Il existe une convergence entre la révolte étudiante et la révolte des jeunes, dont le phénomène des « blousons noirs » est l'un des aspects. Dans la rue, et aux côtés des étudiants, les jeunes travailleurs ont pu enfin répondre aux agressions policières dont ils sont chaque jour les victimes. Il est bon que la JCR ait pris ce soir la décision d'ouvrir son meeting à tous les mouvements et étudiants révolutionnaires ; il serait bon que les autres mouvements évitent de prendre des initiatives distinctes du mouvement d'ensemble.

Tard dans la nuit, la foule épuisée mais trempée au feu de l'exaltation collective se répand dans les rues du Quartier latin. Elle a rendez-vous avec les barricades.

10 mai. La nuit des barricades

Les étudiants veulent le choc. Le gouvernement y va tout droit, freinant maladroitement comme un chauffeur surpris par une plaque de verglas. C'est la journée clé de Mai, celle qui change les bagarres en bataille, qui torpille tous les espoirs des gouvernants, qui va jeter l'étincelle dans la plaine, ouvrir les portes du rêve insurrectionnel, déclencher la grève générale et la crise de régime. Le 10 mai 1968, l'histoire va surgir rue Gay-Lussac, de derrière une barricade.

Négociation ratée

L'histoire, on la croyait convoquée avenue Kléber. Tôt le matin, l'Américain Cyrus Vance et le Viêtnamien Ma Van Lau se sont tendu la main. Les numéros deux des délégations de la conférence de Paris ont sacrifié au symbole. Mais la paix asiatique est effacée par l'échauffourée parisienne. Toute la journée, on essaiera d'éviter l'irrémédiable, en vain. Georges Pompidou le pressent-il ? Il promène son œil charbonneux et sa cigarette ironique dans le nord de l'Afghanistan, entre Ain-Khanoun et Kunduz ; son esprit est boulevard Saint-Michel. Il a reçu plusieurs télégrammes diplomatiques inquiétants. En fin de journée, pendant que l'orage de l'émeute menace à Paris, le temps se couvre autour de Kaboul. On ne pourra pas rejoindre la capitale par avion. Les Afghans proposent d'attendre le lendemain. Le Premier ministre refuse. Il veut des nouvelles. Alors la délégation fatiguée doit se lancer pour de longues heures sur les routes pierreuses de la montagne afghane, sous une pluie assourdissante. A peine arrivé, Pompidou bondit sur un téléphone. Jobert a essayé de le joindre toute la journée à l'ambassade désertée, confiant son message à un boy qui ne parlait pas français[1]. Le Premier ministre écoute gravement son directeur de cabinet, mais ne donne aucune consigne. « Peut-être n'était-il pas pressé de se lancer dans une situation que beaucoup qualifiaient d'insaisissable », écrira Jobert[2]. « Insaisissable » : le vocable deviendra antienne pour tous les gouvernants de Mai. Joxe et Fouchet en éprouvent toutes les nuances au cours de la journée. Le Général les a convoqués avec Grimaud pour un point d'état-major. Il demande l'interdiction de la manifestation prévue pour la soirée. « Il faudrait des moyens considérables, je ne les ai pas », répond Grimaud, fidèle à ses principes. Fouchet acquiesce. Le Général s'incline. Les forces de l'ordre interdiront le VIIᵉ arrondissement, la rive droite et protégeront la Sorbonne. Dès 8 heures du matin, les lycéens sont entrés en scène porte de Clichy. A l'appel des comités d'action (où la JCR de Krivine joue un rôle prépondérant), ils convergent vers Saint-Lazare. Ils seront les premiers place Denfert-Rochereau, où l'UNEF a fixé le ralliement. Par leur seule présence, on verra qu'ils compliqueront singulièrement le jeu de la police.

Les deux tentatives de négociations entamées depuis deux jours se poursuivent[3]. Le gaulliste de gauche François Sarda continue de servir de trait d'union entre l'UNEF et le perplexe Louis Joxe ; les syndicalistes de la FEN, puis divers professeurs d'université, tentent de faire le lien entre le ministère de l'Éducation et le SNE-Sup. Interlocuteurs sur qui convergent les responsabilités, Jacques Sauvageot et Alain Geismar vont discuter toute la journée. En vain : sur tous les tons, le gouvernement explique qu'il veut bien rouvrir la Sorbonne, laisser le Quartier latin libre, mais en échange d'un engagement formel de retour au calme, et sans rien promettre sur le sort des emprisonnés. On tourne en rond.

L'occupation du Quartier latin

A 18 heures, le lion de Belfort est assiégé par une foule rugissante. Ils sont tous là, ceux des lycées, ceux de médecine, de droit ou d'arts déco, jusque-là imperméables à l'agitation. On s'assoit, on se lève, on crie, on rit, on écoute et on discute. Certains veulent aller à l'hôpital Saint-Antoine, « où sont soignés les camarades aveuglés par les gaz », ou bien à la Santé, « où sont détenus nos frères ». Sauvageot prend la parole. Le gouvernement accepte deux conditions sur trois, mais rien sur les détenus étudiants. « Libérez nos camarades ! » hurle la foule. Des étudiantes de Nanterre crient soudain : « Vive Dany, qu'il est beau, c'est notre Dany[4] ! » Daniel Cohn-Bendit est au meilleur de sa forme. L'oriflamme roux fait son office. En route vers la Sorbonne, dit-il, la police hors du Quartier, et ouverture des cellules de la honte. C'est parti.

Devant la Santé on pousse une *Internationale*. C'est le « 22 mars » qui ouvre la marche, le service d'ordre de l'UNEF a été mis hors jeu. « Nous sommes tous le service d'ordre », tranche Cohn-Bendit[5]. Au bas de la rue Monge, les hommes en noir barrent les ponts. A gauche toute, vers la Sorbonne. Au journal de 19 heures sur RTL, un sondage apprend aux étudiants que leur mouvement est sympathique à la majorité des Parisiens. Le soleil décline, le moral est au zénith. Ciel rougeoyant et enthousiasme. La nuit sera lyrique.

Pendant ce temps, les officiels pataugent dans la négociation. De sa voix chaude et pathétique, Sarda conjure Joxe de céder. Amnistie et promesse de réforme universitaire, sinon c'est le drame. Le Premier ministre par intérim se laisserait bien faire. Seulement le Général ne veut pas. Alain Peyrefitte reçoit encore une fois Marangé et Daubard, les leaders de la FEN. On remet le fragile ouvrage sur le métier. Peyrefitte fait dans la dentelle. Les quatre manifestants condamnés à des peines de prison ont fait appel, dit-il. On statuera très vite sur leur sort, avec indulgence. La question de l'amnistie ne se pose plus. Les étudiants doivent abandonner ce préalable. En échange, le gouvernement retirera sa police après une transition de quarante-huit heures. La Sorbonne sera rouverte avec contrôle des cartes à l'entrée. De Gaulle et Cohn-Bendit ont satisfaction : le tour est joué. Marangé et Daubard repartent avec cet échafaudage de cristal. Peyrefitte appelle Joxe, qui vient de parler à Sarda. Les deux négociations se chevauchent. Le Premier ministre voudrait reprendre les rênes de la discussion. Peyrefitte doit arrêter Marangé et Daubard. Sarda sera le seul émissaire, avec le recteur de la Sorbonne, Roche, qui est prié de recevoir une délégation des manifestants pour calmer le jeu sur le terrain. Une ultime position est mise au point. Les étudiants s'engageront à laisser les cours se dérouler ; le gouvernement rouvrira la Sorbonne le lendemain ; les étudiants détenus feront l'objet d'une mesure de bienveillance. Sarda défend l'arrangement. Ses interlocuteurs sont tentés, mais ils veulent des garanties sur le point clé, la libération des emprisonnés. Le gouvernement peut-il les donner sans faire bon marché de la théorique indépendance de la magistrature ? On est à deux doigts du compromis. A cette heure-là, l'annonce d'un accord peut transformer la manifestation en fête inoffensive. Ce vendredi soir vers 20 heures, Mai 68 peut s'arrêter : l'histoire hésite sur le fil. Mais, sur le dernier point, tout achoppe. Le gouvernement a fait emprisonner quatre lampistes promus martyrs. Il ne sait comment les libérer. Cette brouille emporte tout. « Le gouvernement était inconsistant, dit aujourd'hui Geismar, il nous envoyait des gens sans responsabilités, avec des propositions floues, au lieu de négocier vraiment. D'où l'échec. » Il est vrai que ni les chefs ni la foule ne souhaitent au fond le compromis. Ils scandent depuis deux heures les trois points de la plate-forme étudiante. Il leur faut la capitulation ou le combat. On s'est trop amusé depuis une semaine. On ne s'arrêtera pas en si bon chemin. Alors peut-être toutes ces négociations discrètes sont-elles vaines ?...

Quoi qu'il en soit, dix minutes plus tard l'heure est

passée. Atavisme parisien, la foule a senti la brèche. Elle plonge vers l'événement pendant que les leaders cherchent encore à l'éviter. Les masses font l'histoire, disait le catéchisme léniniste. Pour une fois, il dit vrai. Le cortège a cherché sa voie rue Monge et boulevard Saint-Germain. Aiguillé par les CRS immobiles, il se regroupe place Edmond-Rostand, là où le boulevard Saint-Michel aborde le Luxembourg. Les organisations étudiantes hésitent, se surveillent l'une l'autre, méfiantes et irrésolues. Il a été convenu qu'on ne donnerait aucun mot d'ordre prématuré, tant on garde un souvenir amer de la dispersion du 8 mai, dans la pluie et la frustration. Alors, encore une fois, en l'absence de consignes, dans le silence des leaders, c'est la piétaille qui trouve la bonne stratégie.

Qui a le premier dépavé la chaussée ? Qui a trouvé dans un chantier les premiers matériaux, planches, sable ou palissades ? Peu importe. Les barricades embryonnaires des premiers jours d'émeutes surgissent de nouveau. Mais cette fois le temps ne manquera pas. Avec des voitures renversées, des arbres sciés, des bidons entassés, des panneaux arrachés, elles monteront régulièrement comme s'écoulent les heures, jusqu'à atteindre parfois le deuxième étage. Devant la foule excitée, qui criait : « A l'attaque ! » Daniel Cohn-Bendit a trouvé la parade. Il sait qu'on négocie encore. « Dispersez-vous, le Quartier latin est à vous ! Scindez-vous en petits groupes, asseyez-vous par terre. On va encercler les flics[6] ! » Et on encercle. Dans la nuit tiède de mai, les manifestants se font terrassiers. On fait la chaîne « comme on fait l'amour », dira un manifestant, et on empile tout, branches coupées, grilles d'arbres, poubelles, voitures ou sacs de ciment. Noirs, luisants, frémissants, anonymes derrière leurs grosses lunettes de protection, redoutables et impassibles, les policiers observent la manœuvre. Impuissants dans l'attente des consignes, ils sont le symbole honni, l'ennemi aveugle, l'épouvantail immobile, l'œil du maître défié. Devant eux les barricades sont le signe de la révolte et de la fraternité. Elles n'ont aucune valeur militaire. Un bataillon armé faisant feu les enlèverait en trente secondes, sans qu'il soit besoin de recourir aux chars légers, encore moins aux canons. Elles sont disposées au hasard rue Gay-Lussac et alentour, sans plan préconçu ni rationalité émeutière, souvent trop près les unes des autres, au risque d'enfermer leurs défenseurs, sans voie de repli. Il en est même une élevée à l'entrée d'une impasse[7] ! En 1830 ou en 1848, le petit peuple de Paris pouvait tenir tête à la garde nationale, résister au feu, briser une charge de cavalerie. La barricade était une technique. En Mai 68, elle est un signe. Instrument archaïque, survivance du XIXe siècle, elle est d'une décisive modernité. Personne ne veut la guerre civile, tout le monde veut la victoire politique. En réveillant à moindre frais le souvenir des journées parisiennes, la barricade transforme avant toute violence les gaullistes en versaillais. Elle rallie les romantiques, électrise les exaltés, flatte l'inconscient républicain, titille en chaque Français le Gavroche qui sommeille depuis l'école primaire et la pédagogie démocratique du vieux Victor. Dans cette bataille d'opinion, elle est l'arme de rupture : elle met l'histoire du côté des étudiants.

Les barricades

C'est la radio qui a précipité les choses. A 21 h 55, un flash annonce la construction de la première barricade rue Le Goff. La voie est tracée. En une heure, l'entrelacs des rues qui jouxtent la Sorbonne au sud est coupé de barrages de fortune, une dizaine en une heure, une trentaine à minuit. Des Gobelins au Luxembourg, du Panthéon au Val-de-Grâce, le Quartier latin est un camp retranché. C'est le transistor qui sert d'agent de liaison. Surexcités par l'ambiance, les radio-reporters décrivent, exaltent et amplifient l'événement. Fondus dans la foule, mélangés aux émeutiers, ils sont vite leurs porte-parole. Chaque journaliste raconte ce qu'il vit d'une voix survoltée, sur fond de huées ou d'applaudissements, dans le bruit des autos renversées et des pavés amoncelés. Dans son salon de

Vesoul ou sa cuisine de Carpentras, l'auditeur vit la révolution en direct. Au fil des minutes, la légende de la radio s'enrichit d'un chapitre doré.

Les responsables sillonnent les rues dépavées, exhortant chacun au calme. Tâche difficile. Ceux qui ont vécu cette nuit-là ne l'oublieront pas. Pour la première fois de leur existence, ils se seront élevés au-dessus de la vie ordinaire. On ne comprend rien à l'énergie gauchiste des années qui suivront, à la commotion subie par toute une génération, à la fondation du mythe de Mai si l'on ne se promène pas vingt ans après, en esprit, dans les rues de cette nuit-là. Au milieu des barrages en construction, parmi les chaînes enthousiastes, dans les chants et les slogans, chaque seconde prend une épaisseur d'éternité. L'ordre se dissout, la routine s'évanouit, chacun se fond dans l'inconnu fraternel. « J'étais heureux, dira un étudiant à Adrien Dansette [8], jamais de ma vie je n'avais ressenti une telle impression de force, un tel sentiment de bonheur. Je faisais l'histoire, ou plutôt je la défaisais. Je détruisais presque avec joie... Les autres n'existaient pas ; j'obéissais aux sentiments de la foule ; j'avais le sentiment d'être libre et puissant... » Place Edmond-Rostand, les pavés descellés découvrent un joli sable doré. Killian Fritsch, étudiant à l'âme poétique, inscrit sur un grand mur blanc : « Sous les pavés, la plage [9]. »

Dany-le-rouge est partout, suivi d'un jeune loubard qui s'est intronisé garde du corps [10]. L'histrion a des accents de général de siège. Au local du SNE-Sup rue Monsieur-le-Prince, Sauvageot et Geismar continuent au téléphone la discussion avec les émissaires du gouvernement. Ils s'inquiètent de voir les manifestants déborder les mots d'ordre, et courir vers l'affrontement. Mais tous comprennent vite que l'occupation du Quartier latin sert leurs plans. Elle pèsera lourd dans le bras de fer avec le pouvoir. La pression est maximale.

Au ministère de l'Intérieur, place Beauvau, on se mord les poings. On est informé par Grimaud avec retard. Le préfet doit attendre les informations transmises par les officiers sur place, puis synthétisées par le commissaire

chargé de la coordination du dispositif[11]. Lacune aber-
rante : le ministre n'a pas de transistor. Dépendant de
Grimaud et de sa lourde procédure, il en sait moins que le
moindre des manifestants. Le chargé de presse Jean-Pierre
Hutin est accueilli comme un sauveur[12]. Il tient à la main
un poste gadget en forme de pomme, qui donne enfin accès
aux lignes ouvertes d'Europe 1 et de Radio-Luxembourg.
Le cabinet de Christian Fouchet va passer toute la soirée
autour de cette pomme, impuissant et médusé. C'est que
pour l'instant la négociation est menée par Joxe et Peyrefitte place Vendôme. Vers 22 heures, après de nouvelles
consultations téléphoniques avec la rue Monsieur-le-
Prince, on a mis au point un nouveau scénario de compromis. Le recteur Roche est autorisé à faire une déclaration.
Il invitera les représentants étudiants à venir le voir pour
examiner les conditions d'une reprise des cours[13]. Au
terme de l'entrevue, l'UNEF déclarera : « Devant notre
désir de voir les cours reprendre normalement en Sorbonne
et notre promesse de ne pas l'occuper, nous avons obtenu
l'assurance de la réouverture de la Sorbonne dès lundi.
Dans cette perspective de retour au calme, nous avons
l'assurance que le ministère public ne fera pas d'objection à
la demande de mise en liberté provisoire présentée par les
avocats des manifestants incarcérés. » En principe, les
choses sont pratiquement réglées. En échange de quelques
promesses de retour au calme, les étudiants ont satisfaction : la police quitte la Sorbonne et les emprisonnés sont
élargis. Mais ce qui aurait ramené le calme à 19 heures ne
sert plus à rien à 22 heures. Les manifestants ont les mains
noires du dépavage et la tête dans les étoiles. L'heure des
négociateurs est passée. L'illusion lyrique ne se dissipera
pas sous l'effet d'un habile arrangement.

Gag à la Sorbonne

Les responsables n'ont pas saisi ce changement de
dimension. Ils traitent encore une affaire universitaire

quand les manifestants se battent maintenant contre l'Ordre et la Loi, contre les Maîtres et la Tradition, exorcisent dix ans d'adolescence frustrée et regardent fascinés le spectre révolutionnaire monter à l'horizon de leur imagination. Alors les négociateurs jouent leur rôle à contretemps, mécanique burlesque plaquée sur le vivant de la révolte. A 22 heures, le recteur Roche fait la déclaration prévue. Le gouvernement plie : on recevra les émeutiers, on discutera sous la pression de la foule. Peu après, le recteur Chalin reçoit la réponse d'Alain Geismar par le truchement d'un téléphone prêté par RTL. A l'inverse du leader étudiant, le recteur ne comprend pas qu'il parle sur les ondes. Geismar s'exprime de la rue occupée, il est à l'unisson des manifestants les plus intransigeants. C'est le coup de théâtre : « Je ne suis pas prêt à aller à n'importe quelle condition à la Sorbonne ; il faudrait d'abord qu'elle ne soit pas encerclée par la police et, deuxièmement, que M. Roche soit prêt à répondre aux trois questions que nous avons posées depuis le début. » L'édifice péniblement échafaudé par François Sarda et avalisé par Louis Joxe d'un côté et l'UNEF de Jacques Sauvageot de l'autre s'effondre en une phrase [14]. Il y a désormais des préalables aux préalables, posés devant les auditeurs et les manifestants. Accommodant en fin d'après-midi, Alain Geismar est un roc en soirée. C'est qu'il ne peut déjuger la foule publiquement, qui exige depuis plus de cinq heures la satisfaction des trois demandes étudiantes. La conversation se poursuit sur son erre [15] :

Le recteur Chalin : Monsieur Geismar, je suis tout prêt personnellement à me rendre à l'endroit où vous vous trouvez actuellement, afin d'avoir une conversation avec vous. Est-ce que cela est possible ?

Alain Geismar : Cela est possible. Certainement. Mais le problème est le suivant. Il y a un point sur lequel personne ne peut transiger. Et, quand nous avons annoncé au début des manifestations devant le lion de Belfort, à tous ces gens qui étaient rassemblés, que l'on était prêt à nous donner les deux premiers points, mais que sur l'amnistie il n'y avait pas de déclaration, la réponse des manifestants a été unanime : « Libérons nos camarades. » Alors, si là-dessus, il n'y a rien de nouveau, ce n'est pas la peine que vous vous dérangiez, monsieur le recteur.

Le blocage devient complet. Les manifestants veulent une promesse publique de libération ; accroché aux apparences, le gouvernement ne veut pas la donner. Chalin dit « qu'il n'est pas possible de donner un engagement là-dessus ».

Pendant ce temps, le plan Sarda se poursuit. Le commissaire Jacques Laurent a reçu instruction de se mettre à la disposition du recteur pour lui amener une délégation des organisateurs de la manifestation. Roche demande seulement que Daniel Cohn-Bendit, poursuivi devant le conseil d'université, n'en fasse pas partie. Le commissaire Laurent prend contact avec des responsables de l'UNEF au bout de la rue Soufflot. Ceux-ci demandent des garanties préalables. La ligne Geismar est devenue celle de l'UNEF. A 22 h 40, le dialogue Chalin-Geismar reprend :

Recteur Chalin : Eh bien, je suis autorisé à répéter le communiqué qui est déjà passé sur les ondes et ceci de manière officielle de la part du recteur Roche. Il est prêt à recevoir les représentants des étudiants pour examiner avec eux, en accord avec les doyens, les conditions dans lesquelles pourra être assurée, dans le calme, une reprise des cours à la Sorbonne.

Chalin applique toujours le plan Sarda. Mais son mutisme sur le sort des étudiants emprisonnés a un effet désastreux sur les manifestants, qui écoutent en direct.

Alain Geismar : Nous avons posé maintenant, devant l'ensemble de la population qui était aux écoutes, une question. Si le gouvernement n'est pas capable de prendre ses responsabilités sur cette question, c'est la population qui doit prendre ses responsabilités. C'est clair pour nous.

Recteur Chalin : Monsieur Geismar, je ne puis pas vous dire plus que je ne viens de le faire. Je ne pense pas que des négociations doivent se dérouler de cette manière, je crois que M. le recteur Roche, qui est tout à fait d'accord pour vous recevoir, pourra peut-être vous en dire plus, mais je ne peux absolument pas amorcer une négociation de cette façon.

Alain Geismar : Si le recteur Roche était prêt à nous en dire plus...

Recteur Chalin : Au cours d'une entrevue que vous auriez avec lui, autrement que sur les ondes de la radio.

Alain Geismar : M. le recteur Roche sait pertinemment que, tant qu'il y a d'un côté des manifestants et de l'autre des policiers, nous sommes du côté des manifestants et que nous n'en sortons plus.

Rédacteur en chef de RTL, Jean-Pierre Farkas intervient :

— Alain Geismar, il est impossible pour nous, qui ne sommes qu'une station de radio, de vous laisser la parole pour que vous donniez des consignes à vos militants. Je pense que notre rôle s'arrête à ce que vous venez d'entendre.

Pendant ces conciliabules, la construction continue. Daniel Cohn-Bendit joue toujours les Vauban libertaires. « Pas plus de trois cents manifestants entre deux barricades, faites en sorte de toujours pouvoir filer parderrière. » Rue Le Goff, il doit parlementer longuement avec les loulous de Saint-Denis qui veulent charger la police derechef. « J'avais très peur, dira-t-il, il fallait éviter la casse [16]. » Le Quartier latin est un chantier. Les habitants apportent de l'eau et des biscuits aux émeutiers, les commerçants leur ouvrent les réserves, tout le monde parle à tout le monde. « Cette nuit-là a mis au chômage un paquet de psychanalystes », dira Cohn-Bendit [17]. La popularité des étudiants est à son zénith. C'est tout Paris qui conteste. En face, les officiers écument. Plus on attend, plus il sera difficile de dégager, plus on court le risque de tuer des manifestants. Mais les consignes de Grimaud sont formelles. On attend. Insultés, bombardés de bouteilles et de pierres, nargués, les hommes trépignent l'arme au pied. Tout à l'heure, il faudra bien libérer cette fureur bridée.

Place Vendôme, Joxe consulte, discute, suppute et tergiverse. Certes, Fouchet est formel, appuyé par plusieurs ministres. Il faudra dégager les barricades avant la fin de la nuit. La barricade est un symbole révolutionnaire. Toujours debout au matin, elle ruine l'autorité du gouvernement. A Alger, en 1960, il avait fallu une semaine pour réduire les barrages dressés par les pieds-noirs de Lagaillarde. Plus jamais ça, surtout pas en plein cœur de Paris. Joxe entend bien, mais il veut encore croire à l'arrangement. De toute manière, Grimaud ne veut pas lancer l'assaut avant le départ du dernier métro, à 1 heure du matin. Il espère qu'à ce moment les plus jeunes seront rentrés et que les policiers n'auront pas à charger des lycéens. Rue de Grenelle, Peyrefitte cherche encore à dénouer les fils d'une négociation qui tourne à la comédie. Professeur à Nanterre, intermédiaire désormais traditionnel entre les contestataires et les autorités, Alain Touraine a rallié deux collègues et trois délégués étudiants. Au barrage Soufflot, il demande à voir le recteur Roche, pour éviter le drame. C'est apparemment le scénario Sarda. En fait, les étudiants ne veulent plus négocier sur le fond, mais seulement demander le retrait de la police. Le commissaire Laurent reçoit de Grimaud l'autorisation de conduire la délégation près du recteur[18]. Mais, quand il voit le rouquin parmi les trois étudiants, il rappelle que Daniel Cohn-Bendit ne peut pas voir le recteur, à cause de la procédure disciplinaire en cours. Touraine répond que les professeurs verront d'abord Roche, qui statuera sur la composition de la délégation étudiante. Laurent se laisse faire. On monte chez le recteur. Les trois professeurs sont introduits. Ils demandent qu'on fasse entrer les étudiants, sans souffler mot de Cohn-Bendit. Roche acquiesce. Il ne connaît pas Dany-le-rouge. Le tour est joué. Le rouquin négocie lui-même. Il demande que Roche fasse pression pour un retrait de la police. Le recteur accepte[19].

— Que voulez-vous?

— Faites partir les flics ; on investit la Sorbonne ; je fais venir trois ou quatre orchestres ; on fait la fête, et rien ne se passe.

Le téléphone sonne. C'est Alain Peyrefitte. Cinq minutes plus tôt, la radio a annoncé l'entrée de la délégation chez le recteur, avec Daniel Cohn-Bendit. Place

Beauvau, autour de la pomme de plastique, c'est la consternation. Dannaud, collaborateur de Fouchet, bondit chez son ministre :

— Le recteur négocie avec Cohn-Bendit !

— Hein ?

Fouchet appelle Joxe, qui confirme que la négociation est autorisée.

— C'est de la folie ! répond Fouchet.

Pelletier, directeur de cabinet de Peyrefitte, avertit lui aussi son ministre :

— Le recteur s'est fait posséder.

Peyrefitte est furieux. Il se rue sur son téléphone. C'est Roche qui décroche.

— N'y a-t-il pas devant vous un garçon roux avec un visage rond ?

— En effet, monsieur le ministre.

— Eh bien, c'est Cohn-Bendit ! Qu'est-ce que ça veut dire ? Vous deviez recevoir une délégation de l'UNEF et du SNE-Sup et vous négociez avec Cohn-Bendit. Peut-être pourriez-vous poursuivre la conversation dans un autre bureau.

Le recteur passe à côté. Peyrefitte lui intime l'ordre de rompre les discussions immédiatement. Ce ne sont pas ceux-là, dit-il, qui lanceront un mot d'ordre de dispersion. Alain Touraine s'approche et demande à parler au ministre. A Normale supérieure, les deux hommes étaient condisciples. Entre le prof et le ministre, le dialogue est pathétique.

— Je t'en supplie, donne à ta police l'ordre de se retirer. Sinon, il y aura bientôt des dizaines de morts.

— Ce n'est pas ma police. C'est la police de la République, et elle ne tirera pas.

— Si le retrait devient effectif, nous prendrons l'engagement de ne pas envahir la Sorbonne. Nous en ferons le tour. Il suffit que la police s'en aille et tout s'arrangera.

— Quelle capacité as-tu de faire respecter les engagements que tu prendrais ? Tu me rappelles Martin du Gard qui écrivait que le problème franco-allemand serait réglé si les troupes françaises se retiraient devant les armées du Kaiser...

— Eh bien je n'ai plus rien à te dire, hélas! Le sang coulera[20]...

Roche reprend l'appareil et décrit l'exaltation de la foule. Mais Peyrefitte ne croit plus au compromis. Il faut charger.

— Reconduisez la délégation.

A la sortie, Cohn-Bendit fanfaronne devant les micros.

— Nous n'avons pas engagé de négociations. Nous avons dit : « Ce qui se passe ce soir dans la rue montre que toute une jeunesse s'exprime contre une certaine société. »

L'assaut

Il est 2 heures. Joxe a rejoint Fouchet place Beauvau. Messmer, Debré, Tricot sont là. Le Général dort depuis 22 heures. On ne le réveillera pas. « Certains ministres ont subi un processus de décomposition physique », dira Tricot, qui plaide pour la fermeté[21]. Grimaud est de plus en plus alarmiste. Il ne tient plus ses hommes. Déjà une compagnie de CRS a chargé sans ordres. Inquiets, les officiers ont fait vider toutes les armes. Les policiers sont dans la rue depuis 13 heures. Si l'on temporise, il faudra les relever. Mais, si on les relève, les effectifs manqueront pour enlever toutes les barricades. Il faut se décider. Ah! Si Pompidou était là. Joxe demande encore à un collaborateur de voir avec Sarda si l'on peut attendre un mot d'ordre de dispersion des leaders étudiants. Mais Sarda a perdu le contact. Alors, la mort dans l'âme, après avoir répété l'interdiction absolue de tirer, le Premier ministre donne l'ordre de charger. Fouchet appelle Grimaud : « Allons-y. »

Dans la salle des opérations, le commissaire Friedrich répercute l'ordre aux officiers sur place. Pendant une minute, Grimaud entend les commissaires accuser réception l'un après l'autre, sans phrases. Seul le ton de leur voix trahit la tension[22]. La tactique est limpide : assaut massif barricade après barricade, pour éviter une panique générale et donner aux policiers le sentiment de leur force. On ne courra pas le risque de voir les forces de l'ordre repoussées. A Dieu vat !

La composition des manifestants a changé. Comme prévu, les plus jeunes sont partis pour la plupart, mais aussi ceux que les méandres de l'analyse politique — scientifique, puisque marxiste-léniniste — écartent du champ de bataille. Les trotskistes de la FER jugent déplacées les barricades, illusion petite-bourgeoise, quand il fallait à leurs yeux réaliser lundi l'unité étudiants-ouvriers. Ils exhortent les émeutiers à rentrer se coucher, puis quittent dignement le lieu du combat, drapeau rouge en tête. Les prochinois en tiennent eux aussi pour la classe ouvrière. Robert Linhart, leur chef et gourou, voit dans le camp retranché du Quartier latin l'ultime avatar d'un complot américano-gaulliste contre la classe ouvrière et le mouvement révolutionnaire. C'est par désobéissance que de nombreux « m-l » sont toujours là. Linhart franchira peu après les limites de la raison[23]. Restent les troupes de choc de la JCR, qu'Alain Krivine a militairement haranguées quelques heures auparavant, avec les anars et les vétérans du « 22 mars », et surtout la grosse masse des ralliés de l'émeute, étudiants néophytes de l'agitation, loubards ou passants transfigurés par cette nuit sans pareille.

A 2 h 01, cette garnison fiévreuse entend le signal de l'assaut. Rue Auguste-Comte et place Edmond-Rostand, deux commissaires se sont avancés pour les sommations d'usage[24]. Les phalanges noires et lourdes sont massées derrière eux, piaffantes. Le bruit s'arrête, la voix des officiers de police retentit dans un silence miraculeux. Un instant, l'émeute est suspendue. Puis une furieuse *Internationale* leur répond, bientôt couverte par le fracas des grenades et le piétinement sourd de la charge. Les foulards remontent sur le nez, les mains se crispent sur les pierres et les manches de pioche.

Les policiers couronnent la première barricade en trente secondes, boucliers en avant et matraques brandies. Ils achoppent sur la deuxième, rue Royer-Collard, sous une pluie de boulons et de pavés. Les commissaires regroupent

leurs hommes; on repart. En hurlant, on escalade le
barrage. Les défenseurs décrochent en incendiant les
voitures, poursuivis par les matraques tournoyantes. De
leurs balcons, des habitants arrosent la chaussée pour
diluer le gaz étouffant. Des manifestants grimpés dans les
étages bombardent l'adversaire. Les CRS répliquent à tir
tendu sur les vitres, qui volent en éclats. Parfois les
uniformes luisants s'engouffrent dans l'escalier. Malheur à
celui qui ne peut pas dégager par les toits.

La troisième barricade est survolée d'une salve de
grenades lacrymogènes qui viennent exploser dans le dos
des étudiants. Un épais nuage toxique enveloppe le retran-
chement, qui cède vite sous l'assaut. Mais le vent rabat
soudain les gaz sur les assaillants. Les manifestants en
profitent pour reprendre la position. Bientôt un millier de
défenseurs sont regroupés derrière elle. Au milieu des
explosions et des cris s'élève une *Internationale* éraillée. Il
est 3 h 10. La rue Gay-Lussac tient toujours.

Les blessés commencent à affluer à Normale-Sup, que
les prochinois ont transformée en base arrière. Plusieurs
centaines en une heure, chez les manifestants comme chez
les policiers. Les coups de téléphone affolés assiègent le
ministère. Fouchet doit rassurer Debré inquiet. « Nous ne
pouvons pas faire autrement. Oui, il y aura de la casse.
Mais il faut bien en sortir[25]. » Jacques Sauvageot maintient
les mots d'ordre à Europe 1 :

— Notre objectif est de rester le plus longtemps possible
dans le Quartier latin, et, tant que nous pourrons rester,
nous resterons.

La voix de Cohn-Bendit le coupe :

— Putain, putain, c'est important, donne le micro! Ici,
vite, fais pas de baratin!

— Je donne le micro à Cohn-Bendit.

— Écoutez, je prends le micro parce que je viens de la
première barricade. La police envoie en ce moment des
grenades avec du chlore et tout ce qu'il y a. Seulement,
étant donné la disposition, étant donné la tactique
employée par la police, les manifestants ne pourront pas se
replier. Cela veut dire que de deux choses l'une : ou la

police est en train de se rendre responsable d'un massacre qui sera pire que celui de Charonne, ou la police se retire et arrête son carnage, car il est incompréhensible. L'occupation du Quartier latin a été jusqu'à maintenant sans incident ; c'est la police qui a créé l'incident en attaquant avec des grenades au chlore.

Geismar lui succède :

— Je partage entièrement l'analyse de Sauvageot. Nous avons une idée, décrocher des barricades faibles et tenir les barricades fortes. Bien sûr, pour l'instant, il est clair que le gouvernement a le choix entre massacrer les professeurs et la jeunesse universitaires, ou faire retirer immédiatement ses flics[26].

Dans l'Alamo étudiant, les rumeurs courent sans cesse : « Le professeur Monod a eu la main arrachée » ; « Une femme enceinte a été tuée » ; « Un bébé est asphyxié » ; « Vingt mille ouvriers sont à Strasbourg-Saint Denis ». Déjà on s'embrasse, croyant discerner, comme la charge de la cavalerie, le grondement de ce détachement ouvrier. « C'est la révolution ! » Et on se jette sur les sandwichs offerts par un cafetier rallié.

Huit barricades coupent encore la rue Gay-Lussac, artère de l'émeute. Éclairée par les flammes, la masse policière poursuit son avancée irrésistible dans un nuage de gaz, insensible aux projectiles, matraquant tout ce qui résiste. Mais, au bout de la course d'obstacles, une énorme barrière hétéroclite l'arrête au carrefour des rues d'Ulm, Claude-Bernard et des Feuillantines. Le chantier du nouveau bâtiment de Normale-Sup a servi de réserve. Des wagonnets, des baraques de chantier, des tables, des chaises, des tubes d'acier ont été amoncelés depuis trois heures, avec des pelleteuses trouvées sur place. « Les ouvriers sont là », ont même dit les militants quand ils ont vu manœuvrer les engins que seule une main prolétarienne pouvait à leurs yeux dompter[27]. Les CRS s'approchent lentement. Ils butent sur les pièges tendus en avant de la muraille improvisée : fils de fer tendus à vingt centimètres de la chaussée, nappes d'huile et d'essence, poignées de clous répandus. Les forces de l'ordre se replient. La joie éclate et la nouvelle se propage dans tout le quadrilatère assiégé. « Ils reculent ! » Mais les policiers attendent d'avoir pris les autres barricades alentour. L'étau se resserre.

Le dernier carré paie durement son obstination. Les coups tombent de plus en plus dru ; le gaz s'épaissit ; les grenades fusent à l'horizontale. Ceux qui décrochent sont rossés en pleine course, des jeunes filles sont piétinées, tabassées, déshabillées. Celui qui tombe est roué de coups, celui qui se rend aussi. Tout passant aux mains noires est embarqué à coups de pied et à coups de poing. Tenue en laisse plus de douze heures, la violence policière se défoule sans retenue. Vers 4 heures il ne reste plus que quatre ou cinq barricades. Partout ailleurs, c'est la chasse aux fuyards, la course-poursuite sur les toits, les matraquages de fond de cour. Jusqu'à 6 heures, les irréductibles, généralement des militants expérimentés, vont tenir la dernière poche de résistance autour de la place de la Contrescarpe, regroupés par obédience [28]. Les habitants sont des étudiants ou des intellectuels. La police doit progresser sous un déluge d'objets divers qui tombent des fenêtres. Patiemment, lourdement, CRS et gardes mobiles continuent à dégager les barrages, au bord de l'épuisement. Les manifestants se battent comme des lions, chargeant plusieurs fois les policiers, déjouant les manœuvres de revers, organisant des guets-apens, s'esquivant derrière un mur de flammes qui jaillit des nappes d'essence pompées dans les réservoirs. Mais à 5 heures on est submergé. Il n'y a plus de projectiles, plus d'essence, plus de barricades et presque plus de combattants. On se disperse comme on peut dans les étages, entrant parfois à vingt dans les appartements amis, pour contempler ensuite, muets et horrifiés, la ratonnade qui s'achève avec l'aube. La dernière barricade est rue Thouin, où toute la soirée un homme à chevelure blanche d'une raideur toute militaire a dirigé à coups d'ordres brefs la résistance d'une trentaine d'émeutiers [29]. A 5 h 30, il ordonne la dispersion pendant qu'une compagnie approche. Une grosse barre de fer à la main, il tient les CRS en respect, puis disparaît tranquillement à l'angle d'une rue. C'est fini.

11-12 mai. Les syndicats entrent en scène

A 6 heures, dans le petit matin calme du VIIIe arrondissement, une maigre troupe pâle et défaite traverse la place Beauvau vers l'Élysée silencieux à trente mètres de là. Généraux vainqueurs mais atterrés, Joxe, Fouchet et Messmer vont rendre compte de la nuit des barricades au Général qui a dormi en toute quiétude.

A 5 h 30, l'aide de camp de service l'a réveillé, à la demande de Joxe. Le Premier ministre par intérim ne veut pas que le chef de l'État apprenne les événements de la nuit par la radio. Le maître est rogue. Fouchet commence à s'excuser du fait qu'il n'est pas rasé. « Moi non plus », répond le président qui se plaint amèrement de la mollesse de ses ministres. Le ministère des Armées monte au front [1].

Messmer : Il y a le risque de l'ouverture du feu. Si l'on veut une répression énergique, c'est un risque qu'il faut admettre.

Le Général : C'est exact. Avez-vous assez d'unités à votre disposition ?

Messmer : Je puis avoir dans la journée des régiments de parachutistes.

De Gaulle : Attendez encore.

Décidément, il y a deux lignes au gouvernement ; celle du Général et celle des autres. Les ministres vivent dans la hantise du sang versé. De Gaulle s'inquiète pour l'autorité de l'État et cherche en chef d'état-major les moyens matériels de la garantir. Les étudiants agitent le spectre de l'intervention de l'armée comme une chimère, une déduction théorique. A la même heure, le Général songe en

militaire à cet ultime recours. Au cas où. En attendant, il
presse le gouvernement de rester ferme, d'étouffer le foyer
à son début.

La violence policière

L'ennui est qu'on n'est plus au début. Tournant décisif,
la nuit des barricades va faire son effet en quelques heures.
Les étudiants ont ébranlé la France. A 5 heures, Daniel
Cohn-Bendit a donné un mot d'ordre de dispersion. Vers
9 heures, il lance un appel aux syndicats ouvriers pour une
grève générale de solidarité avec les étudiants matraqués.
Puis il va se coucher. Geismar s'est replié sur Normale
supérieure. Par un souterrain, il a rejoint son laboratoire
de physique de la rue Lhomond. Il est épuisé et inquiet.
Va-t-on faire appel à l'armée ? Les esprits du jeune révolté
et du vieux général se rejoignent. Mais on n'en est pas
encore là. Bien au contraire, Geismar apprend par Fontaine, responsable du SNE-Sup, qu'Alain Peyrefitte a
cherché à renouer le contact vers 5 heures du matin. Le
ministre propose un rendez-vous dans la matinée. Geismar
n'ira pas : il veut d'abord voir la FEN, son relais syndical et
son intermédiaire avec les autorités. Il faut sortir du
Quartier latin discrètement. On le cache au fond d'une
voiture et il arrive rue de Solférino tout empli du fracas de
la nuit[2]. On lui confirme que des émissaires gouvernementaux veulent le voir. « Je ne négocie qu'avec un ministre »,
dit-il. Les leaders étudiants ne sont pas pressés. Ils ont bien
compris que la victoire policière de la rue Gay-Lussac est
un désastre politique pour le gouvernement, même si des
concessions spectaculaires sous la pression de l'émeute
eussent été pires. Ils attendent, ils savent même que, cette
fois, les syndicats ouvriers seront contraints de se mouiller.
C'est que la brutalité de la répression, mise en scène et
amplifiée par la radio et les journaux, a produit une
émotion nationale.
Grimaud est au fond de lui-même plutôt satisfait[3].

L'opération de maintien de l'ordre la plus délicate depuis le 6 février 1934 s'est déroulée sans mort d'homme. Face à des émeutiers entraînés, les policiers, après de longues heures d'attente, bombardés, injuriés, parfois bastonnés, n'ont tué personne. Miracle. « Paris a connu une de ses nuits les plus lamentables », dit le préfet de police au matin. Cela aurait pu être bien pire, pense-t-il.

Mais c'est un jugement de technicien. Pour l'opinion, les forces de l'ordre ont été d'une brutalité inouïe. Les récits de violences gratuites exercées par les policiers commencent à emplir les ondes et les colonnes des quotidiens. Matraquages à terre, acharnement sur des blessés, passages à tabac dans les cars, jeunes filles ou passants roués de coups, tous ces excès viennent enrichir le livre noir de la police en mai 1968. On ne compte pas les arcades éclatées, les bras fracturés, les poumons gazés, les yeux abîmés, les côtes cassées et les crânes entaillés. Le syndicat des CRS se défend : le rôle de nos compagnies, dit-il, consistait à enlever les barricades. Une fois le travail fait, nous ne nous sommes jamais acharnés. Les CRS mettent implicitement en cause la police municipale, chargée de courser les fuyards et de procéder aux interpellations. Ces hommes habitués aux tâches d'une police de quartier n'ont aucune expérience concrète du maintien de l'ordre. Dans une situation de violence, ils perdent tout sang-froid. Ils ont été les plus brutaux. Chargé à la fois de défendre ses troupes et de les contenir, Maurice Grimaud a une autre explication[4]. Pour lui, c'est l'interdiction de tirer qui produit la violence dans le corps à corps. Une troupe au combat doit se défouler d'une manière ou d'une autre. Empêchée de tuer par ses officiers, elle compense en matraquant plus fort.

Mais, quelle que soit l'explication des débordements policiers, ce sont eux qui gouvernent les réactions. Au matin de ce 11 mai, la France désavoue sa police. Tous les partis, à l'exception de l'UNR gouvernementale, condamnent le comportement policier ; les éditoriaux rivalisent en indignation ; tout ce que le pays compte d'autorités représentatives s'exprime contre les forces de l'ordre. Le gouvernement peut tenter une miteuse diversion en faisant dire à l'AFP que les manifestants étaient manipulés « par des forces hostiles à la paix au Viêt-nam et à la conférence de Paris », la cause est entendue. Pour l'opinion, le régime est désormais casqué de noir.

Le relais

Les chefs syndicalistes l'ont bien compris. Dès 5 heures du matin, Eugène Descamp, secrétaire général de la CFDT, s'est rendu au siège de sa centrale. C'est là que Georges Séguy l'a appelé. Le leader cégétiste sait que dans les usines les ouvriers réagissent. Comme toute la France, ils ont écouté la radio la veille et jusque tard dans la nuit. Ils ont vibré aux bruits de l'émeute et écouté médusés la jeunesse résister à un régime « autoritaire » et sans concession. La rébellion est contagieuse. Dès ce matin-là, la classe ouvrière est en émoi.

On convient d'une rencontre : elle a lieu à 9 heures à la Bourse du travail. A l'en croire, Séguy propose immédiatement un débrayage général pour le lundi suivant, à l'étonnement des autres responsables syndicaux. Il insistera beaucoup, par la suite, sur cette initiative tendant à montrer que la CGT n'a pas « pris le train en marche ». Selon d'autres sources, la chose fut moins nette. Geismar arrive un peu plus tard, escorté par le service d'ordre de la FEN. Séguy et Descamps se plaignent d'avoir été tenus hors du coup. « Si vous vouliez me rencontrer, c'était facile. Toute la France savait où je me trouvais, sur les barricades[5]. » La solidarité étudiants-ouvriers commence mal. Cela ne fera qu'empirer. Mais pour l'heure, le relais est obligatoire. Geismar boit du petit-lait, et avec lui tous les leaders étudiants. Habituellement, ils devaient quémander le soutien des grands frères syndicalistes, quelque peu condescendants. Cette fois, ils parlent en maîtres.

A midi, CGT et CFDT, qui s'étaient concertées prudemment tout au long de la semaine, qui avaient rencontré sans grand enthousiasme les leaders étudiants à leurs yeux pleins de jactance, lancent un mot d'ordre de grève générale pour le lundi 13, assorti d'un appel à manifester dans toutes les grandes villes. On se revoit l'après-midi. Dès ce premier moment, l'antagonisme CGT-étudiants domine les débats, avec une CFDT essayant péniblement de rapprocher les points de vue. Georges Séguy ne veut pas d'une manifestation qui aboutirait au Quartier latin. « Nous ne pourrions faire comprendre cela aux étudiants », rétorquent ceux de l'UNEF et du SNE-Sup. Il est entendu que le défilé ira de la place de la République à Denfert, les étudiants se réunissant d'abord gare de l'Est. La CGT met une dernière condition. Elle ne veut pas « d'un indésirable » en tête du cortège.

Geismar : Quel indésirable ?

Un cégétiste : Nous préférons ne pas donner son nom... Et, puisque vous insistez, c'est Cohn-Bendit. Nous n'en voulons pas au premier rang.

Geismar : Nous avons été au risque ensemble. Daniel Cohn-Bendit sera à nos côtés ou cette négociation n'a plus de raison d'être[6].

La CFDT convainc la CGT. L'accord est fait.

Les leaders étudiants regretteront plus tard d'avoir mis si vite les syndicats officiels dans le coup. Un appel à manifester lancé par l'UNEF et la SNE-Sup aurait peut-être suffi à mobiliser les foules, sans négociation compliquée avec les organisations traditionnelles. Pourtant l'essentiel est fait. Le choc des barricades a fait son œuvre. La contestation sort du ghetto universitaire. Scandalisés par les violences, troublés par l'impuissance gouvernementale, les salariés entrent en mouvement. Le grand ressort de Mai est remonté.

Pompidou revient

Le gouvernement voit le risque ; il ne sait comment y parer. La clémence mettra peut-être fin aux manifestations, mais pas à l'agitation dans les facultés. En revanche,

elle encouragera la contagion. Pourquoi les salariés reste-
raient-ils tranquilles quand quelques dizaines de milliers
d'étudiants ont fait plier le régime? En 1967, la gauche
unie a marqué des points électoraux précieux. La coalition
gouvernementale a failli perdre la majorité ; les adversaires
du gaullisme en sont sortis ragaillardis, eux pour qui le
ballottage du Général contre François Mitterrand en 1965
avait été une divine surprise. C'est le paradoxe de ce
pouvoir. Couvert par la légende, enraciné dans l'histoire
glorieuse de la Résistance, maître de l'État et de la
télévision, appuyé sur des institutions à sa mesure, révéré à
l'étranger, vainqueur de plusieurs crises nationales,
gagnant de tous les scrutins, le gaullisme est plus fragile
qu'il n'en a l'air. Sur la France des notables, de la
bourgeoisie conservatrice, il est une greffe tolérée. Face à
la montée des cadres, à l'organisation croissante des
salariés, à l'industrialisation et à l'urbanisation du vieux
pays, il cherche ses assises sociales. Le PCF, à 20 %, et la
gauche « non communiste » en rénovation drainent la
France du travail. Les centristes pèsent encore très lourd
dans les petites villes et les campagnes. A la tête d'une
nation pacifiée, le Général perd la légitimité des tempêtes.
Pour les vaincus de 1958, qui n'ont pas vu que les
institutions de la Vᵉ commençaient à s'enraciner, le règne
du vieux chef est une parenthèse avant l'inévitable retour à
la norme du régime parlementaire. Ils l'attendent toujours
au coin du bois : l'émeute étudiante est une occasion.

Mais une répression accrue, se demande le gouvernement, ne propagera-t-elle pas encore plus vite l'incendie ?
Les miracles ne se répètent pas. Faute d'un compromis
avec les étudiants, d'autres émeutes feront couler le sang.
On risque tout autant la grève générale et le désaveu de
l'opinion. Les ministres savent qu'ils cheminent sur un
volcan. De Gaulle ne veut encore voir dans tout cela
qu'une subalterne question de maintien de l'ordre.
Concentré sur sa politique étrangère, il veut toujours la
fermeté.

Tout l'après-midi, ses ministres veulent le persuader de
composer. A 16 heures, ce sont Joxe, Fouchet et Grimaud.

Ils plaident l'acceptation des trois conditions étudiantes. Sinon la fièvre empirera et il faudra prendre des risques de plus en plus grands dans la répression des manifestations. Joxe argumente avec flamme. « On ne peut pas traiter ces enfants comme des rebelles. » Il rappelle ses états de service, 1940, la France libre, le service de l'État et du gaullisme. Rien n'y fait. « On ne cède pas à l'émeute. L'État ne recule pas[7]. »

Roche succède aux trois ministres. Les questions fusent. Le Général examine tous les détails. Puis Peyrefitte est introduit. De Gaulle aime bien ce jeune ministre dont il a encouragé la carrière et qu'il estime. Peyrefitte a un plan plus subtil que Joxe, qui revient à reprendre les choses où elles en étaient avant la nuit. Pourquoi, dit-il, ne pas faire donnant, donnant ? On accepterait les trois conditions étudiantes en échange d'une promesse formelle de retour au calme et d'un contrôle plus étroit de l'université.

— Nous aurons ainsi, dit-il, un plan équilibré, compensé, prouvant que le gouvernement a l'initiative, capable de rassurer l'opinion par un mélange d'humanité et de fermeté, et propre à provoquer une baisse de température[8].

Cette fois le Général est séduit. Dans cette construction, l'État ne perd pas la face. Peyrefitte soudain grave poursuit :

— Si vous estimez ne pouvoir accepter ces dispositions telles que je les sens, et je le comprendrais parfaitement, j'estime que je ne serais pas l'homme de la situation. Je croirais alors devoir remettre mon portefeuille à votre disposition. Je le ferais aussi dans le cas où mon départ pourrait faciliter le règlement de la crise.

De Gaulle balaie le propos d'un geste large :

— Bon, d'accord sur le plan, allons-y !

Il est 19 h 10, Peyrefitte est rasséréné. Il convoque le recteur et les doyens pour le lendemain 9 heures. A un collaborateur : « Tout va bien. Lundi, la Sorbonne sera rouverte et les étudiants libérés. »

Mais à cette heure précise, l'avion de Georges Pompidou touche la piste d'Orly. Le Premier ministre en sort souriant

et décontracté. Une courte halte dans le salon d'honneur,
puis il s'engouffre dans la DS officielle avec Jobert[9]. Aux
journalistes empressés, il a glissé, énigmatique : « J'ai mes
idées. » Ce ne sont pas celles de Peyrefitte, encore moins
celles du Général.

Au milieu de cette année 1968, Georges Pompidou en est
à sa sixième année au poste de Premier ministre. Une
longévité exceptionnelle. C'est un homme en pleine possession de son talent, sûr de lui et de son équipe où brillent
Jobert, Balladur, et le jeune Chirac, suivi par une cohorte
croissante de gaullistes soucieux d'avenir. L'homme a eu le
temps de tremper son caractère et d'aiguiser son ambition.
Le jeune normalien « sachant écrire » de 1945, convoqué
par le Général alors en partance, a fait toute sa carrière à
l'ombre du grand homme. Secrétaire particulier, intelligent, actif, énergique, discret et habile, il est devenu au fil
de la traversée du désert l'un des hommes les plus chers à
de Gaulle, alors même qu'il n'a pas participé à l'épopée de
la guerre et gardé pendant l'occupation une réserve prudente. C'est que ses qualités de synthèse, sa capacité à
avaler les dossiers les plus épais, son sens des relations et
son entregent manœuvrier lui ont vite ménagé une place de
choix dans l'orbe gaulliste. Auprès du Général, il est celui
qui organise, qui éclaire, qui débrouille les situations
délicates et qui tisse les fils les plus solides, même quand il
s'éloigne un moment, entrant en 1954 chez ses amis
Rothschild, pour un apprentissage de banquier d'affaires.
Le gaullisme installé, Pompidou dirige le cabinet du
Général à Matignon avant d'être nommé membre du
Conseil constitutionnel au début de 1959. Il continue
pendant ce temps à recevoir, à consulter et à servir de tête
chercheuse et d'informateur au Général qui le reçoit
régulièrement. C'est ainsi qu'en 1962, Debré usé par
l'Algérie, cet inconnu succède au Premier ministre déchiré
qui a essuyé la tempête de la décolonisation. Le Général
veut un gouvernement à sa main, conduit par un chef
d'état-major plus que par un politique. Pompidou est
parfait pour le rôle.

Il est plus conservateur que son chef, plus matois et

moins féru d'épopée, quoique littéraire subtil et parfait connaisseur du gaullisme théorique et pratique. Petit à petit, modestement au début, puis avec plus de vigueur, il impose son style provincial, presque paysan, à une opinion qui finit par goûter son sourire gourmand et sa voix grave, son embonpoint rassurant et ses éternelles cigarettes blondes. Avec le temps, un clan pompidolien se constitue autour du Premier ministre, qui choisit ses hommes et les pousse en avant, adoubant ces « cadets de la république [10] » gaullienne qui formeront bientôt sa garde personnelle. Pompidou laisse le Général à sa politique étrangère ; il en tient pour l'industrialisation du pays, qui lui paraît la tâche principale, bien que source d'ennuis par les bouleversements qu'elle induit. Alors, en petit Metternich de la croissance, il cherche à stabiliser une société française emportée par une expansion de 6 % par an. Il soigne les paysans, les commerçants, ces ruraux qui sont l'assise des républiques bourgeoises. Il concède ce qu'il peut à la classe ouvrière qui gronde en lisière de la prospérité, tout en consacrant une inépuisable énergie à la consolidation politique du régime, avec ce qui faut de ruse parlementaire, de construction d'appareil, et de négociations interminables avec fractions et notables. L'UNR devient sa spécialité ; il finit par connaître barons et compagnons sur le bout des doigts, jetant avec patience les bases de son avenir politique, qu'il pressent sans limites.

C'est cet homme maître de lui comme de l'univers gaulliste qui prend la barre en pleine tempête.

Pompidou s'est décidé la veille. Jobert l'a tenu régulièrement informé, mettant en exergue l'irrésolution du gouvernement, la détermination des manifestants et surtout la popularité du mouvement, attestée par sondage. Le Premier ministre a parlé à son directeur de cabinet la veille à 18 heures. « Jobert m'invitait à rentrer, estimant que chaque heure gagnée comptait et que le pire était possible et même probable. Il me demandait aussi de réfléchir à ce que je ferais à mon retour. Je compris sans peine qu'à Paris on flottait. Le Général, sans doute, saisissait mal les événements. Les ministres balançaient entre des décisions opposées. Pour moi, j'avais l'impression d'apercevoir avec une clarté aveuglante la voie à suivre. Je laissai comprendre que, dès mon retour, je rouvrirais la Sorbonne et jouerais à plein la carte de l'apaisement [11]. » On précipite le retour de deux heures. A chaque escale, Pompidou parle à Jobert. Il peaufine son plan, écrit l'intervention qu'il projette. Quand l'avion se pose, sa conduite est arrêtée. Le gouvernement est dans un mauvais pas, sa position n'est pas comprise, il faut sonner la retraite. Mais avec une énergie qui la fasse passer pour une offensive. Pompidou peut encore tenir ce discours : il a été préservé par l'éloignement ; il ne se déjuge pas, il prend les choses en main. Le gouvernement acceptera donc tous les préalables. La crise étudiante sera finie, et la contagion désamorcée. Si bien qu'à Matignon, quand Joxe lui expose la situation et propose un plan de clémence relative en trois points, Pompidou lui coupe la parole :

— Excusez-moi, mais ma décision est prise. Réouverture de la Sorbonne, libération des emprisonnés, retrait de la police [12].

Joxe et Fouchet sont soulagés. Ils approuvent. C'est Peyrefitte qui résiste :

— Si vous rouvrez la Sorbonne sans conditions, votre clémence sera interprétée comme une capitulation.

— Il ne faut pas mégoter. Si nous mettons des conditions, nous détruisons l'effet psychologique [13].

Peyrefitte demande qu'on remette la décision au lendemain. Pompidou refuse. Il aurait même parlé aux journalistes à Orly, s'il ne devait voir de Gaulle auparavant. Gorse, ministre de l'Information, est prié de convoquer la télévision pour le soir même. Les ministres sont médusés : Pompidou a tout décidé sans consulter le Général. Les plus fins, ou les plus informés, y voient un signe.

Pompidou arrive à l'Élysée à 21 heures. L'entretien dure quarante-cinq minutes. A-t-il été orageux ? Certains le diront après Mai. Pompidou aurait dû mettre sa démission en balance pour imposer la ligne de la clémence. Plusieurs historiens pensent le contraire [14]. Pompidou minimise la scène : « Notre conversation fut brève. J'obtins immédiate-

ment l'accord du président sur mon dispositif [15]. » Dit-il
vrai ? Pour Malraux, de Gaulle a simplement dit : « Si vous
gagnez, tant mieux. La France gagne avec vous. Si vous
perdez, tant pis pour vous. » Mais Malraux est écrivain,
plus qu'historien.

Il est vraisemblable, en fait, que de Gaulle n'est pas
mécontent de voir son Premier ministre dispos, optimiste et
sûr de lui. C'est son rôle de gouverner. Le président doit
garder la distance, rester en réserve. Le chef de l'action
quotidienne, c'est Pompidou. Il incline dans un sens
contraire à celui du président ? Tant pis. Il prend ses
risques. Il est là pour ça. S'il échoue, on peut le remplacer.
« C'était ce que de Gaulle attendait de moi, dira Pompidou
à Philippe Alexandre [16]. Le Général n'aime pas que les
ministres aient l'air d'hésiter, de tergiverser, de se dérober
devant l'action. Il fallait donc lui dire : " Voici ce que je
vais faire. " »

A la télévision, où il parle à 23 h 30, le Premier ministre
arbore tout autant cet air de certitude, de tranquillité
d'esprit qui est son atout principal en politique. « J'ai
décidé que la Sorbonne serait librement rouverte à partir
de lundi... La cour d'appel pourra statuer sur les demandes
de libération présentées par les étudiants condamnés... En
rendant la Sorbonne à sa destination, nous la rendons aussi
à sa vocation, qui est l'étude dans la discipline librement
consentie. » Il termine en plaidant pour « un apaisement
rapide et total ». « Cet apaisement, dit-il, j'y suis pour ma
part prêt. »

Fallait-il céder ?

En une semaine, quatre émeutes et une nuit lyrique, les
étudiants ont gagné. Pompidou n'a pas barguigné. C'est la
reddition totale, couverte du manteau de la clémence. La
France n'en revient pas. Tout serait-il donc possible ? La
leçon sera vite apprise.

Pour les gaullistes rigides et pour bien d'autres, le

discours du samedi soir fut une grave erreur, qui a ouvert la brèche et précipité la grève générale illimitée. Sur le moment, la plupart des députés UNR sont atterrés. Plusieurs ministres parlent d'abandon. Pompidou, disent-ils, vient d'infliger à l'État quatre désaveux : à la police ; à la magistrature, dont l'indépendance est passée sous la table ; au gouvernement, pour son action de la semaine ; au Général, qui s'était toujours opposé aux concessions.

Le chef du gouvernement se défendra avec vigueur quelques années plus tard. « Supposez que je n'aie pas fait ma déclaration du samedi soir ni annoncé la réouverture de la Sorbonne. Il y avait une manifestation prévue pour le lundi 13. Des étudiants, et aussi des ouvriers, et aussi des bourgeois devaient y participer. On devait donc se trouver le 13 mai devant une masse considérable partant de la République et se dirigeant vers le Quartier latin. Au passage, elle tenterait à coup sûr d'envahir la Sorbonne par la violence. C'est pourquoi, dès mon retour d'Afghanistan, j'ai pensé qu'il fallait éviter les effusions de sang, voire les morts, et surtout priver la manifestation du 13 de son objectif évident, la prise de la Sorbonne [17]. »

Pendant un temps, la manœuvre du Premier ministre semble réussir. Les leaders étudiants sortent un communiqué entortillé. « On était à bout de souffle », dira Cohn-Bendit [18]. Les chefs de file syndicaux baissent d'un ton. Lundi, la grève générale sera peu suivie [19]. Seulement voilà : une manifestation est convoquée pour le 13. On ne peut plus la décommander. Sera-t-elle un succès malgré tout ? La fusion étudiants-ouvriers se produira-t-elle ? Le dimanche, entre deux réunions, Pompidou lance à Jobert : « Ce serait tout de même drôle, s'ils nous balançaient un treize mai [20]. »

11

13 mai. Dix ans, ça suffit !

De la République à Denfert, c'est la marche triomphale des groupuscules. Car cette fois, derrière eux, il y a trois cent mille personnes attachées au char de la contestation[1]. Ils sont là, les enragés de Nanterre, les farceurs de la Sorbonne, les excités de Jussieu, les extravagants de l'anarchie, les rigolos de l'extrême gauche. Ils ont submergé les modérés, fouetté l'opposition, remué la France. Ils ont entrouvert l'écluse ; il en est sorti un raz de marée. La levée en masse, c'est eux, pas les bonzes du syndicalisme ni les caciques de la gauche polie. « Ce qui m'a fait plaisir, dira Cohn-Bendit le soir à un meeting du PSU, c'était d'être en tête d'un défilé où les crapules staliniennes étaient dans le fourgon de queue. » L'étincelle a mis le feu à la gauche. C'est le jour de gloire des boutefeux.

Le fleuve antigaulliste

Un million, diront les organisateurs. Quand on est nombreux, on dit toujours un million, à tout hasard. Ils sont trois fois moins en réalité. Mais cela ne fait rien. C'est un cortège de victoire, innombrable et joyeux, hérissé de chapeaux noirs et rouges, porté par les slogans. « Dix ans, ça suffit ! » Pour le dixième anniversaire de la Ve, Cohn-Bendit et les autres lui ont mitonné une fête historique. Auréolés du combat du vendredi soir, légitimés par les concessions de Pompidou, les étudiants sont les héros du jour. La CGT a bien essayé encore d'interdire la tête de manifestation à Cohn-Bendit ; l'UNEF et la CFDT ont imposé le rouquin. Alors il marche au premier rang, les bras sur l'épaule de ses voisins, Sauvageot et Geismar, sous une énorme banderole : « Étudiants, Enseignants, Travailleurs, solidaires ». Derrière eux, cinq cents gauchistes surexcités. « De Gaulle à l'hospice ! » ; « Ouvriers étudiants ensemble ! » ; « Le pouvoir recule, faisons-le tomber » ; « De Gaulle aux archives » ; « Nous sommes tous des enragés ! » ; « Rome, Berlin, Budapest, même combat ! » ; « Nous sommes un groupuscule ».

Les trublions emmènent la masse. Les lourds bataillons réformistes doivent pour la première fois suivre les francs-tireurs révolutionnaires. C'est la singularité de Mai : les marginaux donnent le ton. Un parfum d'insurrection morale, de libération, d'ivresse politique flotte de la République à Denfert. Pompidou espérait une manif symbolique. On est ébahi de se voir si nombreux, si déterminés et si libres contre un gouvernement successivement répressif et faible. Le 13 mai relance la machine un moment freinée par l'ouverture du Premier ministre. Désormais, tout est possible.

Derrière les étudiants, des centaines de milliers de salariés, de syndicalistes, de militants, de sympathisants ou de simples péquins touchés par la grâce de ce printemps rouge. La FEN, la CGT, la CFDT forment le gros de la troupe. Descamps, Marangé, Séguy et les autres arpentent la chaussée avec un sourire circonspect. Où va-t-on ? A la Bourse du travail, on remplace le drapeau tricolore par un drapeau rouge et un drapeau noir. Hurlements contradictoires. On trouve un compromis : pas de drapeau. Le PCF avec Waldeck, Marchais, Leroy, Ballanger, puis la FGDS avec Billères le radical, Guy Mollet, Mitterrand, Hernu. Un peu plus loin, Mendès, avec le PSU.

Dans le cortège du PC, Pierre Juquin marche à côté de Rol-Tanguy, ancien colonel FTP, organisateur de l'insurrection d'août 1944 à Paris. « On va à l'Élysée ? — Oh, je saurais comment faire. C'est facile. Et après[2] ? » La boutade va plus loin qu'on ne croit. Beaucoup plus tard, Jobert dira : « Ce jour-là ils auraient pu prendre l'Élysée.

L'alliance étudiants-ouvriers leur donnait la force nécessaire et un début de crédibilité. Après, le vrai risque était
passé. Il n'y aurait plus jamais d'occasion[3]. »

Les leaders de la manifestation sont à des années-lumière
de cette idée. Bien sûr, lors du rassemblement étudiant de
la gare de l'Est, Daniel Cohn-Bendit a sacrifié avec ardeur
à la rhétorique révolutionnaire. « Pour lutter contre le
régime capitaliste, il n'y a qu'une manière, l'action directe
dans la rue. La grève générale n'est pas une arme de
soutien, mais une arme de classe pour renverser le capitalisme... La police a employé contre nous les mêmes moyens
que les Américains au Viêt-nam. Nous allons créer sous
peu un tribunal populaire pour juger la police d'État... Le
régime gaulliste est obligé de flancher. Ceci est l'anniversaire de la prise de pouvoir. » Avec un mot d'ordre :
démission du gouvernement. L'enflure ne fait pas peur aux
leaders étudiants. En fait, ils flottent sur un nuage. Le
succès invraisemblable de leur mouvement les dépasse. Ils
n'espèrent qu'une chose : voir « la classe ouvrière » prendre le relais. Seulement la classe ouvrière en France, en
1968, c'est la CGT. Et Georges Séguy, qui marche rose et
frais à quelques centaines de mètres derrière, n'est pas
près, lui, de céder à l'illusion lyrique.

En attendant, le fleuve antigaulliste s'écoule sans heurts
sous le soleil, jusqu'à Denfert. Grimaud a mobilisé dix
mille hommes, discrètement postés le long du parcours,
interdisant l'Élysée, l'Hôtel de ville et quelques bâtiments
officiels. Pour une fois, la police restera l'arme au pied.
L'heure est à la fête, pas à l'émeute. Il n'y aura qu'un
incident à l'arrivée de Denfert-Rochereau. Un car de
police transporte un enfant blessé vers l'hôpital. Il tombe
par hasard au milieu de la foule manifestante. Le véhicule
est secoué, on sort les policiers du véhicule, le ton monte.
Pour se dégager un agent tire trois coups en l'air. Un
pistolet hors de son étui. Le geste peut conduire au pire.
Grimaud averti hésite. S'il donne l'ordre de dégager, il
risque la bagarre générale[4]. Soudain, Pierre Cot, député
de gauche, vieille figure parlementaire, le joint au téléphone : « Laissez-nous faire, nous dégageons les poli-

ciers. » Tout rentre dans l'ordre. Ouf : un car du commissariat du XIIIe, empli d'agents armés, fonçait déjà sur
Denfert.

Autour du lion de Belfort, la dispersion est lente. Cohn-
Bendit veut entraîner la foule vers le Champ-de-Mars. Ils
sont quelques milliers à le suivre. Les militants CGT
ratissent la place pour hâter la dispersion. Séguy s'en va,
refusant de serrer la main du rouquin. Pourtant à Matignon
on s'inquiète. A 19 heures la place Denfert est encore noire
de monde. Va-t-on vers une nouvelle émeute ? Alors un
jeune secrétaire d'État, fébrile et dégingandé, se propose :
« J'ai le contact ; j'ai le numéro personnel de Krasucki. » Il
trouve Krasu chez lui, déjà à table. Il lui explique. « Je vais
voir », dit le second de Séguy. Quelques minutes plus tard,
la CGT quitte Denfert, entraînant le gros des ouvriers[5]. Le
jeune empressé s'appelle Jacques Chirac. Ce premier
contact direct entre l'équipe de Pompidou et les communistes a été fructueux. Des deux côtés, on s'en souviendra.

Le soir, chacun fait ses comptes. Le gouvernement peut
s'estimer satisfait du calme de la manifestation et du demi-
échec de la grève. Les salariés n'ont pas vraiment suivi le
mot d'ordre syndical. C'est un rayon d'espoir. Car, pour le
reste, la situation politique du Premier ministre est très
mauvaise. Le discours de samedi n'a rien désamorcé. Le
défilé du 13 mai a été un énorme succès, même si la
télévision, de moins en moins crédible aux yeux de
l'opinion, a déclaré sans rire qu'il y avait cent dix-sept mille
manifestants, reprenant tels quels les chiffres officiels. La
répression puis la reculade ont galvanisé l'opposition. Sans
bien savoir où elle va, celle-ci veut engranger tout le
bénéfice politique possible. Même si le débrayage n'a pas
bien marché, tout cela s'est inscrit au plus profond de la
conscience salariée. Le pouvoir peut reculer. L'action paie.
Déjà les plus déterminés songent à imiter les trublions
universitaires.

La Sorbonne libérée

Quant aux étudiants, ils ont de quoi alimenter leur fièvre : la Sorbonne « libérée », qui sera pendant trois semaines comme un grand pied de nez à l'autorité, en plein cœur de Paris. Car, dès samedi soir, une petite escouade menée par quelques vieux routiers de la politique étudiante, Marc Kravetz, Jean-Louis Péninou du Mouvement d'action universitaire, avec Brice Lalonde, Jean-Marcel Bouguereau et Serge Bosc, s'est présentée devant le centre Censier, mollement gardé par quelques appariteurs[6]. La place tombe en quelques minutes. Un « comité d'occupation » prend le pouvoir, contrôlé par l'assemblée générale qui siège en permanence. La séance est présidée par Kravetz. On confie les tâches matérielles à des services intronisés sur l'heure ; on commence à imprimer des tracts. Sur le mur apparaît un premier slogan : « On ne peut plus dormir tranquille quand on a une fois ouvert les yeux. » Bien vu : on ne dormira presque pas. On parlera. On fait silence pendant le discours de Pompidou. Trouble : comment tenir si la répression s'arrête ? La nuit se peuple de rêves d'ouvriers.

Le lundi matin à 10 heures c'est au tour de la Sorbonne, objet de tous les désirs émeutiers depuis dix jours. Venu de Censier, un petit cortège marche dans les rues du Quartier latin. En vingt minutes, il est à pied d'œuvre. La vieille dame est là, paisible et offerte. Elle tombe en un clin d'œil.

On se réunit dans l'amphi Turgot pour élire là aussi un comité d'occupation. Péninou et Kravetz sont bombardés à la commission de coordination, avec Yves Lichtenberger et Antoine Griset, deux autres vétérans de la grande UNEF. La coordination des comités d'action ouvriers-étudiants siégera là. On se procure un camion sonorisé, fourni par José Bidegain, jeune patron de gauche ; on organise des quêtes et on prépare les sacs de couchage. On contacte Franck Ténot pour un orchestre de jazz. Péninou appelle Georges Lapassade, sociologue libertaire et enseignant coloré, qui apporte ce piano dont l'image symbolisera pour toujours la saga de la Sorbonne occupée [7]. Langlois et la cinémathèque, héros d'un combat parisien et dantesque six mois plus tôt, quand le ministère voulait le jeter hors de son fief du palais de Chaillot, sont mis à contribution. Godard arrive les bras chargés de pellicules. Le soir, Lapassade est content. Un concert de jazz draine les curieux ; le philosophe Kostas Axelos anime un premier débat sur la répression sexuelle. On se passionne et on s'amuse. Salle Pleyel, François Mitterrand préside un meeting de la FGDS pour le dixième anniversaire du 13 mai. Sinistre.

A Normale-Sup, Cohn-Bendit rencontre les prochinois de l'UJCml, qui veulent « aller au peuple ». Ce serait la mort du mouvement, rétorque Cohn-Bendit [8]. La survie de l'action étudiante, c'est l'occupation de la Sorbonne. Il a raison. Le vieux bâtiment gris deviendra la capitale symbolique de la révolution en cours, un petit palais d'Hiver au printemps, qui renferme non pas le pouvoir politique, mais celui des signes, tout aussi important dans cette révolte des mots et des sens, du discours et de l'imaginaire. La commune étudiante est dans ses murs.

DEUXIÈME PARTIE

14-24 mai
La crise sociale

12

La société française en 1968

La révolte ouvrière qui va paralyser la France en quelques jours a pour toile de fond une économie en plein développement et une société en transformation brutale, d'une rapidité qu'on n'avait jamais vue dans l'histoire du pays. S'il y a un facteur général de la révolte, c'est bien celui-là. Certes, à côté de la marche vers le développement, les restructurations industrielles et les effets décalés du « plan de stabilisation » de 1965 imposent une dure discipline à la classe ouvrière et à l'ensemble des salariés. Mais tout cela n'a rien à voir avec les crises qu'a connues, ou connaîtra le pays. A l'inverse du schéma marxiste — et du bon sens populaire —, ce n'est pas « la crise » qui peut expliquer la grande grève. Ce sont bien plus les difficultés nées d'une expansion rapide et continue, qui défait les structures traditionnelles et se répercute de manière inégale dans la société française.

Le bond démographique

Formée de quelque cinquante millions de Français auxquels s'ajoutent environ trois millions d'étrangers résidant en permanence sur le territoire, la population porte la marque de deux grands événements démographiques : la saignée de 1914-1918, qui a raréfié les adultes de 1968, et la reprise de la natalité de l'après-guerre, (le taux de natalité passe de 14,6 ‰ en 1938 à 20,8 ‰ en 1945) qui a brusquement gonflé les effectifs des classes jeunes [1]. Ainsi la France a-t-elle un déficit d'adultes (48,5 % en 1966 de vingt à soixante ans) et un excédent de personnes âgées (déjà), 17,6 % au-dessus de soixante ans, et surtout de jeunes : 33,9 % de moins de vingt ans. Au total, la population française a gagné plus de dix millions d'habitants depuis l'avant-guerre (nationaux et étrangers confondus). Ainsi le changement français, toile de fond de 68, est d'abord celui des hommes.

« Les événements » cueillent la France en pleine marche vers la prospérité. Depuis 1945, l'économie française vit une période miraculeuse. Galvanisée par le défi de la reconstruction, aidée par les finances américaines, conduite par quelques grands entrepreneurs à l'image de Marcel Dassault, qui rebâtit son empire d'industriel de l'aéronautique en quelques années après la nationalisation de 1936 et les difficultés de la guerre, gouvernée par une classe politique instable mais généralement moderniste et surtout par un establishment technocratique fait de hauts fonctionnaires compétents, réformistes et industrialistes, la France accroît chaque année de 6 % sa production. C'est un taux inédit dans l'histoire, qui provoque un enrichissement massif tel qu'on n'en avait jamais vu depuis de longs siècles.

L'industrie

Soutenue par l'État, l'industrie, qui emploie à l'époque 39 % de la population active, se modernise à grande vitesse, inondant la société française des produits de grande consommation qu'on croyait réservés aux riches et aux Américains. Les deux vagues de nationalisations, en 1936 et en 1945, ont fait passer sous le contrôle direct de l'État le secteur de l'énergie et une grande partie du crédit et des transports. L'industrie concurrentielle est elle-même en partie publique, notamment dans la chimie, l'automobile, la construction aéronautique.

L'État intervient aussi indirectement, de par la toute-puissance exercée par le ministère des Finances sur toute la politique du crédit, sur la politique industrielle, faite de directives et de subventions, et par l'action de grands organismes semi-publics comme la Caisse des dépôts et des consignations.

Parallèlement, la concentration a commencé de bouleverser le secteur privé, qui se polarise peu à peu autour de grands groupes nationaux sous l'œil bienveillant de l'État, et souvent à son initiative. Le plan, « indicatif » mais appuyé sur l'intervention omniprésente de l'État, coordonne ces efforts, trace des perspectives, fixe des objectifs. De la même manière, une politique active d'aménagement du territoire accroît encore l'emprise de la puissance publique sur l'évolution des structures de la société.

Effet contraire : l'entrée de la France dans le Marché commun, décidée par la République précédente, réalisée par la nouvelle, accroît la concurrence imposée à l'industrie française. Un double secteur — mouvant au demeurant — divise l'économie : l'un est « exposé » au vent du large ; l'autre vit plus tranquillement à l'abri des frontières et de la réglementation. Les barrières douanières anciennes disparaîtront définitivement le 1er juillet 1968.

L'industrie française est de fait en état de pénurie de main-d'œuvre, en dépit des inquiétudes liées à la présence d'un « volant de chômage » de trois cent mille à quatre cent mille personnes. En 1962, l'arrivée de près d'un million de rapatriés d'Algérie a été absorbée sans heurts et sans que les statistiques du chômage en soient notablement modifiées. La France importe en outre de très nombreux travailleurs immigrés, qui dépassent vite les trois millions de personnes et représentent 6 % de la population totale.

Le commerce

Le commerce se transforme de plus en plus vite malgré la résistance « poujadiste » des propriétaires de petits maga-

sins. Entre 1962 et 1970, la part du « commerce indépendant » passe de 70,65 à 50,90 % dans le chiffre d'affaires
global du secteur. Cette régression traduit la croissance
rapide des nouvelles formes de distribution, qui boulever-
sent en quelques années le paysage urbain et les modes de
vie du consommateur : magasins populaires, chaînes à
succursales multiples, coopératives, grandes surfaces à prix
réduits (Leclerc, Carrefour, etc.) et vente par correspon-
dance.

L'agriculture

L'agriculture connaît une révolution aussi profonde que
l'industrie, quoique moins spectaculaire, qui transforme
d'un seul mouvement le paysage et la vie des paysans.
Certes le pays reste très rural, nettement plus en tout cas
que les autres nations occidentales développées. La population active agricole représente quelque 15 % des vingt
millions d'actifs, contre 6 % aux États-Unis et 4 % en
Grande-Bretagne. Enracinée dans le passé, morcelée,
héritière de techniques souvent dépassées, l'agriculture
française fournit un extraordinaire effort de modernisation
— investissements massifs et remembrement — qui accroît
sa productivité dans des proportions considérables, mais
chasse progressivement de la terre un nombre important de
jeunes. La production ne trouve des débouchés solvables
que grâce à une politique active, et coûteuse, de soutien
des prix par des mécanismes européens. Soucieux de la
stabilité apportée par le monde paysan, tous les gouvernements successifs ont souscrit à l'organisation des marchés et
à l'aide aux paysans, en dépit des dépenses énormes
suscitées par ce soutien volontariste. Le lobby paysan est
plus puissant que jamais.
    Bref, une France encore rurale s'urbanise à grande
vitesse, s'empare de tous les objets de la consommation
moderne, travaille près de quarante-cinq heures par
semaine, s'ouvre sur l'extérieur et s'enrichit comme jamais.

En 1968, le niveau de vie a plus que doublé par rapport à 1950, mais la culture est la même. Décalage explosif.

Le « plan de stabilisation »

Le gaullisme a encore accéléré l'industrialisation, obsession de Michel Debré et de Georges Pompidou, réussi l'intégration dans la communauté européenne et remis en ordre les finances intérieures et extérieures grâce aux mesures Rueff-Pinay de 1958 et à la gestion orthodoxe d'un jeune ministre des Finances nommé Valéry Giscard d'Estaing. Le pouvoir d'achat croît régulièrement, le chômage est inférieur à 2 % de la population active, soit quelque quatre cent mille personnes, dont beaucoup sont simplement en transition entre deux postes. Le gouvernement français peut même se payer le luxe de faire la leçon monétaire aux États-Unis, en demandant que l'or joue un rôle plus important dans le système monétaire international, en remplacement d'un dollar dangereusement affaibli par les déficits américains. En revanche, preuve du retard français dans cette modernisation, le commerce extérieur est structurellement déficitaire, ne parvenant pas à compenser sur les anciens marchés captifs de la zone franc les déconvenues subies dans les échanges avec les pays développés. En 1967, les exportations n'ont couvert les importations qu'à 91,8 %, ce qui laisse un déficit de 5 milliards de francs pour l'année.

En 1965, le Général s'est inquiété d'une « surchauffe » inflationniste née de la croissance ultra-rapide de l'économie, qui aurait pu menacer à terme la bonne santé du franc. Il a imposé à son ministre des Finances un « plan de stabilisation » qui a ralenti légèrement l'expansion, modéré les hausses de pouvoir d'achat et accru un peu le nombre des chômeurs. En 1968, les effets décalés de ce resserrement financier se font encore sentir. La courbe des salaires montre à la fin de 1967 et au début de l'année 1968 une inflexion à la baisse (ou à la moindre hausse), et les

syndicats considèrent qu'un retard s'est instauré entre le
revenu des salariés et celui de la nation, retard dont ils
veulent obtenir la réduction au plus vite. Le ralentissement
(très relatif) de la croissance, allié aux impératifs doulou-
reux de la restructuration industrielle, provoque également
des fermetures d'entreprises. Certaines régions sont plus
touchées que d'autres. Les usines les plus traditionnelles
sont menacées, et leurs salariés avec elles. De la même
manière, la modernisation de l'agriculture et les hausses de
productivité commencent à provoquer des crises de surpro-
duction. Les prix agricoles baissent et la terre ne peut
assurer à beaucoup de paysans un revenu comparable à
celui des salariés des villes. Le monde rural connaît ainsi
des révoltes endémiques, violentes et spectaculaires, vite
calmées par des concessions gouvernementales, mais bientôt relancées par de nouvelles crises, ou bien par les
disciplines nées d'une « Europe verte » à la fois favorable à
la France et génératrice de contraintes supplémentaires
pour les paysans.

Les couches dirigeantes

Plusieurs élites dirigent la société française de 1968. On
peut distinguer plusieurs sous-groupes bien typés.

La haute industrie et les grandes entreprises sont dominées par une classe composite qui réunit l'élite de l'argent
et celle du diplôme. Les vieilles fortunes tiennent toujours
le cœur du capitalisme français sous un magistère discret et
ferme, mais elles sont alliées depuis longtemps aux sphères
supérieures de la fonction publique, pour un concubinage
feutré avec l'État. Les enfants de la grande bourgeoisie
peuplent en majorité les grands corps, avec les fils les plus
méritants de la classe moyenne. Après une carrière dans les
grands services de l'État, il est d'usage de venir diriger telle
ou telle grande entreprise, financière ou industrielle, sous
le regard bienveillant des détenteurs du capital. L'industrie
coopère avec l'État ; l'État aide l'industrie. L'intervention-
nisme est une seconde nature, ainsi que la subvention.

Grâce à la croissance, les deux élites peuvent acheter la paix sociale à coups de concessions salariales habilement distillées à un syndicalisme révolutionnaire en théorie et revendicatif en pratique.

L'industrie a réussi le virage de l'Europe, mais elle commence à perdre des points dans la concurrence internationale. Les marchés des ex-colonies lui sont toujours des chasses gardées, ainsi que les commandes publiques. Mais elle peine au contact des grosses firmes allemandes ou américaines qui dominent les marchés internationaux. Bien élevée, de bon ton, diplômée et cultivée, la bourgeoisie française ne prise guère, en moyenne, les batailles au couteau et les stratégies commerciales agressives. Elle n'aime pas non plus les « self-made men ». Pour le XVIe et le VIIe arrondissement, lieux géométriques du pouvoir social, le bon argent est un vieil argent. Il se conserve et ne se montre pas. Le capitalisme français garde ainsi quelque chose d'à la fois étatique et aristocratique qui le prépare mal aux batailles futures. Conservatrice, conformiste et grise, la bourgeoisie française va subir de plein fouet l'explosion de mai.

Les petites entreprises sont dirigées par une autre classe sociale, celle des petits patrons de province, opiniâtres, travailleurs, partagés entre ceux qui tiennent leur entreprise de leur famille, et sont souvent mal adaptés à la gestion moderne, et ceux qui se sont faits tout seuls, plus habitués au risque et à la concurrence. Autoritaires ou paternalistes, ces chefs d'entreprise qui font le tissu industriel du pays, et une grande part de sa réussite, gardent une vision surannée des rapports sociaux, dans laquelle l'initiative et l'autonomie des salariés n'ont aucune place, et encore moins l'action syndicale, vécue automatiquement comme une sorte d'agression culturelle et politique. Le commandement est paramilitaire ou patriarcal et la revendication collective bannie. CGT et CFDT sont des épouvantails rouge vif qu'il faut maintenir à tout prix au loin. Contre ce système antisyndical et culturellement dépassé, la révolte sera d'autant plus violente que toute expression indépendante était interdite.

Les « classes moyennes »

Les commerçants forment une couche inquiète, qui s'est beaucoup modernisée, mais qui souffre durement face à la concurrence des réseaux modernes de distribution, notamment les supermarchés qui essaiment sur tout le territoire. Gros travailleurs, ils professent en général une morale de l'effort et de l'épargne qui s'accompagne d'une méfiance absolue à l'égard des fonctionnaires et des salariés, d'un conservatisme social et culturel très prononcé et d'un goût marqué pour l'autorité.

Les professions libérales travaillent tout aussi durement, mais profitent à plein d'une société en expansion où les dépenses de santé, les transactions immobilières, les besoins en expertise juridique sont en progression rapide. Avec les petits patrons et les commerçants aisés, ces professions libérales, médecins, juges, avocats, pharmaciens, vétérinaires et notaires, forment le réseau serré des notabilités provinciales, marquées par le catholicisme et l'éducation traditionnelle, conformistes et soucieux de distinction sociale, attachés à l'autorité familiale, professorale, religieuse et politique, persuadés que leurs enfants reprendront à leur suite le flambeau de la respectabilité sociale et de la continuité patrimoniale. Massivement pétainiste pendant la guerre, puis partagée entre gaullisme et centrisme conservateur après la Libération, la petite bourgeoisie française n'a pas vu le monde changer autour d'elle, elle n'a pas lu dans *Paris-Match* ou *le Figaro* que l'industrie, l'éducation de masse, la consommation généralisée et la ville triomphante avaient érodé son assise, dissous ses valeurs, miné ses références... et capté ses enfants, qu'elle a, à grands frais, envoyés à l'université.

A côté de ces classes moyennes à l'ancienne mode, un nouveau groupe social est en pleine ascension : les salariés du secteur « moderne ». Cadres industriels ou bancaires, techniciens de haut niveau, ingénieurs, ils sont de plainpied avec la croissance. Leur entreprise grandit et se modernise, leur salaire progresse rapidement, tout comme leurs responsabilités. Ils lisent *l'Express* ou *le Nouvel Observateur,* boivent du whisky, roulent en DS ou en Renault 10, achètent à crédit, partent aux sports d'hiver et louent à la mer. Eux aussi ont beaucoup travaillé, mais ils souhaitent commencer à profiter de leur réussite. L'assouplissement des mœurs les séduit parfois, comme les thèses de la nouvelle gauche et les chansons de Jacques Dutronc. Le mode de commandement encore ancien en vigueur dans l'entreprise commence souvent à les indisposer. Ils revendiquent l'autonomie et la responsabilité, croient en l'efficacité plus qu'en la hiérarchie. En Mai, ils seront longtemps séduits, avant d'être finalement effrayés par l'aventure. Certains d'entre eux rompront avec leur ancienne vie. Ce sera une minorité.

La classe ouvrière

Soutiers de l'expansion, les ouvriers commencent seulement à en cueillir les fruits. Le pouvoir d'achat a crû régulièrement, il reste néanmoins très faible. Et surtout cette amélioration indéniable s'est payée souvent d'une parcellisation et d'une mécanisation des tâches qui ont créé une nouvelle race d'hommes-machines, aux gestes perpétuels et à la discipline de fer, les OS.

Les ouvriers qualifiés accèdent néanmoins à l'automobile, au confort domestique et aux vacances plus ou moins agréables. Mais, en regard de l'étalage spectaculaire de la prospérité, dans les rues des villes, sur les murs, dans les journaux et à la télévision, il leur semble que leur progrès à eux va plus lentement. Le taylorisme paramilitaire sévit encore partout. Le syndicalisme n'a droit de cité que dans les grandes entreprises et le contremaître est un chien de garde souvent détestable. Progrès immense sur l'habitat insalubre des anciens quartiers ouvriers, claires, fonctionnelles et bon marché, les HLM ont le défaut de la laideur et de la monotonie. Piétaille de l'expansion, la classe ouvrière sent bien qu'elle est entre deux mondes. Les séductions du capitalisme ne l'emportent toujours pas, et de loin, sur les espoirs de la révolution. Le PCF est toujours majoritaire dans les banlieues laborieuses. La culture ouvrière, faite de luttes sociales et de solidarité de classe, reste vivace, même si l'embourgeoisement dans le pavillon confortable, jardinet, télévision et congés payés, guette les mieux placés. On est à mi-chemin des « Trente Glorieuses » pour la classe ouvrière. Souvent, il manque toujours le salaire décent et la dignité. Dans une économie aussi prospère, l'argent est bien quelque part. La lutte paiera forcément.

Les autres salariés

Employés, fonctionnaires, enseignants ont des difficultés somme toute similaires. Certes la vie s'est beaucoup améliorée en vingt ans de progrès continu, certes les objets du culte consommateur sont accessibles, certes automobile, télévision, cinéma et congés payés mettent à portée culture de masse et loisirs bon marché. Mais cela va encore trop lentement, quand les choses changent si vite par ailleurs. Et surtout le commandement est toujours le même. Le proviseur, le recteur, l'inspecteur, le chef de bureau, le chef de rayon, le chef d'agence bancaire détiennent toujours un pouvoir pointilleux, exigeant et parfois méprisant. Le principe est la discipline quand il y faudrait la conviction : les relations de travail sont compassées, rigides et engoncées. L'immobilité traditionnelle jure avec la vitesse moderne, le respect hiérarchique avec l'éclatement des compétences. On aspire au respect et à la souplesse, on ne trouve que la raideur et la commisération.

Au front de Mai, ce sont ces deux dernières catégories qui vont offrir aux étudiants le relais massif dont ils n'osaient rêver. Classe ouvrière et classe moyenne salariée : ce sont les gros bataillons de Mai, produits par une industrialisation que les classes dirigeantes ont organisée, mais dont elles n'ont pas prévu les conséquences sociales et culturelles.

13

14 mai. Pompidou prend le pouvoir

De Gaulle est parti. Il a longtemps hésité, consultant, interrogeant, mais il est parti. Le voyage officiel en Roumanie, prévu de longue date, ne sera pas annulé. Fouchet était contre. Le Général ne peut pas s'éloigner quand la crise fait rage ; les Français ne comprendraient pas. A minuit, la veille, de Gaulle a convoqué Maurice Couve de Murville, ministre des Affaires étrangères, qui doit l'accompagner chez Nicolas Ceaucescu. Couve de Murville parle du prestige de la France, des engagements pris, de la grande politique internationale. Annuler, c'est amplifier la crise. Pompidou met tout son poids sur le même plateau. Le paroxysme est passé, maintenant le reflux va commencer. C'est au gouvernement de se mouiller dans la gestion du désordre, c'est à lui de faire face, le président sera préservé. Annuler, c'est signifier que le plus dur est à venir, quand il est passé. Alors, le mardi matin 14 mai, à 7 h 30, un petit cortège franchit le portail du 48 rue du Faubourg-Saint-Honoré, vire dans l'avenue Marigny et franchit à pleine vitesse le pont des Invalides. A Orly, de Gaulle dit à Gorse, ministre de l'Information, qu'il s'adressera au pays le 24 mai. De Gaulle s'en va. Mais il entend montrer qu'il domine l'événement et maîtrise le calendrier.

Pompidou est soulagé. Pour de multiples raisons, il veut affronter seul la tempête. Les premières sont des plus honorables. C'est son rôle de Premier ministre que de prendre les coups. Le Général viendra ensuite, si lui-même échoue. Aussi bien sent-il que de Gaulle « ne saisit pas la situation ». L'opinion lui échappe, il ne comprend pas cet accès de fièvre imprévu, dans un pays sans chômage, qui se développe sans heurts, qui a surmonté ses grandes crises et s'efforce de rattraper, avec un certain succès, la modernité occidentale. Pompidou sait mieux la fragilité du régime, et se flatte, ancien de Normale-Sup, de comprendre les états d'âme universitaires. Il a réfléchi sur la crise des valeurs traditionnelles ; il sait bien que l'industrialisation, qu'il a passionnément voulue, est bien autre chose que « l'intendance » de la vision gaullienne, qu'elle façonne désormais la société, et qu'elle n'ira pas sans troubles ni commotions. Ce qui se passe depuis dix jours en est la démonstration. Les Français perdent leurs repères, la génération nouvelle n'en a pas et rejette ceux de ses aînés. Partout en Occident l'université est en crise. Pourquoi Paris serait-il épargné ? Pourquoi la ville de 1789, 1792, 1830, 1848 et 1870 vivrait-elle ces transformations sociales et morales dans le calme ?

Pompidou croit aussi en sa lucidité ; il parlera le langage de la compréhension, qui n'exclut pas la fermeté. Il tiendra bon, et la France conservatrice se ralliera à lui. Il doit tenir seul le gouvernail. Un de Gaulle grommelant dans son dos, excitant sa vieille garde, invoquant la raison d'État, statue du Commandeur redoutable et bien vivante, ne pourrait que l'entraver. Le Premier ministre a imposé la clémence. Il faut qu'il puisse mener son plan à bout, sans remises en question incessantes. Que le Général aille donc en Roumanie. Le devoir l'appelle.

Mais il est d'autres motivations, moins avouables[1]. Le Premier ministre sera serviteur fidèle, tout en suivant aussi son étoile. En six ans d'exercice du pouvoir, il a pris la mesure de lui-même, et celle du pays. Il a, lui aussi, une certaine idée de la France, mais ce n'est plus celle de son chef. Les tempêtes de l'Algérie apaisées, la querelle des institutions réglée, la France restaurée et son économie sur la bonne voie, on ne souhaite plus d'épopée. Les Français, il en est persuadé, en ont assez de la gloire. Ils veulent du concret, du solide, un bon salaire, une maison, du temps libre et un avenir paisible. Avec son autorité pateline, sa sûreté paysanne, il est l'homme de la situation. L'après-gaullisme, c'est lui. Dauphin naturel, il ne veut plus des fulgurances réformatrices du héros ; il ne croit guère à la participation, nouveau Graal, ni à la décentralisation, horizon désigné. Il n'est plus temps d'agiter les grands spectres, de remuer le monde et la France. L'heure est à la gestion. C'est déjà bien difficile. Quichotte est vieux. Un Pança lettré et énergique aspire à prendre les rênes. Mais, pour que la logique devienne réalité, pour que le successeur probable devienne indiscutable, Pompidou doit s'affirmer, s'affranchir, établir avec les Français cette relation unique qui fait les présidents. Tâche ardue. Car les adversaires sont déjà à l'œuvre. Depuis quelques mois, quelques années, au sein même du camp majoritaire, les couteaux sont tirés. Il y a les fidèles ombrageux du Général, les Capitant, les Jeanneney, qui gardent le dogme en vestales bruyantes, qui croient au gaullisme comme système, comme projet toujours inachevé, pour qui s'arrêter c'est trahir. La réforme de la société est leur raison d'être. Ils sentent le Général près de la faire, et Pompidou, ce bourgeois, prêt à la brader. Alors, ils mènent croisade contre l'« usurpateur ». Il y a aussi ces centristes incommodes, ces avatars de la vieille droite, héritiers distingués de la France des notables pétainistes, toujours prêts à tordre le cou de l'UNR si le chef venait à manquer, emmenés par ce Giscard soi-disant d'Estaing à la suffisance incroyable et à l'ambition d'acier si bien poli. Ils seront les premiers à le piétiner s'il tombe. Giscard veut tellement l'Élysée qu'il est capable de brûler les étapes, de sauter par-dessus le dauphin à la première occasion. Alors il faut jouer gros, rafler la mise de la crise, s'imposer au pays, être celui qui ramène le vaisseau au port malgré le coup de vent. D'autant que le clan pompidolien est là, qui a tiré tant de traites sur l'après-gaullisme, qui pense que le Vieux a fait son temps et que « Georges » garantira les places, préservées par une politique raisonnable, sage : un conservatisme moderne, loin des chimères bonnes pour temps agités. Entre le pouvoir et l'histoire, ceux-là ont choisi. Pompidou est leur homme. Mais le champion doit faire ses preuves. Les étudiants lui en donnent l'occasion. Il ne la manquera pas.

A peine de Gaulle a-t-il décollé qu'il prend tous les pouvoirs. Balladur et Chirac, le conseiller social et le secrétaire d'État aux Affaires sociales, monopoliseront les contacts syndicaux. Ministre du Travail, Jeanneney est tout bonnement court-circuité. Alain Peyrefitte, désavoué par le discours du samedi soir, a remis sa démission. Le Premier ministre lui a demandé de la retenir pour l'instant. Elle ne sera effective que le 28 mai. Mais le ministre de l'Éducation est déjà sur le banc de touche. Le vrai ministre de l'Éducation, c'est Pompidou. Joxe s'est retiré à la Justice. Fouchet garde son rôle à l'Intérieur, mais de plus en plus un conseiller de Pompidou, Pierre Somveille, prend les rênes du maintien de l'ordre. Et surtout, Pompidou met en place un comité de salut public qui ne dit pas son nom. Prudemment dénommé « réunion des responsables de l'ordre et des ministres concernés par les grèves », ce gouvernement *bis* se réunit tous les matins à Matignon. Pompidou préside : on débat peu et on décide beaucoup. Fouchet, Messmer, Grimaud, le directeur de la gendarmerie Jean-Claude Périer, Somveille et divers ministres selon les sujets débattus sont autour de la table. Jobert veille à tout, préside en l'absence de son patron. Il est le Premier ministre du Premier ministre, discret, ironique, tout miel ou tout glace, habile, retors et d'un sang-froid à toute épreuve. Dans l'ombre, il tient un des premiers rôles du drame. Pompidou ne l'oubliera pas[2].

Si Jobert est le père Joseph, Chirac est d'Artagnan. Infatigable, virevoltant, dormant deux heures par nuit, tour à tour chaleureux, optimiste, coupant ou colérique, il est un longiligne maître Jacques, prêt à toutes les tâches, à toutes les missions, secrètes ou publiques, glorieuses ou ingrates[3]. Un soir, Pompidou déprimé ne trouve pas le sommeil. Il décroche son téléphone. Chirac accourt et en une entrevue lui remonte le moral. Pendant ce mois sans trêve, avec rage et entregent, le futur maire de Paris forge son avenir.

Bouguenais, Cléon : l'avant-garde

Pierre Duvochel sentait bien venir le coup. Par suite d'une baisse des commandes de pièces de Caravelle, il avait dû décréter une baisse des horaires à quarante-cinq heures. A l'usine de Bouguenais, en Loire-Atlantique, beaucoup d'ouvriers de Sud-Aviation sont payés à l'heure. La diminution du temps de travail, c'est la baisse des salaires.

A 15 heures ce 14 mai, la grève est votée[4]. Immédiatement, deux mille ouvriers occupent l'usine. C'est bien sûr Duvochel qu'un détachement de grévistes enferme dans son bureau. Il sera bien traité, nourri de sandwichs, mais aussi abreuvé de chants révolutionnaires qu'un comité de grève un peu facétieux joue en permanence grâce à la sono installée dans le couloir de la direction. Un délégué CGT viendra parlementer avec les grévistes pour le faire libérer. En vain. D'autres ouvriers soudent les grilles d'entrée, on organise des postes de garde, on élit un comité de grève. C'est la première grève ouvrière de Mai 68, qui démarre dans la discrétion, loin du Paris étudiant, à cause d'une réduction d'horaires. Son meneur porte un nom prédestiné : Hébert.

L'occupation de l'usine ne doit rien au hasard[5]. Nous sommes dans l'Ouest rouge, non loin de Nantes et des pays de Loire, vivier de l'anarcho-syndicalisme. Le 11 mai, au lendemain de la nuit des barricades, trois mille étudiants avaient bloqué le trafic ferroviaire en gare de Nantes. Le 13 mai, ouvriers et étudiants avaient défilé ensemble, avec un mot d'ordre de grève illimitée. La manifestation s'était prolongée par l'occupation de la préfecture. Yves Chotard, responsable de l'UNEF, s'était même permis de haranguer les ouvriers, dénonçant les bureaucraties syndicales et la répression dans les pays de l'Est, au grand dam de la CGT. Dans une France salariale dominée par le syndicat procommuniste, la région nantaise était décidément atypique.

A Sud-Aviation, le syndicat FO joue un rôle particulier. Il n'a rien de la modération habituelle des partisans d'André Bergeron. Secrétaire de l'union départementale, Alexandre Hébert est anarcho-syndicaliste. Un de ses meilleurs amis, enseignant à Nantes et intellectuel libertaire, s'appelle Gabriel Cohn-Bendit. Le secrétaire de la section FO de Bouguenais est un trotskiste de l'OCI, exclu de la CGT, Yves Rocton. Initiative marginale ? Pas tout à fait. Sud-Aviation est une grande entreprise nationale ; son patron est à lui seul un symbole. Préfet de police pendant la guerre d'Algérie, Maurice Papon a organisé la répression des manifestations pour la paix. Il dirigeait notamment la police au moment du drame de Charonne. Un grand commis gaulliste face à une grève menée par l'extrême gauche. Le schéma universitaire n'est pas loin.

Au même moment à Renault-Cléon, près de Rouen, René Youinou demande audience à la direction. La veille, les ouvriers de cet établissement de la Régie ont défilé en masse. Ce sont d'anciens paysans ou d'anciens manœuvres du textile en majorité. Le spectacle des troubles étudiants a fait son chemin dans les têtes. Déjà le 13 mai la grève a été suivie à 30 %. Délégué CFDT, Youinou sent que la situation est mûre. Mais la direction refuse de le recevoir : une journée de revendication était prévue depuis longtemps pour le lendemain. Ce sera un débrayage. Un vrai.

Eugène Descamps sent lui aussi que quelque chose se prépare. Au siège de la CFDT, depuis le matin, les coups de téléphone encombrent les lignes. Ce sont les responsables de province qui appellent. Partout la même impression : les manifestations du lundi ont drainé des foules énormes, au-delà de toutes les espérances. Et les militants font tous la même analyse : le discours de Pompidou a marqué un recul spectaculaire du gouvernement. Cela crée une situation nouvelle. Descamps se prend à rêver : et si un mouvement national massif permettait de faire avancer en quelques jours tous les dossiers bloqués depuis des mois ? Sous l'impulsion de son secrétaire général, la CFDT entre en veillée d'armes. Deux usines en avant-garde, deux usines où la CGT ne domine pas. C'était au fond le seul moyen de déclencher la grève ouvrière. Car Georges Séguy, en communiste fidèle, qui siège chaque semaine au bureau politique, dans la salle triste du 44 place Kossuth, sous la liste des responsables du Parti fusillés sous l'occupation allemande, connaît parfaitement la ligne, devant lui définie chaque semaine par Waldeck, Marchais et les autres. « C'était un militant discipliné, dit aujourd'hui Roger Garaudy, qui siégeait en 1968 lui aussi au bureau politique, il n'aurait rien fait sans l'assentiment du BP[6]. » Le mot d'ordre est simple : pas de solidarité ouvriers-étudiants. Bien au contraire, il faut tout faire pour isoler les gauchistes, qui ont réussi par miracle à entraîner derrière eux un mouvement invraisemblable. Alors partout où la CGT domine, et quelle que soit l'envie des ouvriers d'y aller, la grève est freinée. La classe ouvrière se mettra en mouvement contre son parti. Diable !

Incident à l'Assemblée

Pour l'instant, les préoccupations du gouvernement sont politiques. Dès son retour, Georges Pompidou avait décidé de convoquer le Parlement le mardi suivant à midi pour une séance exceptionnelle consacrée aux événements. Il y a quatre cents députés dans l'hémicycle quand la séance commence. L'opposition ouvre le feu. Centriste encore extérieur à la coalition gouvernementale, Jacques Duhamel demande un débat sur la réforme de l'université. Gaston Defferre exige une réponse du Premier ministre, qui se réserve pour son discours de l'après-midi. C'est alors qu'un député UNR de base, Roger Souchal, monte à la tribune, bien décidé à dire leur fait aux contestataires. Quand il parle des leaders étudiants, il ne se contient plus. Ce sont « les amis de Cohn-Bendit qui ont envahi la France en 1914 et 1940 ». Rien de moins. Au milieu des huées, on entend la voix de François Mitterrand : « C'est une honte ! » Un autre UNR, Michel Boscher, se précipite sur lui, arrêté par les amis du président de la FGDS. On manque d'en venir aux mains sous les yeux d'un Mitterrand impavide[7]. Pompidou a longuement préparé son discours[8]. Il ne répondra pas point par point à l'opposition. Le rappel du face-à-face avec les étudiants n'est pas pour le grandir. Il élèvera le débat. Sur ses partisans, sur les gaullistes inquiets, sur l'opinion conservatrice, la péroraison fera grosse impression. Elle sera de peu de secours pratique. Tant pis. Georges Pompidou sait aussi soigner son image :

— ... Rien ne serait plus illusoire que de croire que les événements que nous venons de vivre constituent une flambée sans lendemain. Rien ne serait plus illusoire également que de croire qu'une solution valable et durable puisse naître du désordre et de la précipitation. La route est longue et difficile... C'est qu'il ne s'agit pas simplement de réformer l'université. A travers les étudiants, c'est le problème même de la jeunesse qui est posé, de sa place dans la société et de ses droits, de son équilibre moral même. Traditionnellement, la jeunesse était vouée à l'effort, à la discipline, au nom d'un idéal, d'une conception morale en tout cas. La discipline a en grande partie disparu.

« L'intrusion de la radio et de la télévision a mis les jeunes, dès l'enfance, au contact de la vie extérieure. L'évolution des mœurs a transformé les rapports entre parents et enfants, comme entre maîtres et élèves. Les progrès de la technique et du niveau de vie ont, pour beaucoup, supprimé le sens de l'effort. Quoi d'étonnant, enfin, si le besoin de l'homme de croire à quelque chose, d'avoir solidement ancrés en soi quelques principes fondamentaux se trouve contrarié par la remise en cause constante de tout ce sur quoi l'humanité s'est appuyée pendant des siècles : la famille est souvent dissoute ou relâchée, la patrie discutée, souvent niée. Dieu est mort pour beaucoup. L'Église elle-même s'interroge sur les voies à suivre et bouleverse ses traditions...

« Je ne vois de précédent dans notre histoire qu'en cette période désespérée que fut le XVe siècle, où s'effondraient les structures du Moyen Age et où, déjà, les étudiants se révoltaient en Sorbonne. A ce stade, ce n'est plus, croyez-moi, le gouvernement qui est en cause, ni les institutions, ni même la France. C'est notre civilisation même.

La rhétorique normalienne sur la crise de civilisation a beaucoup d'avantages. Elle pose son auteur en sage et en visionnaire, même si sa conception a quelque chose d'un peu académique. Georges Pompidou est l'auteur de l'anthologie de la poésie française la plus traditionnelle qui soit. Il n'empêche, par ce morceau de bravoure, il se retrouve cent coudées au-dessus du personnel gaulliste, tout occupé de complots rouges et d'agitation anarchiste. Le Premier ministre voit plus loin que les autres.

Il a aussi un souci très politique. Diagnostiquant un mouvement de fond, il s'exonère du même coup de toute déconvenue tactique. On ne peut pas faire rentrer une crise de civilisation dans son trou comme le djinn dans sa lampe. Le gouvernement doit courber le dos dans la tempête, carguer les voiles et attendre. Ces mystères nous dépassent, dit-il, ne feignons surtout pas d'en être les organisateurs. Tenir : c'est le seul mot d'ordre, qui oblitère d'avance toute critique sur la conduite quotidienne du gouvernement. Il fait ce qu'il peut, il ne baisse pas les bras.

Enfin, dans son esprit, le discours de l'opposition est frappé de nanisme intellectuel. Les étudiants ne se rebellent pas contre une politique ni même contre un régime : contre une civilisation. Autrement dit, autant contre l'opposition que contre la majorité. Dans de telles circonstances, le débat politicien est sans objet. Conservateur lucide et sceptique, Pompidou a touché juste. Vingt ans après, on voit bien que la crise de 68 fut un peu ce qu'il disait. Somme toute, le chef de ce gouvernement totalement désarçonné avait tout de même une idée de ce qui lui arrivait. Porte-parole éclairé des classes dirigeantes, Pompidou tient son rôle. Le futur président sait ce qu'il fait. C'est rare en ce mois de mai.

Mitterrand doit déployer son talent d'orateur parlementaire, qui est grand, pour lui répondre.

— Nous vous écoutons, monsieur le Premier ministre, et nous nous prenons à penser, à certains passages de votre discours : comme ce serait bien s'il était au gouvernement pour appliquer le programme qu'il nous définit. » L'opposition a déposé une motion de censure. « Il est temps que le gouvernement s'en aille... Qu'avez-vous fait, monsieur le Premier ministre, de la Justice, qu'avez-vous fait, monsieur le Premier ministre, de l'université ?

Le président de la FGDS évoque alors l'affaire du gaz employé par la police. Fouchet s'insurge et en appelle à Mendès :

— Je sais que vous êtes un homme de vérité. Croyez-vous que la police française puisse se servir de ce gaz ?

Mendès :

— Acceptez-vous une commission d'enquête sur ce point ?

Mais l'éloquence parlementaire joue un tout petit rôle. Les étudiants ont ignoré l'Assemblée le 7 mai, lors de la marche à l'Étoile. Ce n'est pas pour rien.

14

15 mai. La commune étudiante

Jean-Louis Barrault sursaute :

— L'Odéon va être occupé ? Par qui ?

Au téléphone, Francis Raison, le chef de cabinet d'André Malraux, a le ton vif qui sied à cette circonstance exceptionnelle :

— Par les gens de la Sorbonne, pas par les Russes ! Alors vous ouvrez les portes et vous entamez le dialogue.

Le gouvernement a lâché la Sorbonne, il ne va pas se battre pour un théâtre. Les petits stratèges de la Sorbonne veulent une autre victoire ? Tant pis pour le bon Barrault. Il sera un martyr de 68. Lui qui, selon Christian Charrière [1], déclarait une semaine auparavant à Serge Gainsbourg dans un cocktail :

— Si vous êtes capable de monter une comédie musicale un peu démente, ma scène est à vous.

— Si je comprends bien, ce que vous voulez, c'est de l'agitation.

— Oui, absolument, de l'agitation !

Le soir dans les vestiaires, les danseurs de la troupe de Paul Taylor se démaquillent. Quelques spectateurs traînent encore dans le hall. Barrault s'est retiré dans son appartement du Trocadéro. Son adjoint, M. Giacomoni, attend les étudiants dans son bureau, un roman à la main. Les étudiants arrivent comme prévu, troupe péremptoire et bruyante, pleine d'emphase et de dérision. Mais il y a deux comités d'occupation concurrents ! Le ton monte, on palabre, puis on trouve un terrain d'entente. Plus de quatre mille personnes déboulent dans le théâtre. On s'exalte dans cette nouvelle conquête.

Le ton monte de nouveau quand Jean-Louis Barrault revient défendre son théâtre.

— Laissez-nous travailler !

Rires, imprécations. Madeleine Renaud soutient son mari :

— Nous ne sommes pas un théâtre bourgeois.

Au fond, c'est exact, la troupe Renaud-Barrault est subventionnée par l'État. Mais c'est un État bourgeois. Alors... Barrault essaie de parlementer avec le comité, qui vient de se trouver un nom à la hauteur de ses ambitions : « Comité d'action révolutionnaire de l'Odéon, ex-théâtre de France. » Rien n'y fait. La partie est définitivement perdue quand Raymond Rouleau, cacique de la scène française, approuve soudain le comité. Le lendemain, à la réunion du syndicat des acteurs, Simone Valère lui crachera au visage.

Après la Sorbonne, l'Odéon. Deux « zones libérées » en plein Quartier latin. La commune étudiante a trouvé son annexe ludique et politique. Sur le mur du théâtre un slogan : « L'imagination prend le pouvoir. » Paul Virilio, intellectuel libertaire qui a rejoint le comité d'occupation, s'est trouvé un surnom à la fois modeste et expressif : « le Giap de Cohn-Bendit »[2].

Pompidou et Grimaud ne sont pas mécontents, au fond, de voir la dignité de la vieille Sorbonne et du théâtre de France mise à mal. La hantise du préfet de police, c'est la reprise des émeutes, qui épuiserait ses effectifs et ferait encore une fois courir le risque de l'irréparable. Maurice Grimaud paraphraserait volontiers le Léon Blum de 1936 : les étudiants occupent l'Odéon, mais l'Odéon occupe les étudiants. Les discours font moins de mal que les pavés. L'État est ridicule ? Peut-être. Il n'est plus répressif. Quant au Premier ministre, il a senti, en politique matois, la force qu'il peut tirer de cette faiblesse apparente. Son talon d'Achille, il l'a bien vu lors de la semaine des manifestations, c'est la popularité du mouvement étudiant. Tant qu'ils ont l'opinion contre eux, les gaullistes ont les mains liées. Toute remise en ordre brutale leur coûterait politiquement trop cher. En affichant à la Sorbonne et à l'Odéon le spectacle de leurs exagérations, en transformant ces lieux vénérables en vitrines loufoques et désordonnées de la contestation, les étudiants finiront bien par indisposer le bourgeois, peut-être même par l'effrayer. Alors on rentre les épaules. La France conservatrice ne manquera pas de se réveiller.

La révolution des mots

Cette passivité tactique du gouvernement jouera un rôle décisif dans l'histoire de Mai. Sans le vouloir, Pompidou et Grimaud produisent ce qu'aucun calcul ne pouvait prévoir : la psychanalyse de la France. Il n'y a pas d'autre mot pour définir l'extraordinaire défoulement verbal et symbolique de ces semaines d'occupation. Avant de pénétrer en dix ans toutes les sphères de la société française, le vrai principe de Mai, celui de la révolution des modes de vie, du bouleversement de la culture quotidienne d'un peuple, sera mimé avec toutes les outrances d'un vaste théâtre du fantasme.

Le changement se voit de loin. Sur le dôme majestueux de la chapelle flotte un drapeau rouge auquel des lambeaux bleus et blancs sont encore accrochés. Dans la cour, inaugurée le premier soir par un fabuleux concert de jazz donné devant un public de combattants de Gay-Lussac et de la Contrescarpe, les groupuscules ont élu domicile, alignés sagement pour un grand bazar révolutionnaire. Chacun a son stand où s'étalent les revues à la typographie de combat, pleines de théorie et de fureur. Une foule amusée ou passionnée déambule en permanence au milieu de cette débauche de propagande, discute, écoute ou prend à partie. Les leaders viennent tous les jours à heure fixe commenter les événements du jour, disséquer, confronter leurs analyses à celles des amis et concurrents.

Puis le regard tombe sur les murs, encore plus bavards que les militants, et autrement plus inventifs. C'est la longue série des slogans de Mai, qui en résument si bien l'esprit et resteront dans les mémoires pendant des décennies[3]. « Prenez vos désirs pour des réalités », « Il est interdit d'interdire », « L'imagination prend le pouvoir », « Sous les pavés la plage » sont les classiques, qui méritent le dictionnaire. « Cours, camarade, le vieux monde est derrière toi », « Quand le dernier des bureaucrates aura été étranglé avec les tripes du dernier stalinien, aurons-nous encore des problèmes ? » sont plus militants. « Plus je fais la révolution, plus j'ai envie de faire l'amour ; plus je fais l'amour, plus j'ai envie de faire la révolution » nourrit les fantasmes de toute une génération de jeunes révoltés à la recherche de leur âme sœur révoltée. Puis viennent les trouvailles, en une accumulation inépuisable. « La vie est ailleurs », « Déculottez vos phrases pour être à la hauteur des sans-culottes », « Assez d'actes, des mots ! », « Cache-toi, objet », « L'orthographe est une mandarine », « La liberté est le crime qui contient tous les autres. Elle est notre arme absolue. »

Au fil des jours, la Sorbonne devient une attraction du Paris touristique et mondain, au même titre que la tour Eiffel ou Chez Régine. Les banlieusards font le voyage pour la voir ; les étrangers s'y arrêtent ; les célébrités viennent y pointer le nez. En un mois, des centaines de milliers de personnes vont y défiler, fascinées ou révulsées, hostiles ou complices, inspirant chacune une petite bouffée de l'air de Mai. Messagers anonymes, ils diffuseront l'esprit de la révolte plus sûrement que toutes les propagandes, *missi dominici* officieux de la contestation, indispensables quand la France va s'arrêter et la télévision s'éteindre pour de longues semaines, dans un pays qui n'est de toute manière pas encore médiatisé.

Institution de la raison prudente, la Sorbonne deviendra le symbole de la déraison créatrice. Un mythe mondial sortira des vieilles pierres pacifiquement profanées, incarnation de la meilleure part de Mai, et la plus incertaine, celle du rêve collectif, de la communion libératoire, du happening poétique. A l'intérieur, deux activités inégales se partagent le temps et l'espace. Dans les amphithéâtres, les mots ont pris le pouvoir et siègent sans discontinuer.

Tout le monde parle de tout, partout et à tout le monde, au pied de grandes fresques sombres et muettes. La révolution occupe les esprits et les discours, mais aussi la société, la politique, l'amour, la guerre, la mort et la sexualité. Intellectuels, employés, ouvriers, clochards et militants se mêlent dans un chaos rhétorique inextricable. On parle pour agir, on parle pour comprendre, on parle pour se libérer, on parle pour parler. Cette éloquence torrentielle et confuse vaut par elle-même. Comme si un peuple lassé d'écouter le Maître se rattrapait en trente jours de décennies de silence.

Dans les autres salles, les fourmis militantes font leurs tours sans relâche. Une salle de presse constellée de messages épinglés sert de point de rencontre, où l'on s'assied dans deux fauteuils de cuir fatigués pour vibrer dans l'actualité des « événements » pendant qu'une secrétaire improvisée tape sur de mystérieux stencils. Un comité contrôle la salle de la ronéo, imprimant les tracts rédigés par on ne sait qui. Entre les pots de yaourt vides, les miettes de pain et les papiers gras, une batterie de fils et quelques boutons commandent la sono, trois haut-parleurs qui surplombent la cour. On y diffuse les communiqués et les annonces pratiques. Dans une autre salle, les militants des comités d'action, principalement ceux du MAU de Péninou, Kravetz, Griset et Lalonde qui s'est dissous dans les premiers jours, organisent dans la fièvre la France des comités d'action. Il en naît partout, d'abord dans les facs en grève et les lycées, puis dans les banques, les bureaux et les usines. On compose des listes ; on classe des fiches ; on téléphone sans relâche pour coordonner un tant soit peu ce mouvement sorti du néant qui prend tout à coup le pas sur les organisations et fait danser dans la tête des militants le souvenir magnifié des conseils ouvriers. Et si c'était vrai ? Et si la France bazardait dans la magie de la révolte les appareils vermoulus pour inventer la vraie politique, celle du cœur et de l'imagination, celle de la démocratie réelle ? Un quotidien, *Action*[4], donne corps à ce rêve, réalisé par la même petite troupe chevronnée, la plus consciente et la plus maligne de tout le mouvement étudiant.

Renault démarre

Cette dimension culturelle de la révolte, cristallisée dans la Sorbonne occupée, beaucoup chez les gaullistes ne la perçoivent pas. Il n'y a là pour eux que défoulement puéril, carnaval adolescent, simulacre de révolution. Les choses sérieuses se déroulent ailleurs. Certes, le débrayage de Bouguenais est passé pratiquement inaperçu. Signe caractéristique : *l'Humanité* y a consacré quatorze lignes en page 6 dans sa deuxième édition. Il est vrai que l'ennemi trotskiste est à la tête de la grève. Bouguenais, connais pas. Mais *l'Huma* devra vite changer de ligne. Ce mercredi, c'est à Renault-Cléon que les choses se jouent. Depuis longtemps, le climat se détériorait. Le jeune directeur de l'usine entretenait des rapports plutôt bons avec ses ouvriers. Il avait aussi du cran : plusieurs grèves avaient déjà eu lieu sans qu'il cède. Mais les revendications s'amoncelaient. Depuis longtemps, Youinou, de la CFDT, et Danais, de la CGT, avaient prévu un débrayage d'une heure pour protester contre les ordonnances. C'est un mouvement déjà ancien. A l'été 1967, le gouvernement Pompidou avait obtenu les pleins pouvoirs pour réformer la Sécurité sociale. Les syndicats y avaient perdu quelques plumes, notamment la CGT et la CFDT. Depuis, les deux centrales cherchaient l'heure de la revanche. Dans l'après-midi, les délégations syndicales se sont succédé à l'Assemblée nationale. Des arrêts de travail symboliques sont organisés dans toute la France. Une journée d'action comme il y en a tant.

A Cléon, le débrayage d'une heure est suivi pendant une heure et demie : l'ambiance est favorable aux syndicalistes. A midi, c'est le déclic. On apprend la grève de Sud-Aviation par la radio. Quelque cent cinquante jeunes OS commencent à défiler dans les ateliers. Cris, slogans, discussions, la tension monte. Les grévistes demandent à être reçus par la direction. Refus. Cléon entre en effervescence. Les OS, suivis par les syndicalistes, bloquent les

portes avec des barres de fer. L'encadrement de l'usine est
enfermé. Bientôt le directeur est séquestré. A minuit, il
reçoit une délégation et cède sur des points mineurs. Pour
les autres revendications, droit syndical dans l'entreprise,
retour à la semaine de quarante heures sans réduction de
salaires, salaire minimum interprofessionnel garanti
(SMIG) à 1 000 francs, il faut en référer à la direction
parisienne. Une usine Renault entre en mouvement. Cette
fois, c'est grave. La force première de la CGT, c'est la
métallurgie. Dans la métallurgie, l'automobile est en
pointe, et dans l'automobile, Renault donne le *la*. Georges
Séguy va devoir réagir. Jamais de débordement à gauche :
c'est sa règle d'or.

15

15-16 mai. La France s'arrête

Au matin de ce jeudi, le doute n'est plus permis. C'est un mouvement social de grande ampleur qui se prépare. La CFDT l'avait senti dès le lendemain de la grande manifestation du 13. Ses militants font tout pour hâter la contagion. Ils sentent que la brèche est ouverte. Au milieu de l'après-midi, Eugène Descamps réunit les principaux responsables de la centrale pour donner le mot d'ordre : grève avec occupation.

La CGT embraye

Mais rien dans la France sociale de cette époque ne peut se faire en grand sans la CGT. Jusque-là réservée, méfiante, imperméable à la rhétorique étudiante, allergique au prurit gauchiste, la centrale de Georges Séguy évolue. Le débrayage de Renault-Cléon lui a montré que ce qu'elle avait senti dès le 11 mai est désormais inéluctable. Les salariés veulent se battre. Déjà l'entreprise Lockheed de Beauvais s'est jointe au mouvement, suivie par Unelec à Orléans. Déjà on sent qu'à Billancourt, symbole des symboles, la grève couve. Aimé Albeher, le secrétaire de la toute-puissante CGT locale, a prévu une consultation des ouvriers à 17 heures. Il ne doute pas du résultat : on votera à coup sûr l'arrêt de travail. Séguy et ses adjoints, en liaison étroite avec le PCF, ont pris leur résolution [1]. Si le train démarre, il faut sauter dedans. Plus vite on le fera, plus vite on pourra s'installer dans la locomotive. Le soir même, les soixante mille ouvriers de chez Renault sont en grève. Quelque dix mille salariés les ont imités un peu partout. Partout des revendications qui se ressemblent : le SMIG à 1 000 francs, la liberté syndicale, une réduction d'horaire sans réduction de salaires.

Une semaine après la nuit des barricades, la France comprend qu'elle fonce à tombeau ouvert vers la grève générale. Pour reprendre les choses en main, la CGT possède, outre Renault, l'arme absolue : la SNCF. Déjà, dans cette journée du 16, un débrayage s'est produit dans une petite gare de triage près de Lyon, à Badan, pour protester contre le licenciement d'un auxiliaire. La tactique est vite établie. Ancien permanent cheminot, Georges Séguy ira le lendemain tâter l'ambiance au dépôt Saint-Lazare, l'un des principaux en France. Si les gars sont prêts à marcher, le chef syndicaliste lancera le mouvement à fond. Et l'arrêt des trains, c'est l'arrêt du pays[2]. Les entreprises ne seront plus livrées ; les voyages deviendront difficiles ; les grossistes seront étranglés et l'industrie asphyxiée. Par solidarité ou par nécessité, l'économie française se retrouvera en hibernation au soleil. Des millions de grévistes, une société française paralysée : la CGT tiendra les clés de la crise. Qu'en fera-t-elle ? Engagé depuis quatre ans dans un processus compliqué de réunion de la gauche, soucieux d'un meilleur enracinement dans la vie politique du pays, détaché des schémas insurrectionnels qu'il avait longtemps caressés, satisfait pour l'essentiel par la politique étrangère du Général, constitué en contre-société solidement installée dans ses banlieues rouges, ses syndicats et ses innombrables entreprises et associations, le PCF est rétif à l'aventure. Il a trop à y perdre dans un pays occidental protégé par les armées alliées, doté d'un État puissant aux forces répressives redoutables, face à une population qui ne veut en rien du communisme et qui trouvera dans le pays et à l'extérieur les moyens matériels de le combattre. A moins de gagner les élections, on ne parviendra pas au pouvoir sans risquer l'anéantissement et la proscription, résultats nécessaires d'une insurrection manquée. Depuis longtemps, le PCF ne croit plus au grand soir : il y faudrait l'Armée rouge.

Mais peut-il se dérober si par extraordinaire la divine surprise se présentait ? Peut-il négliger un pouvoir que des gouvernants malheureux lui offriraient sur un plateau, par suite d'une invraisemblable conjonction de bévues et de malchances ? Et la grève générale qui point à l'horizon, après l'extravagante victoire étudiante, n'est-elle pas le signe du miracle ? Avec prudence et discrétion, la question mérite au moins d'être étudiée. Après tout, il est toujours inscrit au fronton du Parti que les communistes sont des révolutionnaires. Tout autant que ceux qui ne cessent de le proclamer avec tant de candeur et de fatuité, et même beaucoup plus qu'eux : dans cette activité, les communistes sont des pros. Globalement pusillanime et réformiste, le PCF en Mai n'exclura jamais tout à fait la chute du gouvernement et l'ouverture d'un « processus » au terme duquel on déboucherait, non sur la révolution, mais sur un autre gouvernement, où il faudrait bien faire sa place au parti des travailleurs. On le verra plus loin.

Cohn-Bendit à la télé

« C'est à partir du jeudi 16 que nous nous sommes inquiétés », dira Georges Pompidou à Philippe Alexandre[3]. Le matin, au ministère de l'Intérieur, Grimaud a demandé avec force que le Premier ministre s'exprime immédiatement à la télévision[4]. D'autres responsables interviennent dans le même sens. Le Premier ministre accepte et enregistre son allocution dans l'après-midi. C'est un faux pas. Le soir même, la France est devant son poste de télévision, non pour voir le chef du gouvernement, mais pour découvrir enfin ceux dont elle entend tant parler depuis dix jours : Alain Geismar, Jacques Sauvageot et Daniel Cohn-Bendit sont interrogés en direct par trois journalistes chevronnés, Jean Ferniot (*France-Soir*), Michel Bassi (*le Figaro*), et Pierre Charpy (*Paris-Presse*). « On a tout de suite senti la sympathie des techniciens, racontera Cohn-Bendit. L'émission était plus ou moins imposée par le personnel[5]. » On démarre sur les examens. Au bout de quelques minutes, Cohn-Bendit lâche :

— Bon, ça suffit, on a assez parlé des examens.

Les trois jeunes garçons se lancent alors dans leurs exercices favoris de rhétorique contestataire.

Ferniot intervient :

— Vous vous rendez compte que vous risquez la guerre civile !

Geismar l'interrompt :

— On prend le risque.

Puis il continue. Charpy, nerveux, tapote sur sa table avec son stylo.

— Écoutez, Charpy, quand quelque chose ne vous plaît pas, vous faites du bruit pour que personne ne puisse entendre. Alors vous parlez, ou vous arrêtez.

En coulisse, les techniciens se tordent de rire.

Les trois trublions ont réussi leur coup. Ils ont été tranchants, clairs, impertinents, parfois drôles, souvent chaleureux. Georges Pompidou apparaît juste après, sentencieux et compassé, sur une bande prête à l'avance, au ton complètement décalé : « Françaises, Français, il vous appartient de montrer par votre sang-froid, mais aussi par votre résolution, quelles que soient vos préférences politiques, quelles que soient vos revendications sociales, que vous refusez l'anarchie. Le gouvernement fera son devoir, il vous demande de l'aider. » Sur le fond, l'anarchie n'est guère sensible dans un pays où la grève commence à peine et où les manifestations étudiantes ont cessé. Sur la forme, le Premier ministre est moins séduisant que les adolescents qui demandent son départ. Un coup pour rien. En fin de soirée, le Premier ministre signe le décret autorisant le rappel des réservistes de la gendarmerie.

Le raz de marée

C'est un vertige qui saisit en vingt-quatre heures la France salariée. Renault a donné le signal. La grève se répand comme une traînée de poudre. Au siège de la CGT, Georges Séguy appelle le dépôt d'Achères qui vient de débrayer. Il voit que la température monte. Il se précipite à Pantin, où se tient une « conférence nationale de la jeunesse » convoquée de longue main par la CGT. Il lance l'appel à la grève immédiate[6]. Adopté à l'unanimité. Les militants présents se lèvent et partent rejoindre leurs régions. Séguy est resté prudent : il n'a pas prononcé le mot « grève générale ». En pratique cela revient au même. Les dépôts de Montparnasse et de Vaugirard s'arrêtent. La banlieue est déjà à moitié paralysée. A 14 heures, au meeting de Cléon, l'arrêt de travail se change en grève illimitée. Toutes les usines Renault sont stoppées. La grève démarre en même temps aux PTT dans les centres de tri composés de jeunes gens venus de province. Les chèques postaux suivent dans la foulée. Au Trait, près de Rouen, les ouvriers des chantiers navals déclarent la grève illimitée. Même chose chez Rhodiaceta et aux Forges du Creusot. A 17 heures, on dénombre trois cent mille grévistes. Nord Aviation, Hispano-Suiza, Babcock, Berliet, Rhône-Poulenc ont cessé le travail. A 22 heures, il y a six cent mille grévistes. En une journée, la CGT a repris la main. Elle contrôle la grève symbole de Renault ; elle lance le mouvement dans les chemins de fer qui va paralyser le pays. L'emblème et la force sont avec elle. Il y a désormais deux pouvoirs en France : le gouvernement et le Parti communiste. Le bras de fer commence.

L'ORTF flanche

Ce même jour, le cabinet de crise de Georges Pompidou se réunit formellement pour la première fois. Il siégera tous les jours jusqu'à la fin de la crise. Ce petit état-major a deux fonctions principales : limiter les conséquences de la grève sur la vie quotidienne des Français ; assurer la continuité de l'État. Bref, tenir, conformément à la ligne définie par Pompidou. Le Premier ministre a clarifié ses idées. Il ne peut rien faire contre la grève générale ; il est paralysé par la popularité du mouvement étudiant. Pour l'annuler, une seule solution : mettre en scène le désordre, inquiéter l'opinion par la perspective de l'anarchie et le risque d'un changement illégal de régime. La Sorbonne et l'Odéon occupés jouent dans ce dispositif un rôle décisif.

Malheureusement, il manque à cette mise en scène un outil décisif, la télévision. Le premier incident a éclaté à la fin de la semaine précédente. Michel Honorin, grand reporter, a réalisé un document sur la révolte étudiante. Avant de le diffuser, la direction le montre à Jean-Pierre Hutin[7], conseiller du ministre de l'Information Georges Gorse. Hutin estime que le reportage donne la part trop belle aux étudiants contestataires. Il demande un « rééquilibrage ». Honorin s'insurge, le document est bloqué. Le lundi soir après la manifestation, les journalistes, qui pourtant en avaient vu d'autres, se scandalisent du compte rendu partial donné par le journal de 20 heures. Le lendemain, un « comité pour la liberté de l'information » se met en place. Quelques jours plus tard, l'ORTF tout entière se retrouvera en grève. Un service minimum sera assuré par les journalistes les plus engagés en faveur du gouvernement. Mais l'opinion n'y croit guère. De plus les images sont pauvres et les commentaires insuffisants, faute de professionnels pour les produire.

Jusque-là, la télévision avait été, sous la IVe puis sous la Ve, l'instrument docile du gouvernement. Le directeur de l'ORTF était nommé en Conseil des ministres parmi les amis du régime. Les directeurs de l'information et rédacteurs en chef étaient agréés par les ministres. Peut-être pour avoir la paix, les directions successives avaient concédé au Parti communiste une partie du pouvoir. Une pléiade de réalisateurs proches du PCF, à commencer par Stélio Lorenzi, dominaient la production de fictions. C'étaient des hommes de qualité, mais engagés. Ils illustrèrent ce qu'on appela plus tard « l'école des Buttes-Chaumont », fille de la télévision d'État et de l'étrange compromis gaullo-communiste. En revanche, l'information était chasse gardée gouvernementale, même si beaucoup

de journalistes de gauche y travaillaient : ils gardaient leur
drapeau dans leur poche. Quelques années auparavant,
c'est le ministre de l'Information en personne, à l'époque
Alain Peyrefitte, qui était venu présenter en direct la
nouvelle version du journal télévisé ! Bref, la télé parlait
gaulliste.

La grève générale de 1968 fut l'occasion de l'explosion. Pendant un mois, les journalistes et les techniciens
prirent le pouvoir. Au plus mauvais moment, l'Office
faisait défaut au gouvernement. Il allait s'en souvenir. En
attendant, l'opinion se formait toute seule. Pompidou allait
devoir attendre la renverse beaucoup plus longtemps que
prévu.

Jusqu'où aller trop loin

Dans l'intervalle, il fallait tenir tête au PCF. Le Premier
ministre ne croit pas à la grève insurrectionnelle. Il sait les
communistes trop réalistes pour se lancer dans une telle
équipée. Il est tout aussi sceptique vis-à-vis de la gauche
non communiste. Certes, la FGDS commence à s'agiter.
Certes, Mendès ressort comme un diable triste de sa boîte.

Bizarrement, c'est un notable conservateur, Pierre Abe-
lin, secrétaire général du Centre démocrate de Lecanuet,
qui évoque son nom : « Le président de la République, qui
assure la continuité de l'État, devrait confier la direction du
gouvernement à une personnalité politique ayant manifesté
beaucoup de courage dans de douloureuses circonstances
et capable de promouvoir une action plus démocratique,
plus européenne et plus sociale que les ministres actuels. »
Le lendemain, il précise : « Je pensais au président Pierre
Mendès France. » Ainsi le recours solitaire, l'homme du
non à de Gaulle, voit se tourner vers lui les premiers
regards. Il est loin d'y rester indifférent. Ce samedi, il
déjeune avec Maurice Labi, syndicaliste FO de l'aile
radicale, et Alain Geismar[8]. Ils sont en désaccord. Mais
Mendès dit à Geismar : « Sur tous nos points de litige, je

suis prêt à discuter avec vous. » L'opération Mendès prend corps [9].

Mais aux yeux du Premier ministre, pourquoi le PCF irait-il mettre en selle des politiciens plus atlantistes que le Général, et tout aussi anticommunistes ? La seule issue possible, c'est la grande négociation sociale. il faudra beaucoup lâcher. Tant pis. La survie du régime est à ce prix. Il s'en explique dans ses mémoires, *Pour rétablir une vérité :* « Je voulais d'abord gagner du temps. La crise n'avait pris une tournure aussi grave que dans la mesure où l'opinion — et essentiellement l'opinion parisienne — avait brusquement donné libre cours au prurit antigaulliste qui l'avait à diverses reprises démangé dans le passé, en 1953-1954 par exemple. Le désordre dans la rue, l'incroyable spectacle donné par la Sorbonne et l'Odéon, la paralysie devaient tôt ou tard renverser la vapeur. Déjà la province laissait percer sa lassitude et son irritation. Gagner du temps donc, éviter le drame avec les étudiants (la France n'accepte pas qu'on tue des jeunes, et moi-même ne pouvais en supporter l'idée), et les intrigues politiques s'écrouleraient dans le ridicule. Restait l'adversaire sérieux et organisé, capable de tenter la prise du pouvoir : le Parti communiste. Pour l'instant, il était prudent. Il me fallait donc essayer de le désarmer et c'était sur le terrain syndical que j'allais le rencontrer. C'est pourquoi j'engageai les conversations qui devaient nous mener à Grenelle [10]. »

Pompidou a vite l'occasion de tester ses hypothèses. Le développement de la grève pose au PCF un problème immédiat. Jusqu'où aller trop loin ? Coupera-t-on l'électricité et les télécommunications, mesure extrême qui aurait pour effet de paralyser le gouvernement et l'État ? La réponse vient le lendemain matin samedi : EDF se met en grève, et le mouvement prend vite un tour paradoxal. Un comité central de grève prend les choses en main, composé de cégétistes sûrs, prolongé par des comités locaux. Mais ce comité de grève a pour principale tâche d'éviter la grève et d'assurer la continuité de la production. L'encadrement est dépossédé du pouvoir, ravalé au rang de « conseiller » des grévistes. Il n'y aura pas de coupure [11].

Même schéma aux PTT. Les grévistes font fonctionner les installations sous leur propre autorité. Ils ont un moment la tentation de s'emparer aussi des télécommunications réservées au gouvernement. Yves Guéna, ministre des Postes, leur signifie que ce geste serait insurrectionnel, et qu'il fera appel à la force pour rétablir l'indépendance de communication de l'État. La CGT n'insiste pas[12]. Pour clarifier les choses, Georges Séguy donne une conférence de presse après avoir accueilli Benoît Frachon retour de Moscou : il n'y a pas d'ordre de grève générale illimitée, pour l'instant. Une question fuse : « Que pensez-vous de Daniel Cohn-Bendit ? — Si on me parle de ce personnage, je réponds : qui est-ce ? »

Le soir, Séguy est encore à Europe 1 avec Descamps. « Prenez-vous le train en marche ? — C'est difficile quand tous les trains sont arrêtés à l'initiative de la CGT. » La station a réussi à établir une liaison avec l'usine Sud-Aviation de Bouguenais, où le directeur Pierre Duvochel est toujours séquestré. Séguy dialogue avec lui en direct. Il condamne la séquestration. Le lendemain, Duvochel est libéré.

Les choses sont claires. La CGT paralyse le pays, pas le gouvernement. Elle fait la grève, pas la révolution. Il n'y aura pas de jonction avec les étudiants. Par deux fois déjà, depuis le 13 mai, un cortège de militants étudiants, prochinois pour la plupart, a marché jusqu'à Flins. Ils ont trouvé les grilles fermées par des syndicalistes plutôt revêches. Un meeting a eu lieu, mais hors de l'usine. Dans la grève, la CGT est chez elle. Pas d'intrus. Pendant tout le mois, la centrale procommuniste maintiendra la grève sur le terrain revendicatif, et les revendications sur un terrain principalement quantitatif. La tentation politique, les exigences qualitatives, c'est pour la CFDT, à laquelle Séguy ne manquera pas une occasion de reprocher son maximalisme réformateur et ses liens avec les étudiants.

Séguy ne fait pas la révolution. Mais il pourrait la faire. Ses militants n'étranglent pas le pays ni le gouvernement. Ils tiennent néanmoins le bout du collet. Pour qu'ils le lâchent, il faudra payer. Cher.

La colère du Général

« Alors de Gaulle s'en va et, quand il revient, tout est par terre. » La colère est froide, sonore et calculée à la fois. Les ministres rentrent la tête dans les épaules. « C'est l'anarchie, on a tout laissé aller, on a tout ridiculisé, tout bafoué, la dignité, l'autorité, l'État. Ce pays est foutu. En cinq jours, dix ans de lutte contre la vachardise ont été perdus. »

De mardi à dimanche, en Roumanie, le Général a eu le temps de mûrir sa diatribe. Bernard Tricot et Xavier de La Chevalerie l'ont régulièrement informé. Il a parlé plusieurs fois à Pompidou. Il a pu mesurer à distance l'incroyable facilité avec laquelle tout s'est défait. Il désapprouvait les concessions sans contrepartie. Il peut se dire qu'il avait cent fois raison. La réouverture de la Sorbonne n'avait de sens que si la vie universitaire reprenait son cours normal. Au lieu de cela, c'est le spectacle sorbonnard et grotesque de la provocation permanente qui s'offre aux yeux du pays, sous la protection bienveillante du gouvernement et de sa police. Quant à l'occupation de l'Odéon, qui n'a strictement rien à voir avec les revendications étudiantes, qui n'est que logorrhée anarchisante et happening antigaulliste, c'est un bras d'honneur gigantesque, une verrue surréaliste plantée au cœur de Paris, qui ne dit que la faiblesse du pouvoir et la décomposition de la société. Alors, bien sûr, les syndicats en ont profité, les ouvriers se sont précipités dans la cour de récréation, les fonctionnaires ont renié leur devoir, les ministres se sont affaissés, les politicards sont sortis de leur trou, les professionnels de l'abaissement de la France sillonnent cette foire sociale en glapissant : « Vive Mendès, Mitterrand avec nous ! » Et, derrière ce cirque, c'est le vieil adversaire séparatiste et totalitaire, dûment chapitré par Moscou, qui touille sa sauce en attendant son heure. Au fond, la France mérite-t-elle tous ces efforts ?

Pour attiser cet emportement, les occasions roumaines n'ont pas manqué, cruelles d'ironie. Le premier jour, les ouvriers de Craiova ont débrayé : c'était en signe de bienvenue, sur ordre du Parti, qui voit de Gaulle différemment en Roumanie et en France. Le 15 mai, il a visité l'université. Une masse d'étudiants enthousiastes, cheveux courts et cris réglés, l'ont acclamé comme à la parade, brandissant les couleurs françaises et roumaines mélangées, et aucun drapeau rouge. Alors, il s'est penché vers un officiel roumain : « Chez vous, il y a un examen spécial pour entrer à l'université. Vous avez bien raison. Nous, nous ne l'avons pas et nous sommes submergés par un certain nombre d'étudiants qui ne peuvent ou ne veulent pas suivre. Alors, naturellement, ils s'agitent. Il faut que nous introduisions cette sélection en suivant votre exemple. » Bien sûr, ce n'est pas chez Nicolas Ceaucescu que des émeutes étudiantes feraient reculer le pouvoir. On aurait tiré dans le tas depuis longtemps.

Et, avant de partir, il a lui-même donné dans le comique involontaire ; peut-être s'en est-il rendu compte. S'adressant aux étudiants roumains une nouvelle fois rassemblés, il a prononcé des mots qui auraient déclenché l'hilarité des étudiants français : « Voici qu'un grand vent salubre se lève, dissipant les nuées et ébranlant les barrières... Certes, ce n'est là qu'un début, et nous pouvons faire ensemble beaucoup mieux. » Les trublions eussent jubilé. Alors, il a laissé percer sa fureur dès l'atterrissage de sa Caravelle, le samedi soir à 22 h 30, avec un jour d'avance sur le calendrier prévu, pour cause de grève générale.

— Heureux de vous voir, messieurs. » Puis, tourné vers Peyrefitte : « Alors ces étudiants, toujours la chienlit !

— La vague déferle toujours, elle pourra bientôt se retirer.

— Ils ont conquis l'Odéon, par-dessus le marché.

Puis à Pompidou :

— Nous allons reprendre ça en main et nous allons régler ces problèmes comme nous les avons toujours réglés dans les moments difficiles. Nous en appellerons au peuple français.

Le conciliabule se poursuit un peu plus tard à l'Élysée. Pompidou est toujours remarquable de fraîcheur. Il a confiance : l'opinion va se retourner ; la grève se terminera dans la négociation. Il suffit d'attendre. De Gaulle gronde déjà : « C'est le bordel partout. » Alors, comme Alain Peyrefitte, Georges Pompidou propose sa démission. Pas question, ni l'un, ni l'autre. D'abord gagner, après on verra.

Après une nuit de sommeil, de Gaulle a repris de l'énergie. C'est l'algarade du dimanche matin. Avec à la clé trois décisions : on évacue la Sorbonne, on reprend l'Odéon et l'ORTF. C'est Fouchet qui monte bravement en ligne sous l'orage. « Pourra-t-on éviter les coups de feu ? bredouille-t-il. — Souvenez-vous, monsieur le ministre de l'Intérieur, qu'il est des circonstances où il faut savoir donner l'ordre de tirer. » De Gaulle fixe pour la nuit même l'opération contre la Sorbonne. Grimaud vient au secours de Fouchet. Il explique que l'assaut est techniquement impossible, à moins de tirer. Pompidou renchérit. Alors, de Gaulle lâche sur la Sorbonne mais maintient l'Odéon. On se sépare.

Comme Grimaud prépare avec son collaborateur André Friedrich l'assaut sur l'Odéon, Raymond Heim, autre responsable policier, vient lui dire que le bruit en court déjà parmi les étudiants. La surprise devient impossible : il y aura de la casse. Grimaud prévient aussitôt les différents cabinets. Vers 22 heures, c'est Jobert qui l'appelle. L'équipe de Pompidou est toujours aussi hostile à l'opération. Il faut absolument convaincre de Gaulle de renoncer. Jobert suggère au préfet de police d'appeler Tricot. Court-circuité, Fouchet en sera fortement irrité. Tricot va voir le Général. Dix minutes plus tard, il rappelle Grimaud : l'ordre est confirmé, mais le préfet est laissé juge du moment, pas après deux ou trois jours. En fait, la reprise de l'Odéon n'aura pas lieu avant bien longtemps. La ligne Pompidou l'emporte encore. Il ne reste plus à Somveille qu'à tout décommander. Fouchet s'étrangle de rage quand Grimaud le lui apprend.

A l'issue de la réunion du dimanche matin, Gorse a parlé

aux journalistes, résumant les débats en une formule qu'il attribue à de Gaulle, et qui fera florès : « La réforme, oui ; la chienlit, non. » Mais sur instruction de Pompidou, qui réussit au bout du compte à neutraliser de Gaulle, la « chienlit » continue. Le président veut agir, le Premier ministre veut attendre. Le premier veut restaurer le prestige du régime, allier autorité et réforme, le deuxième rallier la bourgeoisie et l'opinion conservatrice. La France de la grandeur contre la France de la peur. Le fossé se creuse entre gaullistes et pompidoliens.

Défections gaullistes

Edgard Pisani est un colosse barbu et tourmenté. Il a suivi le Général depuis l'adolescence, quand sa conscience lui a commandé d'entrer dans la Résistance à l'âge où d'autres ne s'inquiètent que de jupons et de parchemins. Tout jeune responsable dans la maigre armée des ombres, il a pris possession de la préfecture de police insurgée en août 1944, au tout début de la libération de Paris, quand l'armée Leclerc était encore loin et que les résistants étaient à la merci d'une réaction brutale de l'armée allemande. Le Général ne l'a pas oublié. Ministre de l'Agriculture de la Ve, Pisani a laissé sa marque sur le ministère, avant de succomber devant le lobby paysan. Toujours aussi fougueux, il a ensuite démissionné du ministère de l'Équipement en 1967 pour protester contre les ordonnances sur la Sécurité sociale. Il s'est fait réélire dans le Maine-et-Loire.

Depuis le début des événements, il est dans les transes. La révolte de la jeunesse l'a touché au cœur. Il comprend comme un désaveu total les manifestations étudiantes, le signe que ce régime au départ progressiste a peu à peu regagné le camp conservateur, choisissant sous Pompidou le parti des nantis, amputant le gaullisme de sa volonté sociale. Il a fait part de son trouble. Beaucoup ne voient là qu'une manœuvre : on chuchote que Pisani convoite le ministère d'Alain Peyrefitte. C'est Chirac, encore une fois l'homme des missions délicates, qui vient le voir. Car Pompidou est inquiet. La FGDS a déposé une motion de censure. La majorité gaulliste est tellement étroite que quelques défections peuvent renverser le gouvernement. Alors le Général devrait changer de Premier ministre au milieu du gué, ou bien dissoudre comme en 1962, maintenant en place un gouvernement sans assemblée, chargé des affaires courantes. Mais quelles affaires !

Le débat a lieu le mardi 21 et le mercredi 22. Dans la semaine qui précède, il faut rameuter les troupes, rétablir la discipline, ramener les égarés [13]. La moindre défection peut tout ruiner. Alors on fait le siège de Pisani, qui hésite. « Je m'interroge, mais je ne voterai pas la censure », dit-il à Chirac rassuré. L'Élysée est confiant : Pisani doit tout au Général. Mais quand un autre député l'appelle, il éclate en sanglots. Mauvais signe.

Un autre gaulliste est dans les tourments. C'est René Capitant, résistant ardent, porte-parole torrentiel du gaullisme de gauche. Lui a fait de Pompidou un hérétique et un ennemi personnel. L'ancien fondé de pouvoir de la banque Rothschild est à ses yeux un traître, celui qui a capté l'héritage et s'apprête à le brader au XVIe arrondissement : l'homme à abattre, qu'on épargne provisoirement parce que c'est le Général qui l'a choisi. Ancien ministre de la Justice, réfugié à la présidence de la commission des Lois, Capitant tempête depuis trois semaines. Ce gouvernement pseudo-gaulliste a failli. Timoré et conservateur à la fois, il mène le Général à la catastrophe. Le 17 mai, Capitant dîne avec son ami Louis Vallon, autre parangon du gaullisme social.

— Je voterai la censure.

— Qu'en pensera le Général ?

— Je lui rends service. Si le gouvernement est renversé, il pourra remplacer les mauvais ministres, à commencer par le Premier. Il me remerciera.

Le 18, il est interrogé à la radio : « Je considère que le gouvernement est à l'origine des troubles que la France a connus... je voterai la motion de censure. » Le dissident demande tout de même audience au Général. Tricot lui répond que de Gaulle ne peut pas le recevoir tout de suite. Mais, dit-il, « nous pensons qu'une crise gouvernementale serait fâcheuse ». Capitant hésite.

« C'est fichu. » Au milieu de la réunion du cabinet de crise du lundi 20, on vient de tendre un billet à Pompidou : « Liberté de vote chez les Républicains indépendants. » Les pointages étaient jusque-là favorables. Avec Capitant, Pisani, Giscard et ses quatre amis, la balance s'inverse. Le gouvernement est minoritaire. Depuis qu'il a été écarté du ministère de l'Économie où il régnait dans son style froid et compassé, Giscard fait de la politique. A ce jeu, aussi, il excelle. Depuis 1967 et ces élections au finish, lui et ses amis sont réglés par la dialectique du « oui, mais », formule qui a fait mouche, et qui exprime un soutien conditionnel au Général. Président des RI, Giscard ne contrôle pas totalement sa formation. Seuls des proches comme Poniatowski ou d'Ornano le suivent aveuglément, convaincus qu'il les emmène vers les sommets. Pompidou a des amis au sein de ce petit groupe de centristes mi-provinciaux mi-modernistes, comme Raymond Marcellin, ministre de l'Équipement, impavide depuis le début de la crise, l'un des principaux soutiens de la ligne de fermeté au sein du gouvernement, ou bien André Bettencourt, multimilliardaire conservateur. Mais la liberté de vote va diviser le groupe. Chaque voix compte : décidément, la motion de censure a toutes les chances de passer.

Tout se joue le jour du débat. En début d'après-midi, Pompidou se rend lui-même devant le groupe des RI [14]. « C'est un complot contre l'État, dit-il, il s'agit de faire face. » Autrement dit, ceux qui ont des états d'âme désertent devant l'ennemi. L'argument porte. C'est Roland Boscary-Monsservin qui vient à son secours. C'est un cacique centriste à l'accent du midi chaleureux. Il se lance dans un plaidoyer passionné, « un beau solo de trompette », dira Poniatowski. L'orateur emporte les hésitations. Les RI regagnent le bercail majoritaire. Les giscardiens nieront après coup avoir songé à voter la censure. La scène est aussi pathétique chez les gaullistes. Capitant mène l'assaut contre Pompidou. Il votera la censure « par admiration pour le Général ». Sa thèse est paradoxale : le gouvernement a failli, c'est aux gaullistes de le censurer. Il faut savoir étonner le pays en faisant preuve de moralité politique. « Il faut savoir prendre l'opposition à contre-pied. » Le contrepied eût effectivement été parfait ! Capitant conclut : « le gouvernement a tout saboté avec la complicité d'une admiration aveugle... Je ne pardonnerai jamais aux ministres qui ont fait huer de Gaulle par la rue ». Cette fois, c'est Chaban qui va sauver Pompidou. « Nous venons de vivre des minutes qui comptent dans la mémoire d'un homme. Nous venons d'entendre un cri d'amour, de confiance et de souffrance de la part d'un homme qui n'a jamais transigé sur rien. Mais nous sommes tous des collaborateurs du général de Gaulle. Nous ne pouvons pas nous séparer les uns des autres. Renverser le gouvernement, cela n'appartient qu'à de Gaulle seul... Prenons garde, l'État est sur le fil du couteau[15]. » La péroraison est bien venue. Capitant est retourné. « C'est bien, je ne voterai pas la censure. Je démissionnerai avant le scrutin. » Pisani prend la parole. Il demande à intervenir en séance sur le temps imparti à l'UD-V[e]. Tout le monde pense qu'il soutiendra le gouvernement[16].

Assaut parlementaire

Un peu rassuré, Pompidou va en séance essuyer le feu de l'opposition. Cette fois, il est fatigué. Le manque de sommeil commence à se faire sentir. Sa voix est éraillée, ses gestes nerveux. Cela tombe mal. Pour la première fois, les débats seront entièrement retransmis à la télévision, sous la pression du personnel de l'ORTF. Pendant deux jours, c'est l'assemblée qui tient la vedette. Ce sera la première et la dernière fois de la crise.

La première journée se passe en escarmouches tradition-nelles. Jacques Duhamel est modéré et européen, Waldeck Rochet carré et prolétarien, Robert Poujade, au nom de l'UD-V^e, reprend ses griefs contre « les violences de la rue » et « les atteintes à la liberté du travail ». Un moment d'émotion passe sur l'assistance quand Jacques Chaban-Delmas lit la lettre de démission de René Capitant. Roland Leroy vient ensuite se plaindre des insinuations de l'orateur de la majorité contre le PCF.

En fait, le plus intéressant se passe en coulisse, là où Raymond Tournoux, chroniqueur de la Ve qui a des oreilles partout, a surpris les paroles les plus crues. Les couloirs du Parlement sont un lieu privilégié des dialogues sans fard, où les vraies motivations des protagonistes s'expriment, loin des prudences de la tribune. On se presse beaucoup autour de Mendès. « Comment voulez-vous que de Gaulle m'appelle, se moque-t-il, ce serait pour lui l'ère des chrysanthèmes ! » Des gaullistes tentent de répandre leur propre effroi dans la salle des quatre colonnes : « Les communistes mettent en place un dispositif d'insurrection. Nous en avons les preuves. Les comités d'action qu'ils installent dans les usines, un peu partout, ne sauraient tromper personne. » C'est ici que survient le plus intéressant. Profitant de l'aubaine, la direction du PCF, du moins sa fraction (majoritaire) défavorable à toute aventure, va envoyer à Georges Pompidou et aux gaullistes ses messages les plus clairs. Il n'est pas inutile, en effet, de faire dire à l'adversaire, à la faveur de la cordialité parlementaire, sans courir le risque d'une exposition publique, en pouvant démentir à loisir, que, pour une fois, on souhaite le voir rester en place, qu'un danger commun réunit des ennemis irréductibles, que, dans l'hypothèse d'une opération Mendès ou Mitterrand, ou bien pire en cas de dérapage incontrôlable, le PCF préfère de Gaulle à ses concurrents de la gauche « atlantiste » tout autant qu'à ces trublions du gauchisme étudiant. Alors Waldeck Rochet prend à part Henri Rey, le président du groupe UD-V^e : « Méfiez-vous, je vous préviens. Le gouvernement attaque le Parti communiste. Vous jouez un jeu dangereux. La subversion qui menace la République ne vient pas de notre côté. Ce sont des calomnies. Nous faisons l'impossible pour ne pas être débordés par les comités d'action révolutionnaires,

maoïstes, trotskistes, anarchistes [17]. » Waldeck-la-sagesse
confirme auprès de Jacques Vendroux soi-même, député
du Pas-de-Calais et beau-frère du Général : « Je vous en
prie, dites à vos amis de ne pas nous attaquer. C'est
abominable. Nous sommes vos meilleurs défenseurs. Vous
voyez bien que nous sommes tous débordés. Il faut arrêter
cela. » Et Waldeck continue sa tournée en apostrophant
ses alliés de la FGDS : « Désolidarisez-vous des Cohn-
Bendit et compagnie, de tous ces irresponsables de leur
acabit. Je vais leur en donner, moi, des crapules staliniennes [18] ! »

De même, Pierre Juquin aborde Michel Bruguières,
conseiller de Pompidou pour l'éducation : « Vous ne vous
rendez pas compte de ce que vous faites ! Ça va finir avec
un colonel microcéphale qui nous collera tous une balle
dans le dos. Défendez-vous, bon Dieu [19] ! »

Le lendemain, les ténors défilent à la tribune. A un
moment, Georges Gorse, porte-parole du gouvernement,
veut répliquer à un opposant. Pompidou, qui veut contrôler le discours gouvernemental de bout en bout, lui arrache
le micro sous l'œil de millions de téléspectateurs. Dans
l'événement de cette séance, le gouvernement donne un
curieux spectacle.

Pompidou se bat toujours. A un moment, il abandonne
les discours et la rhétorique pour annoncer une nouvelle
importante : il est prêt à rencontrer les syndicats. « Il s'agit
pour le gouvernement d'obtenir de toutes les organisations
syndicales des indications précises et complètes sur ce
qu'elles cherchent. Si elles veulent obtenir la satisfaction
d'un certain nombre de revendications, alors toutes les
revendications peuvent être examinées et discutées. Mais si
elles veulent autre chose, si les grèves sont politiques, c'est
tout différent : il n'appartient pas aux organisations syndicales de se substituer au peuple souverain. »

Vient ensuite François Mitterrand, qui a préparé comme
toujours un discours mordant et brillant. « Vous êtes le
gouvernement de M. de Soubise. » Comme ce général qui
avait perdu son armée, le président de la FGDS voit le
ministre de la Justice chercher la justice, le ministre de

l'Éducation chercher l'université et le Premier ministre chercher son pays. « Je vous le dis monsieur le Premier ministre, il faut que vous partiez... Où est-il, le consensus populaire sur lequel vous fondiez votre légitimité ? Sortez et vous verrez ! »

Le long Valéry Giscard d'Estaing lui succède pour une péroraison froide et élégante, achevée par une sortie littéraire, empruntée à Bernard Shaw dans Pygmalion. La fleuriste sortie de sa condition par le professeur le boude toujours. Pourquoi ? demande son bienfaiteur. « C'est parce que je vous demande — et aujourd'hui Marianne pourrait le demander au gouvernement — un peu de considération. »

Au nom des gaullistes, Edgard Pisani monte alors à la tribune. C'est un coup de théâtre. L'ancien ministre de l'Agriculture a la voix blanche ; à la fin de son discours, une larme coule dans sa barbe. « Vous avez joué le pourrissement... Vous avez été absent... Je voterai la censure. » Pisani annonce en même temps sa démission. Pompidou répond sans se troubler, de son banc : « On ne peut être gaulliste contre de Gaulle. » Le Premier ministre est d'ores et déjà rassuré. Pisani sera le seul à faire défection. Tous les autres ont respecté la discipline. A 18 h 15, la motion de censure obtient 233 voix pour 244 requises. Elle est rejetée.

Deux hommes vont alors prendre le relais de l'Assemblée, qui vient de s'offrir un joli débat national. Deux hommes que tout oppose, les deux antipodes, l'un petit et malin dans la crise, l'autre immense et pataud : Daniel Cohn-Bendit et Charles de Gaulle.

16

17-20 mai. La France dans la grève

La France est en vacances. Les routines sont mortes, les horaires n'existent plus, les contraintes sont tombées. Comme s'ouvre cette troisième semaine de crise, un pays entier prend les chemins de traverse. La grève est partout. Elle casse les régularités, dissout les autorités, ouvre les digues de la parole, pulvérise les agendas. Il n'y a plus de couvercle, plus de bornes, plus de chefs et plus d'horloge. En mai...

Pour ceux qui les ont vécues, ces dix journées pendant lesquelles rien n'était impossible resteront gravées à jamais. Pour toute une génération, cette échappée belle d'un pays entier, cet effacement soudain de l'ennui quotidien seront une marque indélébile. On a eu peur, on s'est révulsé, on s'est passionné, on a cru à la prise de pouvoir par on ne sait qui, à la guerre civile hideuse ou à la révolution enchantée. Mais on a vécu. Ça ne s'oublie pas.

La vie est à nous

La grève change la France. Il n'y a plus un train, plus un autobus, plus un métro. Les rues sont jonchées de papiers gras et d'ordures. Les villes sont paralysées par de prodigieux embouteillages. Cela ne dure pas. Trois stations-service sur quatre sont à sec sans espoir de réapprovisionnement. Les Français apprennent un nouveau sport : le pipage, qui consiste à subtiliser le précieux liquide dans le réservoir du voisin. L'essence se vend une fois et demie son

prix au marché noir. Les banques ont limité les retraits à
1 000 francs. L'association française des banques prétend
qu'il n'y a pas de risque de pénurie de billets. C'est faux : la
Banque de France est aussi en grève, ainsi que les caisses
d'épargne et les chèques postaux. On stocke les produits de
base, les paquets de pâtes, de sucre et de riz s'entassent sur
les étagères, les supermarchés sont pris d'assaut. Il y a plus
de six millions de grévistes, très souvent avec occupation
des locaux et séquestration. A Lyon, les ouvriers des usines
BERLIET se sont essayés au jeu de l'anagramme. Désormais
leur entreprise s'appelle LIBERTÉ.

La fièvre s'étend bien au-delà de la classe ouvrière. Le
roi Hussein en visite privée fait signer par son secrétaire le
livre de solidarité avec les grévistes du Plaza Athénée.
Plume en bataille, les écrivains occupent l'hôtel de Massa,
siège de la Société des gens de lettres. Les jeunes médecins
occupent leur ordre, imités par les jeunes architectes. A
Cannes, le festival du cinéma s'arrête. Godard, Truffaut et
quelques autres veulent révolutionner le monde de la
pellicule. Les grévistes de Citroën ont pris en un coup de
main le siège parisien de leur société. Un calicot orne
désormais le fronton de l'immeuble, adressé au directeur :
« Bercot à la chaîne. » Au cours d'une assemblée générale
présidée par François Périer, le syndicat des acteurs vote la
grève, sous le regard pur de Catherine Deneuve. Seul le
syndicat FO refuse le mot d'ordre, sous la présidence de
Jacques Dacqmine et la participation vigoureuse d'Alain
Delon. La CGT, bonne fille, assure néanmoins le ravitaillement de la capitale. Désormais, celui qui rassasie le peuple
s'appelle Mario Livi, secrétaire de la Fédération de l'ali-
mentation.

Mai en province

Personne n'a échappé à Mai. La centralisation française
a bien sûr, comme toujours dans l'histoire du pays, fait de
Paris la scène principale de l'action : il y en a d'autres.

Phénomène national, Mai 68 a remué la province souvent autant que la capitale.

Journées extraordinaires dans les régions et les villages, où la vraie France a regardé Paris s'enflammer, contemplé, médusée, ses rejetons lycéens secouer, tous ou presque, un joug qu'elle ne savait pas si terrible, vu les usines s'embraser puis s'arrêter, les citadins stocker des pâtes, des commerçants et des petits patrons aux cent coups, les salariés à l'école buissonnière des disciplines de la croissance, des manifestations là où il n'y avait que marchés et inaugurations, des drapeaux rouges sous des fenêtres aux bacs à fleurs soigneusement entretenus, trois insolents gamins dans une lucarne jusque-là si sage, l'essence devenue marchandise clandestine, les gares désertes, les communications coupées, l'information rare dans un pays où le téléphone n'équipe qu'une minorité, et les rumeurs innombrables.

Il ne faut pas croire les Français de ce mois fou tous atteints par la frénésie ambiante. Bien au contraire. Alors que Paris et les grandes villes vivent au rythme des manifestations, elles sont un spectacle pour la majorité de la population, émouvant, distrayant ou révulsant, c'est selon. Mais un spectacle. Le gouvernement, rossé, fait sourire une majorité, et, en dehors de ceux qui ont des intérêts précis à défendre, la grande grève est un congé d'été au printemps.

La majorité des salariés laisse les militants du comité de grève et des syndicats gérer l'histoire. Ils passent à l'usine ou au bureau pour prendre des nouvelles, restent chez eux, se promènent, vont à la pêche ou au bistrot. Les Français des villes côtières vont à la plage, ceux des Alpes et des Pyrénées se promènent en montagne. On joue à la belote, on lit, on attend et, surtout, on parle, sans fin.

Beaucoup d'autres vont ponctuellement à leur poste, si les transports le permettent, pour rester oisifs avec minutie, dans le seul but de démontrer au patron qu'ils n'ont rien à voir avec les anarchistes et les rouges, qu'ils sont derrière lui, dans l'espoir qu'il voudra bien s'en souvenir.

La révolution lycéenne

Une institution est atteinte d'un véritable séisme : le
lycée. Dans tout le système éducatif français, plus que dans
les usines ou les bureaux, il y aura désormais deux époques,
deux mondes : avant 1968, et après. Presque partout dans
l'école publique et souvent dans l'école privée, les élèves
ont chaussé les bottes de leurs aînés parisiens. Toute une
humanité enseignée a décidé qu'il fallait en finir avec la
désuétude de l'ancienne manière pédagogique. Comme
une grande partie des enseignants, recrutés peu auparavant, eux aussi élevés dans le jazz, le rock et l'adolescence
des années cinquante, penche de ce côté-là, les lycées
français font la révolution.

Avant Mai, le lycée gardait quelque chose de l'encaser-
nement napoléonien, sous une forme édulcorée mais
néanmoins archaïque. On marchait en rangs, on ne fumait
pas dans la cour, on portait les cheveux courts obligatoires,
on avait parfois l'uniforme, on écoutait sans mot dire un
cours dispensé avec onction ou indifférence du haut d'une
vieille estrade. On se passait en cachette les disques de
Johnny ou des Stones, les numéros de *Salut les copains,* on
discutait à perte de vue de l'autre sexe, territoire mystérieux, le plus souvent interdit, sauf pour des escapades du
jeudi, dans des surprises-parties au Coca-Cola.

Alors, quand les étudiants ridiculisent les autorités
universitaires, affrontent la police, font plier le gouvernement impunément, c'est l'explosion. On descend dans la
cour en criant « Les profs avec nous ! », on se réunit dans
l'aumônerie, on cherche le contact avec le lycée proche ou
la fac voisine, on élit un comité d'action constitué des plus
âgés et des plus engagés, et surtout on discute, on
« dialogue », selon la terminologie d'époque, avec des
profs éberlués de se retrouver en accusation, eux qui
dispensaient avec tant d'assurance le savoir républicain.
Les plus audacieux bannissent les estrades, sifflent les
enseignants réticents, imposent des ordres du jour. Les

autres suivent, oscillant entre la grande récréation et l'initiation civique.

Le grand mot d'ordre lycéen, ce n'est pas la révolution, en dépit d'une illusion d'optique parisienne, c'est la réforme. « L'autodiscipline » est le grand thème, qui substituera au tutorat paternaliste la responsabilité des élèves, avec le cortège d'illusions et de roublardises que recèle l'idée. Peu importe : les profs doivent en discuter, s'expliquer, argumenter comme ils ne l'ont jamais fait, alors que les proviseurs sont souvent, à l'image de leur ministre, démissionnaires en secret. Pour tout le corps enseignant, ces semaines seront un grand traumatisme. Avec 1968 tout changera, méthodes, espoirs, programmes et comportements. Il en sortira parfois le désordre, l'utopie pédagogique, mais aussi la reconnaissance de l'élève et la modernisation des rapports humains.

Drapeau rouge sur le Loir-et-Cher

Cette révolte tranquille des lycées, c'est souvent celle des provinces, où l'on vit au ralenti l'onde de choc parisienne. Dans un ouvrage riche, *les Orages de Mai*, Georges Chaffard a raconté en détail un Mai 68 ignoré, aussi révélateur que les tumultes du Quartier latin, celui de Vendôme, cité calme du Loir-et-Cher, où les corps et les esprits vont lentement à l'image du Loir qui descend impassible de la Beauce vers la vallée des châteaux paisibles.

Département agricole coupé de quelques industries regroupées à Blois et Vendôme, le Loir-et-Cher est un pays de notables, de petits patrons et de paysans aisés. Agriculteurs et salariés ont leurs revendications dans une région touchée elle aussi par l'industrialisation. Vendôme accueille un quartier ouvrier, la cité des Rottes, et un directeur d'école socialiste — modéré — s'est même glissé à la mairie, qu'il a conservée grâce à une conscience professionnelle et une activité reconnues par tous.

Le 1er mai, quand plus de deux cent mille personnes défilent à Paris, ils ne sont que cinquante à Blois pour un défilé squelettique qui réunit toute la mobilisation ouvrière du département. A Vendôme, les rues restent vides de manifestants. Les travailleurs du Vendômois sont d'origine rurale. Les traditions de la classe ouvrière n'ont pas encore pris.

Il faut attendre le 11 mai pour voir Vendôme bouger. Comme partout ailleurs, ce sont les lycéens qui entrent les premiers en mouvement. La nuit des barricades a été passionnément suivie sur les petits transistors habituellement dévoués au hit-parade, dans des chambres tapissées d'affiches pop. Le samedi matin, le mot d'ordre lancé par Cohn-Bendit et les autres met en grève tout naturellement le lycée Ronsard, qui sort dans la rue pour un défilé aux cris de « Libérez la Sorbonne ». Le sous-préfet Laugier doit recevoir une délégation. Vendôme n'a jamais vu ça.

Le 13, ce sont les salariés des usines qui arrêtent le travail en signe de solidarité avec les manifestants de Paris. Le sous-préfet voit encore un cortège venir vers lui, composé de syndicalistes, de lycéens et d'enseignants. Il doit se charger d'une pétition pour le pouvoir central. Cette fois, Blois a aussi bougé. Seul Romorantin, la troisième cité du département, est restée en arrière de l'histoire, malgré son traditionnel vote à gauche.

Le 20 mai, c'est l'occupation des usines. Malgré les trente-quatre médailles du travail distribuées trois semaines plus tôt, les établissements Jaeger, l'une des principales entreprises de la ville, vont battre le record de la durée d'occupation de toute la zone industrielle de Vendôme. La leçon est claire, et l'ambiguïté de l'époque confirmée. A Vendôme comme dans tout le pays, la France industrielle, salariée, emmenée par l'avant-garde juvénile des « baby-boomers », prend le pouvoir pour trois semaines contre les élites traditionnelles. A Vendôme, avec une clarté limpide, la révolte vient en ligne directe de ces trente années de croissance rapide que Jean Fourastié a baptisé les « Trente Glorieuses » contre des hiérarchies restées en arrière.

Ce sont les travailleurs de la Société laitière vendômoise qui ont donné le signal. Dans l'après-midi, aux cris de « Liberté syndicale », les grévistes de la SLV défilent dans les rues et gagnent la salle de la coopérative agricole. Les responsables locaux de la CFDT les haranguent et, dans la foulée, l'assistance vote la création d'un syndicat CFDT dans leur entreprise. Cent cinquante adhésions arrivent dans la soirée. Un cahier de revendications est immédiatement adopté, qui réclame entre autres le remplacement des délégués du personnel, trop liés à la direction, la liberté syndicale (la SLV n'avait pas de syndicat indépendant), la refonte des horaires, le paiement mensuel de la prime d'ancienneté. Le lendemain, après Jaeger, De Dietrich, la majorité des entreprises de Vendôme se met en grève. Dans la matinée, sept cents personnes défilent dans la zone industrielle derrière les drapeaux rouges et la fanfare ouvrière des établissements Jaeger. Puis ils sont deux mille à se répandre l'après-midi dans les rues de Vendôme méduse, qui se croit soudain transportée dans les tumultes de 1936. « On n'avait jamais vu ça » : c'est le mot du jour, que se répètent, hallucinés, notables et commerçants. A Blois et Romorantin, c'est le calme. La présence d'un fort contingent de militants CFDT et PSU à Vendôme explique sans doute le décalage.

Le 23, ça recommence et cette fois les commerçants ont baissé le rideau de fer, « en signe de solidarité », dit l'Union professionnelle du commerce ; pour protéger les boutiques contre les rouges, disent les mauvaises langues. Il n'y aura aucun incident. En outre, le sous-préfet Laugier vient de Briey, cité ouvrière de l'Est. Après la Lorraine, Vendôme en effervescence lui paraît une sinécure.

La grève est inégalement suivie. Elle tourne court chez De Dietrich faute d'un noyau syndical suffisant, elle se prolonge chez Jaeger, elle est interrompue à la SLV sur la pression des paysans qui dépendent de la coopérative, et imposent à ce titre un compromis salarial. Dans tous les villages avoisinants, où l'on fait toujours l'appel nominal des morts de 1914-1918 chaque année, groupés derrière le drapeau tricolore, l'irruption des drapeaux rouges a choqué. La grève des enseignants, qui laisse les enfants à la charge des familles en pleine saison, a indisposé les paysans contre « les paresseux de la ville ». Les petites entreprises mi-artisanales, mi-industrielles de la région sont rarement touchées par le mouvement de grève, enracinées trop profondément dans la campagne. Les instituteurs ont bien organisé des réunions avec les parents d'élèves pour expliquer le sens du mouvement étudiant. Le message ne passe pas, même si certains villages votant à gauche sont plus réceptifs. A Vendôme même, les bons paroissiens de la Trinité — l'église de style gothique flamboyant où les croyants, et les autres, se retrouvent chaque semaine — ne comprennent pas que le clergé se lance dans la lecture d'un message de Dom Helder Camara, « l'archevêque rouge » de Recife. Alors les curés aussi passent du côté de Cohn-Bendit ! Le vertige révolutionnaire saisit Vendôme la modérée. Il faut arrêter cela. La France rurale contre la France salariée. Pompidou n'a décidément pas tort.

Le jeudi 30, la mairie est atteinte par l'esprit de Mai quand Paris l'exorcise. Pendant la séance du conseil municipal, un militant communiste vient exiger le vote d'une aide aux familles des grévistes. Les notables du conseil sont choqués de cette interférence et reprocheront longtemps à l'adjoint au maire socialiste de l'avoir tolérée. L'accusation d'illégalité portée contre Mendès et Mitterrand atteint ici le brave édile socialiste si populaire, et pourtant absent ce jour-là. Le Loir-et-Cher des notables se mobilise contre la chienlit. Le discours du 30 lui redonne force et agressivité. Pendant tout le mois de juin, les notables vont battre la campagne avec une ardeur à la mesure de leur frayeur de Mai. Gérard Yvon, SFIO tranquille, coupable de complicité avec la subversion, est battu nettement par Paul Cormier, syndicaliste paysan et centriste en politique. L'ordre est rétabli, les coupables ont payé. Mais lycéens, syndicalistes, ouvriers, instituteurs n'oublieront jamais. Vendôme, c'est la France.

Les angoisses de Grimaud

Grimaud s'inquiète de la faiblesse de ses effectifs[1]. Dans tous les sens du terme : leur nombre est petit et leur fatigue extrême. Le préfet dispose de vingt mille hommes en tout et pour tout. Une grande manifestation à Paris les mobilise dans leur quasi-totalité. En cas de troubles simultanés en province et dans la capitale, les troupes manquent. Les gendarmes sont les meilleurs, les plus expérimentés et les plus calmes : la répression des manifestations paysannes leur a appris le sang-froid. Les CRS, plus brutaux mais très disciplinés, viennent en second. La police parisienne, habituellement employée aux tâches de routine, ne vaut pas tripette en cas d'émeute. Elle flotte, s'effraie et se rattrape par une violence gratuite dirigée après coup sur les manifestants dispersés et en fuite.

Les syndicats de police ne cessent de tarabuster le préfet. La base a très mal encaissé le désaveu prononcé à la télévision par le Premier ministre. Cédant aux étudiants, Pompidou les a justifiés devant la nation, quand ils n'étaient la veille que gibier de matraque. Les gardiens de l'ordre l'ont d'autant moins apprécié qu'ils ne cessent, une fois le service achevé, d'être en butte aux critiques de leur entourage. Dans les HLM de la région parisienne, où habitent souvent les femmes de CRS, leurs familles sont mises à l'index. Les pandores veulent bien recevoir des horions autant qu'en distribuer : il leur faut un peu de reconnaissance. Selon une pente naturelle, les syndicats dérivent ce courroux vers des revendications matérielles. Carthage avait failli succomber de ne pas payer ses mercenaires. La Ve République rechigne à améliorer l'ordinaire de ses prétoriens. « Donnez-leur de la gnôle », avait dit sans rire le Général à Grimaud venu se plaindre. Pompidou avait laissé les suppliques gendarmesques sans réponse. Forcing aidant, Grimaud réussira à obtenir les avantages souhaités. Meilleur salaire, meilleure retraite, meilleures conditions de travail. Quand toute la société

revendique, pourquoi ceux qui en défendent les fonde-
ments seraient-ils oubliés ? Paris pacifié vaut bien un coup
de pouce indiciaire.

Le préfet de police est tout autant sidéré des lâchetés des
serviteurs les plus prestigieux de l'État[2]. La moitié des
ministres ne sont plus à leur poste. Certains sont carrément
en proie à la dépression nerveuse. « Si jamais le sang
coulait, ce serait affreux », lui confie un ministre, qui lui
paraît « au bord de l'effondrement ». Les hauts fonctionnaires sont pendus au téléphone pour obtenir des forces de
l'ordre l'évacuation de leur administration occupée par les
grévistes. Tiré à hue et à dia, Grimaud décide d'un critère
de sélection redoutable : ceux qui demandent l'intervention de la police chez eux devront se mettre à la tête des
hommes pour expulser les occupants indus. Le nombre des
opérations exigées chute brutalement. Grimaud n'a cure de
voir quelques ministères transformés en centre de camping.
Ce sont le fonctionnement des services élémentaires et la
protection des lieux stratégiques qui requièrent toute son
attention. Il a fait exhumer les plans d'urgence établis au
temps de la guerre d'Algérie. Las ! Ces procédures miracles
qui portent des noms de la mythologie grecque sont
totalement insuffisantes. Elles n'ont pas prévu le cas
d'une grève générale. Grimaud constate même avec un
certain vertige qu'elles reposent sur l'idée que l'électricité et les télécommunications fonctionnent normalement.
Sans ces deux adjuvants, elles deviennent nulles et non
avenues. Décidément, la CGT tient le pouvoir dans sa
main.

Sartre en Sorbonne, Cohn-Bendit lucide

Pendant ce temps, la fête sorbonnarde bat son plein. Ce
lundi soir, Jean-Paul Sartre rend visite à l'amphithéâtre
central, archicomble pour l'occasion. Dans son étroit
costume gris, le philosophe attendu comme Lycurgue a
gardé le sens de l'humour :

— Il paraît que vous en avez assez des cours magistraux. C'est bien mon avis. Alors j'attends vos questions[3].

Le débat démarre, passionné, passionnant. Une main se lève.

— Vous avez dit, l'enfer, c'est les autres. Qu'est-ce que ça veut dire ?

— Ça risque de nous faire perdre beaucoup de temps.

— Est-il possible, à votre avis, de réaliser des facultés ouvrières ?

— Les études devraient être ouvertes à l'ensemble des travailleurs. Il faut que les jeunes ouvriers et les jeunes apprentis puissent venir dans les facultés, que les cités universitaires deviennent des cités de la jeunesse.

— La dictature du prolétariat est-elle nécessaire ?

— Je n'en suis pas sûr. Je considère que socialisme et liberté sont inséparables. Si on ne pose pas cela d'abord, on perdra pour des années la liberté et ensuite le socialisme... Ce qui me semble le plus important, c'est que les fils de la bourgeoisie s'unissent aux ouvriers dans un esprit révolutionnaire.

Tour à tour raisonnable et provocant, Sartre conquiert son public, qui ne se lasse pas d'entendre la voix éraillée dont les mots ont bercé l'adolescence de ce public élevé par des profs de lettres fumeurs de pipe dans le culte de *la Nausée* et de Goetz von Berlichingen. Curieusement, ce même jour, paraît un entretien de Daniel Cohn-Bendit dans *le Nouvel Observateur,* forum obligatoire de l'intelligentsia, trait d'union entre gauchisme et gauche officielle[4]. Le leader des enragés se montre d'un réalisme et d'une lucidité qui le laissent résolument en retrait par rapport au vieux philosophe. « Pour moi, il ne s'agit pas de faire de la métaphysique et de chercher comment se fera la révolution. Je crois que nous allons plutôt vers un changement perpétuel de la société, provoqué à chaque étape par des actions révolutionnaires. Le changement radical des structures de notre société ne serait possible que s'il y avait tout à coup, par exemple, la convergence d'une crise économique grave, de l'action d'un puissant mouvement ouvrier et d'une forte action étudiante. Aujourd'hui ces conditions ne sont pas réunies. Au mieux on peut espérer faire tomber le gouvernement. Mais il ne faut pas songer à faire éclater la société bourgeoise. Cela ne veut pas dire qu'il n'y ait rien à faire : au contraire, il faut lutter à partir d'une contestation globale. » Ainsi le boutefeu de la première semaine jette sur l'exaltation ambiante un seau d'eau glacée. La révolution n'est pas à l'ordre du jour. Lancée au plus fort de ladite révolution, l'analyse n'a pas été suffisamment relevée depuis par les auteurs qui traitent de Mai. Elle exprime par la voix la plus autorisée, la plus symbolique, ce que les leaders de la contestation étudiante savent tous en dépit des flots rhétoriques déversés sans fin. La situation n'est pas révolutionnaire. Le mouvement étudiant ne prendra pas le pouvoir, même à la faveur de la grève générale. Il n'en a ni la force, ni les capacités techniques, ni l'ambition intellectuelle. Il n'y pense même pas. Mai est autre chose qu'une insurrection. C'est une révolte contre le père, pas un parricide. Il n'y aura pas de coup d'État, de prise du palais d'Hiver, de soirée au balcon de l'Hôtel de ville. Les étudiants et les ouvriers veulent autre chose. Ils ne veulent pas mourir. Ils veulent vivre autrement. Les schémas de guerre civile ne peuvent donner une réponse. Les révolutionnaires rêvent de la révolution. Ils n'en veulent pas.

Interdiction de séjour

A l'heure où l'on commente avec surprise son interview dans *le Nouvel Observateur,* Daniel Cohn-Bendit franchit la frontière française près de Forbach, dans une limousine affrétée par *Paris-Match.* Le chef de file du Mouvement du 22 mars est épuisé. Des semaines entières de réunions, de manifestations et d'émeutes l'ont réduit à l'état de zombie[5]. La grève générale a changé la dimension de la crise. La classe ouvrière entrant en scène a privé le mouvement étudiant de son rôle moteur. L'occupation de la Sorbonne a fixé les contestataires. Les dons oratoires et tactiques du rouquin désormais connu de la France entière ne trouvent plus à s'employer. Cohn-Bendit est allé à Saint-Nazaire haranguer les ouvriers. Mille personnes sont venues, beau succès, mais il a fallu annuler la marche vers les usines occupées, faute du moindre contact avec les syndicats. L'unité ouvriers-étudiants demeure parfaitement rhétorique. Le Lénine de Nanterre est au chômage technique. Les camarades allemands ont convié le symbole de la révolte parisienne à venir porter la bonne parole révolutionnaire chez eux. Le leader étudiant a accepté de quitter la France au milieu de la tempête.

Comme il n'a pas un sou en poche, il a proposé aux photographes de *Paris-Match* de l'accompagner à condition qu'ils paient le voyage [6]. Marché conclu. Sous l'objectif des reporters, Dany-le-rouge revient à ses premières amours germaniques. Lénine avait rejoint son pays en révolution dans un wagon du Kaiser. Cohn-Bendit s'en écarte dans une voiture louée par *Paris-Match*.

Ce voyage anodin est un autre ressort de Mai. Saisissant finement l'occasion qui s'offre, Christian Fouchet croira bien faire en interdisant le rouquin de séjour en France. Il va rallumer l'émeute étudiante et donner au trublion en chef la possibilité de ridiculiser une nouvelle fois le régime.

21-23 mai. Le casse-tête des stratèges

Alors commence la déconfiture des acteurs. Mai a débuté sans crier gare, en dehors de tout plan et de tout calcul. Les étudiants ont déclenché la première émeute en l'absence des leaders, les ouvriers commencé la grève sans mot d'ordre des centrales. Le torrent est sorti de son lit tout seul : on ne sait comment l'y faire rentrer. Charles de Gaulle, Georges Pompidou ou bien le PCF : les ingénieurs ne sont pas les premiers venus. Tous vont échouer et la France se retrouver cinq jours plus tard face à un vide abyssal, qui donnera le vertige à toute la classe politique.

On connaît la tactique de Georges Pompidou : mettre à la cape, attendre, chercher la négociation sociale. Avec zèle, ses féaux s'emploient à réaliser ce programme simple. Le lundi soir, le téléphone sonne chez André Barjonet, l'économiste de la CGT, qui est déjà dans les affres du doute à l'égard de la tactique de sa centrale, beaucoup trop prudente à son goût. C'est un collaborateur de Paul Huvelin, le président du CNPF, qui l'appelle. Le patronat, dit-il, est prêt à négocier avec des gens de bonne foi. Barjonet transmet le lendemain à Séguy, qui reste réservé. Pour le secrétaire général, la grève n'est pas encore à son point culminant. Si le CNPF veut faire des concessions, qu'il les annonce publiquement. Bergeron lui aussi se propose comme intermédiaire [1].

L'équipe de Pompidou est vite au fait de ces premiers contacts. Elle y voit sa planche de salut. Si la CGT mord à l'hameçon de la négociation, tout s'arrête, la crise est finie. Encore faut-il tâter le terrain, soupeser les exigences de la centrale, et surtout évaluer les chances de réussite d'une rencontre. Inutile de se voir publiquement si rien n'en sort : l'effet serait désastreux. Pompidou a fixé au 27 ou au 28 la date souhaitable de la rencontre, comme le lui a discrètement fait dire Descamps. Mais, auparavant, il veut des informations.

Chirac

Il a déjà sa tête chercheuse : le secrétaire d'État Chirac, si actif et si fidèle. Le grand Jacques, ancien conseiller du Premier ministre, qui l'a remarqué à ce moment-là, a récupéré son bureau à Matignon. Il dîne presque tous les jours avec son patron, Jobert, Balladur et Juillet. Le Premier ministre l'a nommé au Travail pour surveiller Jeanneney, chargé de l'ensemble des Affaires sociales et placé là directement par le Général, qui songe toujours à sa grande affaire de participation et trouve en Jeanneney un réformateur énergique, intelligent et progressiste. « Chirac ne faisait pas grand-chose, dit aujourd'hui l'ancien ministre du Travail, il s'occupait surtout de la Corrèze[2]. » Malgré ses intérêts corréziens, Chirac a noué des contacts syndicaux. Il a dans son cabinet un membre de la CFDT, Lauga, et un militant de FO, Delpy. Il téléphone souvent à Séguy ou à Krasucki. C'est le moment d'user de ces relations. Jour et nuit, il harcèle ses interlocuteurs : à quelle condition peut-on négocier, que veut la CGT, que veut le PCF, sur quoi peut-on arriver à un compromis ? Tant et si bien que la CGT accepte une rencontre discrète.

Ce jour-là, le jeune secrétaire d'État se fait conduire discrètement au square d'Anvers au pied de Montmartre. Il a rendez-vous sur un banc dans le jardin public. Malchance : des travaux ont chamboulé le petit square. On ne peut plus y entrer, et il n'y a pas de banc. Chirac s'inquiète. On lui tape sur l'épaule : son interlocuteur est là. Avant de partir, un collaborateur a dit à l'ambassadeur secret : « Et si c'était un piège ? S'ils vous enlèvent, nous aurons bonne mine. » Chirac a haussé les épaules. Ancien lieutenant en

Algérie, il n'a pas peur du risque. Mais, à tout hasard, il a
enfoui un vieux revolver dans sa poche[3].

La discussion se noue. On en ignore la teneur, mais la
logique des deux partenaires est maintenant très claire.
Actionnant la CGT, le PCF a fait son choix. La situation
n'est pas révolutionnaire. Elle ne doit pas l'être. Avec une
grande candeur, Georges Séguy s'en expliquera plus tard
dans son livre *le Mai de la CGT*[4]. L'armée et la police sont
solides, note-t-il. Les communistes ne prendront pas la
responsabilité de les affronter. L'Europe de l'Ouest est à
l'Ouest. Elle y restera. Le PCF a publié un communiqué
pour mettre les points sur les *i :* la grève, dit-il le lundi 20,
n'a rien d'insurrectionnel. Séguy ne cesse d'abonder dans
ce sens : c'est un vaste conflit revendicatif, pas un processus de prise du pouvoir. C'est clair. On négociera et on
obtiendra d'un coup ce que CGT et CFDT demandent en
vain depuis des années. Puis tout rentrera dans l'ordre. A
Chirac, on a donc beaucoup à dire.

Mais on n'est pas non plus naïf. Si un changement
politique est possible, le PCF ne le repoussera pas du pied.
Deux légendes sont fausses dans cette affaire ; celle que les
gaullistes ont après coup tenté d'accréditer : un PCF
manipulateur de la crise, décidé à s'emparer de tous les
leviers de l'État ; celle que l'extrême gauche répétera
inlassablement dans l'après-Mai : des communistes plus
légalistes que des radicaux-socialistes, dont la tâche principale aurait été de casser le mouvement et de vendre la
révolution contre un plat de lentilles. Car les communistes
parlent aussi politique. Quand François Mitterrand voit la
CGT, le lundi 20 mai, il s'entend proposer une alliance à
trois, PCF-CGT-FGDS, avec comme objectif un gouvernement de gauche appliquant un programme commun qu'on
négocierait à chaud. Mitterrand refuse naturellement, peu
soucieux de se lier les mains dans un tête-à-tête aussi
risqué. Mais les communistes ne désespèrent pas, si la crise
mûrit encore, d'entraîner avec eux la gauche réformiste
pour succéder, dans des formes à déterminer, au gaullisme
dévalué. Séguy pense à sa plate-forme revendicative ;
Waldeck envisage, comme hypothèse improbable, mais

possible, un autre gouvernement. Il y a ainsi deux fers au feu dans la stratégie du PCF, même si celui de la négociation est beaucoup plus gros que l'autre.

La gauche non communiste, désarçonnée par le mouvement étudiant, reprend difficilement ses marques. Sidérée de voir le gouvernement dans une telle difficulté, elle pose sans trop y croire sa candidature à la succession, dans les formes constitutionnelles : motion de censure, démission du gouvernement, élections générales et accession au pouvoir. Mais déjà deux champions sont en lice. Fort de son succès de 1965, François Mitterrand, l'ancien ministre ambitieux, le marginal de la gauche, l'homme à terre de l'après-Observatoire, a tissé péniblement une toile fragile. Radicaux et socialistes sont avec lui dans cette fédération qui symbolise si bien la difficile unité de la gauche non communiste. Position fragile pour le futur président. En 1968, les appareils jouent toujours le rôle clé dans le jeu politique. Mitterrand est le symbole de la gauche, il n'en est pas le chef. Les vrais détenteurs du pouvoir dans la FGDS, ce sont les chefs de parti, Mollet pour les socialistes, Billères pour les radicaux. C'est avec eux qu'il faut négocier les textes, les prises de position et, occupation sacrée, les investitures électorales. Mitterrand est prestigieux. Son succès relatif de 1965 a un peu effacé sa mauvaise réputation de l'après-Observatoire. Mais il est un porte-parole sans troupes. Son vrai pouvoir sur la gauche, François Mitterrand le trouvera en 1971, quand il prendra le contrôle de l'appareil d'un PS en rénovation. Pour l'instant, il préside sans diriger. Il lui faut discuter, finasser, manœuvrer. Il est vrai qu'il y excelle.

Le dur tête-à-tête avec le PCF devrait occuper tout son temps. Mais voilà qu'une opération se monte dans son dos, qui vise à le laisser au bord de la route à la faveur des événements. La CFDT, le PSU et la fraction « responsable » du mouvement étudiant ont désigné leur porte-drapeau. C'est Pierre Mendès France. La gauche moderniste complote donc depuis plusieurs jours pour que l'ancien président du Conseil se retrouve, si le sort lui est favorable, en situation. Il a la réputation de désintéressement qui man-

que à Mitterrand, il rassure les modérés tout en ayant
l'oreille des jeunes, il a la stature internationale requise et
des liens lâches mais réels avec le PSU, qui fait le trait
d'union avec le mouvement étudiant. Déjà, le mardi 21,
une association de juristes se constitue en comité de soutien
à Mendès. Les jalons sont posés. Mitterrand-Mendès :
c'est l'autre duel de 1968. Il ira si loin que jamais le futur
président socialiste n'oubliera ce qu'il tiendra tout bonnement pour une trahison.

Le 10 mai a cueilli Mendès à Grenoble. Le 11 au matin,
ses deux amis Michel Rocard et Georges Kiejman, avocat
engagé à gauche, l'ont conjuré de revenir à Paris « dans
l'heure »[5]. Il n'est pas revenu dans l'heure, priant ses
interlocuteurs de « se calmer », mais dans la journée tout
de même. Rocard veut resserrer les contacts entre le PSU
du terrain, celui de Marc Heurgon, responsable du secteur
étudiant, et de Sauvageot, bras séculier du parti à l'UNEF,
et le leader prestigieux qui se tient à la fois près et au-
dessus du petit parti qui l'a accueilli. Les premiers contacts
sont difficiles, puis le lien s'établit, en dépit de tempéra-
ments divergents. Les leaders PSU sont en phase avec le
mouvement. Mendès le raisonneur, bien qu'il soit proche
de la jeunesse depuis toujours, spécialiste des questions
universitaires, se méfie de tant d'irréalisme et du vide
programmatique qu'il décèle sous l'emphase des mots.

Au fond, il n'est pas surpris. Persuadé que le gaullisme
est une parenthèse dangereuse dans la vie normale de la
démocratie française, il a toujours prédit que ce régime
imposé périrait à son tour dans une commotion. Il ne lui
déplaît pas de se considérer comme le recours, dans cette
hypothèse qui ne manquera pas de se réaliser un jour. Le
moment est peut-être venu. Il faut être « au contact ».

Dans cette première phase, il a surtout le souci d'éviter
les heurts violents. Médiateur dans l'âme, humaniste par-
dessus tout, il se joint au petit comité informel des
intercesseurs, les Monod, Laurent Schwartz, Jacob ou
Touraine[6]. Le 13 mai, il défile avec le PSU, saisi du
nombre, inquiet de la suite. Au Parlement il reste coi,
jugeant qu'il n'a pas à intervenir s'il ne peut formuler de

propositions précises, contre l'avis de Rocard et Heurgon.

Le 21, il a un premier contact avec le président de la FGDS[7]. Celui-ci est en retrait sur le mouvement, jugeant que les hommes politiques ont peu à voir avec cette explosion adolescente. Mendès insiste au contraire sur leurs responsabilités. Premier décalage de sensibilité. Il ira en s'aggravant.

Référendum

Le Général, lui aussi, a arrêté sa ligne de conduite. Son opinion est faite : la France vit une crise de civilisation. Sur ce point, Pompidou a raison. L'industrialisation, « les progrès de la civilisation mécanique », comme il dit, détruisent les anciennes règles et font naître de nouvelles aspirations. La croissance ne suffit pas. Comme il faut à la France un grand dessein à l'extérieur, elle a besoin d'un projet à l'intérieur. On prendra donc la crise par le haut. L'État, si nécessaire au pays, est désormais trop loin des citoyens ; si efficace, le capitalisme piétine néanmoins les droits des travailleurs. Il faut rapprocher le pouvoir des Français, il faut associer mieux capital et travail : décentralisation, participation. Autour de ces deux idées, le Général médite de s'adresser aux Français. Avec un préalable, le retour à l'ordre, sans lequel rien n'est possible. Encore une fois, la grande voix s'adressera au pays pour lui demander de se prononcer. Ordre, réforme, ce seront les deux thèmes du discours par lequel le Général annoncera un nouveau référendum. On verra, alors, où se trouve la légitimité, et où se situe la volonté de changement. Par-dessus la tête de ses ministres, de Pompidou et de toute la classe politique, de Gaulle, une fois encore, rétablira tout. Le chef est toujours seul.

Depuis dimanche, le Général reçoit activement. La garde fidèle des vieux gaullistes défile dans son bureau, prodiguant conseils, projets et analyses. Le mardi, les choix sont faits. Le matin, le Conseil des ministres se réunit pour

examiner la loi d'amnistie promise par Pompidou à son
retour d'Afghanistan. Le Général arrive d'un pas de
chasseur. « Messieurs, vous allez examiner le projet
d'amnistie. Je considère l'affaire de l'amnistie tout à fait
secondaire. Mais cela a été annoncé. Allons-y ! Messieurs,
j'aurai au Conseil d'après-demain jeudi des choses extrê-
mement importantes à vous dire, avant de prononcer une
allocution qui sera radiotélévisée vendredi soir [8]. » Joxe
expose ensuite le projet d'amnistie. De Gaulle : « Pas
d'observation ? Messieurs, nous en avons terminé. Un mot
encore. N'oubliez pas que les tentatives d'occupation des
locaux ministériels constituent des atteintes à l'autorité de
l'État. Les fonctionnaires qui s'y prêteraient seraient
immédiatement révoqués. »

Un peu plus tard, le Général reçoit en audience Averell
Harriman, le chef de la délégation américaine à la conférence de Paris. Le Président paraît vieilli, fatigué, sa tête
tombe sur les épaules. Il parle, mais paraît penser à autre
chose [9].

Interdiction de séjour

Daniel Cohn-Bendit est en vacances. Toujours accompagné par les photographes de *Paris-Match,* il se fait tirer le
portrait avec une valise devant la porte de Brandebourg
à Berlin. Puis il rejoint la Hollande, où les militants
d'Amsterdam ont faim de nouvelles fraîches. « Le mouvement doit balayer le vieux monde, dit Dany-le-rouge, le
drapeau tricolore est fait pour être déchiré, pour en faire
un drapeau rouge. » Ce sera le prétexte de son interdiction
de séjour. Plus tard, quand on lui apprend son infortune, il
éclate de rire : « Je rentrerai quand même [10]. »

A Paris, l'interdiction de séjour réveille les ardeurs d'un
mouvement étudiant assagi par la victoire du 10 mai.
Sauvageot et Geismar ont convoqué une conférence de
presse rue Monsieur-le-Prince. Ils appellent à manifester le
soir même place Saint-Michel. Ils prennent ensuite contact

avec la CGT. Celle-ci ne condamne pas l'interdiction de séjour, mais la manifestation prévue par les étudiants pour s'y opposer. « C'est une provocation », dit-on rue La Fayette. La presse parle de rupture CGT-étudiants, comme s'il y avait eu auparavant union. Georges Séguy ne songe pas une seconde à mobiliser ses troupes. Il ne pense qu'à la négociation qui se dessine de plus en plus nettement à cette heure. Et puis manifester pour l'anarchiste allemand, vous plaisantez ?

Les étudiants défileront seuls. Ils ne sont que cinq mille ce soir-là, mais ils suppléent à la faiblesse du nombre par l'imagination verbale. Ce soir-là naît un des slogans les plus célèbres de Mai : « Nous sommes tous des Juifs allemands ! » On monte à Montparnasse, puis on descend vers l'Assemblée sous la conduite de Geismar. Début de meeting devant les grilles du palais Bourbon. Claude Estier et quelques députés viennent apporter leur soutien. Mais il se met à pleuvoir. L'activisme n'aime pas les nuages. Le cortège se disperse pour laisser sur place quelques irréductibles qui tentent d'incendier l'association de soutien à de Gaulle rue de Solferino. « On leur jette de l'eau, dit au téléphone un militant gaulliste transformé en défenseur, nommé Charles Pasqua, de l'eau avec des bouteilles autour [11]. » La police doit batailler jusqu'à 5 heures pour disperser les plus excités. Mauvais présage : l'ardeur étudiante est rétablie. Il y a encore une manifestation le lendemain. Grimaud a encore quelques mauvaises nuits devant lui. Au ministère de l'Intérieur, dans un des bureaux du cabinet de Fouchet, un collaborateur, qui s'est promené en Sorbonne et a lu avec un sourire le slogan : « Plus je fais la révolution plus j'ai envie de faire l'amour », a inscrit sur une pancarte au-dessus de son bureau : « Plus je fais du maintien de l'ordre, plus j'ai envie de dormir [12]. »

C'est pendant une de ces nuits sans repos, trouées de bruits d'échauffourées, que Georges Pompidou rentre chez lui, quai de Béthune, à la fin d'un dîner organisé par sa femme, que les émeutes n'ont pas privée de son sens des mondanités [13]. Teint de cendre, œil las et dos courbé, le Premier ministre s'assoit sans mot dire et se met à souper.

Il y avait là Louise de Vilmorin, amie des Pompidou, à qui l'on demande, comme souvent, de déclamer quelques vers. Elle se fait prier quelques instants pour la forme, puis choisit un nom parmi tous ceux qu'on commençait à lancer autour de la table : Nerval. Elle avale sa salive, se penche en avant puis commence :

> *La connais-tu, Daphné, cette ancienne romance*
> *Au pied du sycomore ou sous les lauriers blancs*
> *Cette chanson d'amour qui toujours recommence*

Puis soudain elle se trouble, interrogeant du regard les invités, confuse de son trou de mémoire. Le silence se fait, quand soudain, du bout de la table interdite, une voix sépulcrale enchaîne :

> *Reconnais-tu le temple au péristyle immense*
> *Et les citrons amers où s'imprimaient tes dents*

et dit la suite, sans férir, jusqu'au bout.

C'était la voix de Georges Pompidou, qui sortait du tumulte des slogans pour s'apaiser dans la musique des mots.

La prise de l'Hôtel de ville

Au vingtième jour de la crise, les nerfs commencent à lâcher. Dans l'interdiction de séjour de Cohn-Bendit, les leaders étudiants ont vu l'occasion de relancer le mouvement, qui commence à s'enliser dans l'occupation et dans ses décevantes tentatives de jonction avec la grande grève de la classe ouvrière. Le comité de Censier, qui a réussi à coordonner tant bien que mal quelques centaines de comités d'action dans toute la France, pousse à la roue de l'action directe. Mais cette fois, en dehors du cas Cohn-Bendit, les manifestations n'auront pas de but précis. On manifeste contre de Gaulle, contre la Ve, pour un changement radical. Mais lequel ? Mystère. On sent bien que le régime commence à vaciller. Mais par quoi le remplacer ?

La silhouette de la révolution tant aimée pointe à l'horizon des vieux militants. Mais Dieu qu'elle est floue ! Faut-il contraindre le PC à prendre le pouvoir, jouer la carte Mendès ? Proclamer le pouvoir des comités de grève, comme naguère celui des soviets ? Tout cela n'est pas très sérieux. Et les forces de répression ? Où sont-elles ? Comment les affronter ? Quelques exaltés commencent à répandre des conseils de lutte antichars. A la Sorbonne, quelqu'un propose de prendre l'Hôtel de ville, comme le peuple de Paris l'a fait plusieurs fois. On va même reconnaître discrètement les lieux [14]. Comme la rumeur se répand très vite, cette idée jetée en l'air provoque une panique noire au Conseil de Paris. Conseiller UD-V^e, Michel Caldaguès conseille avec angoisse à ses collègues de vider leurs tiroirs [15]. Une délégation de gaullistes conduite par Nicole de Hauteclocque, bru du maréchal Leclerc, se rend place Beauvau pour demander à Fouchet d'un ton pathétique qu'on sauve la représentation municipale de l'agression factieuse, « y compris avec des chars d'assaut ». Le ministre de l'Intérieur, qui a d'autres chats à fouetter, se répand en paroles apaisantes et charge Grimaud de pourvoir à la défense des élus du peuple. Le préfet de police placera quelques détachements au bord de la Seine. En attendant, il appelle la rue Monsieur-le-Prince, local du SNE-Sup, où on le rassure un sourire dans la voix. « Prendre l'Hôtel de ville ? Qu'en aurions-nous fait ? » dit aujourd'hui Jean-Marcel Bouguereau [16]. Il est vrai qu'on ne risquait guère une grande scène du balcon et que Geismar n'était pas Lamartine : un escadron de CRS aurait délogé immédiatement les intrus. Pas plus que dix jours auparavant, aucun leader étudiant ne souhaite qu'il y ait mort d'homme. 1968 ne sera pas 1848. Les chefs de file étudiants se contentent d'un mot d'ordre de manifestation pour le lendemain soir, vendredi 24 mai. On défilera pendant et après l'allocution du Général. La rue aura ainsi l'occasion de dire à chaud ce qu'elle pense du discours gaullien. Au passage, en substitut de l'Hôtel de ville, on s'attaquera à la Bourse, qu'on fera brûler dans un feu de joie anticapitaliste. Ce n'est déjà pas mal.

Vers Grenelle

La CGT veut sa négociation. Les contacts préparatoires
à la grande discussion sociale avancent bien. Mais il faut
faire monter un peu la pression. Jean-Louis Moynot lit un
communiqué de la centrale devant la presse : on manifes-
tera aussi le lendemain dans toute la France, la grève
continue. Le gouvernement et le patronat devront monter
un peu l'enchère pour arrêter le mouvement.

Ce maquignonnage sur un volcan exaspère un cégétiste.
C'est André Barjonet, économiste de la centrale, qui est
touché depuis huit jours par la grâce révolutionnaire. A la
différence de tous ses camarades, il voit devant lui une
brèche béante dans l'ordre établi. Qu'on avance hardi-
ment, et l'insurrection générale est possible, avec au bout
la prise du pouvoir par la classe ouvrière. Barjonet rage de
voir le mouvement maintenu sur un plan strictement
revendicatif. Tout est possible, songe-t-il. Séguy et ses
badernes amollies sont en train de laisser passer une
occasion historique. C'est trop bête ! Ce jeudi soir, Barjonet appelle Jean Beaufrère, trotskiste de toujours, journaliste social à l'AFP. Il lui confie ses états d'âme et lui
annonce qu'il remettra officiellement sa démission le
lendemain à 11 heures. Puis il entend le communiqué de la
CGT à la radio : « Les organisations syndicales ont toutes
exprimé leur volonté de voir s'ouvrir rapidement des
discussions avec le gouvernement et le patronat... La
population s'étonne de la lenteur des pouvoirs publics à
répondre à cette attente. » Barjonet rappelle Beaufrère : il
démissionne tout de suite « pour protester contre l'orientation prise par la CGT qui s'efforce de maintenir le plus
formidable mouvement connu en France depuis des
dizaines d'années sur le plan revendicatif alors que le
régime gaulliste est aux abois ». « Je tiens à proclamer ma
conviction, dira Barjonet, qu'il était possible d'aller beaucoup plus loin, d'avancer vers le socialisme ou, à tout le
moins, d'abattre le régime gaulliste... Le patriotisme de

parti a tué les possibilités. On protège l'organisation au lieu de la risquer dans l'action [17]. »

On sent aussi des craquements dans l'appareil communiste. Trente-six intellectuels du Parti ont écrit à la direction du PCF pour se plaindre de la mollesse des dirigeants. Garaudy et Leroy sont chargés de les ramener à la raison. Jean-Pierre Durant, haut fonctionnaire communiste de l'Équipement, qui croit dur comme fer l'insurrection possible, racontera comment il a découvert l'état d'esprit réel des cadres intermédiaires : « Le 20 mai au matin, je suis allé chercher une camarade qui habite en banlieue à Asnières. Je pensais qu'elle allait me parler des usines en grève, des difficultés de la lutte, etc. Elle me dit : " Hier, avec mon mari, nous avons été dans plusieurs entreprises pour discuter avec les travailleurs. Eh bien, vois-tu, ça va beaucoup mieux : les gars sont plus sensibilisés maintenant au danger gauchiste. " [18] »

La CFDT a elle aussi trouvé le contact. Chirac, toujours lui, a pris langue avec Eugène Descamps, le secrétaire général. « Jeanneney est dépassé », a-t-il dit. On s'arrange alors avec le jeune secrétaire d'État. Le siège de la rue de Montholon se transforme en PC de campagne où l'on prépare jour et nuit la négociation. On fait cuire les repas au rez-de-chaussée. « Quelle puanteur ! » hurle un soir Descamps en jaillissant de son bureau. Les camarades ont essayé de changer l'ordinaire en faisant cuire un hareng [19].

Une partie des étudiants n'a pas voulu attendre le 24 mai. Ils ont décidé de manifester immédiatement au Quartier latin. Dès le 23, de nouveaux heurts se produisent. Le bruit en résonne jusque chez Charles Hernu, qui reçoit justement Pierre Mendès France et plusieurs dirigeants de la Fédération.

Comme le bruit des manifestations croît, Roland Dumas se décide à appeler Mitterrand, son patron :

— Je suis chez Hernu avec Mendès, dit-il au président de la Fédération, la gauche ne peut pas rester inactive, il faut faire quelque chose.

Mitterrand :

— Venez chez moi [20].

Mitterrand veut bien faire tout ce qu'on veut. Mais deux choses le chiffonnent : il est le leader en titre de la gauche, candidat unique en 1965, président de la principale formation d'opposition après le PCF, lequel ne peut prétendre au pouvoir. S'il y a une relève, c'est lui. Or les étudiants, il le sait, il le sent, ne l'aiment pas, qui ne voient en lui que le politicien retors et increvable, le ministre de l'Intérieur de 1954, l'homme de l'Observatoire, le bourgeois florentin. Dans cette circonstance exceptionnelle, les hiérarchies habituelles s'effondrent. Les lettres de créance de Mitterrand valent peu de chose à côté de celles de Mendès, l'homme d'État intègre, courageux, etc. Alors tant d'efforts opiniâtres, tant de ténacité mise à remonter une pente qu'on pouvait juger impossible seraient annulés en quelques nuits d'émeutes, tout cela parce que quelques trublions préfèrent un homme seul à un leader de coalition. Dès le début, Mitterrand et Mendès se surveillent. Si l'un avance un pion, l'autre mobilise sa tour, dans une partie d'échecs jouée du coin de l'œil, entre deux sourires et deux poignées de main.

Cette concurrence prend ce soir-là un tour plus précis. La bataille faisant apparemment rage au Quartier latin, il serait bon que des figures de la gauche viennent s'interposer, pour éviter des heurts trop graves, et aussi pour symboliser ce que pourrait être un arrangement à l'échelle du pays : l'opposition légale évitant la révolution en ramenant le calme pour son compte, prenant le pouvoir pour trouver un débouché pacifique à l'insurrection. Alors l'entourage — Kiejman, Dayan, l'ami de Mitterrand, Marc Paillet, journaliste membre du « contre-gouvernement » de la FGDS — presse Mitterrand et Mendès de descendre dans la rue jouer les intercesseurs de la bataille de rue, les défenseurs de bonne volonté de l'ordre et des revendications étudiantes tout à la fois [21]. Les deux hommes ne sont pas chauds. Ils risquent d'être pris dans la tourmente, de ne pas être écoutés, de se retrouver dans une situation ridicule. On se contente d'envoyer Dumas et Hernu en estafette. « Si cela devient méchant, appelez-nous. » Cela ne sera pas très méchant.

Mendès dit en partant : « Si une manifestation grave provoquait une répression grave, nous pourrions nous concerter. Gardons le contact [22]. » Pour Mitterrand, il est clair que l'un ne bougera pas sans avertir l'autre [23]. Il devient furieux le lendemain soir. Mendès s'est quand même rendu au Quartier latin avec Georges Kiejman, son ami avocat. Les amis de Mendès plaideront que l'ancien président du Conseil, ulcéré par le discours référendaire du Général — « Un référendum, dit-il, cela ne se discute pas, cela se combat » —, a été pris par l'ambiance. Il est descendu spontanément, entraîné par des amis, emmené à la Sorbonne, puis au local de l'UNEF. Mais, pour l'entourage de Mitterrand, c'est un simple coup monté. Mendès veut se montrer seul pour engranger le bénéfice politique et soigner sa popularité dans le mouvement. Il n'est pas difficile d'imaginer les pensées du président de la FGDS. Elles ont un thème unique : « Mendès veut me doubler. »

Le gouvernement analyse la crise

En entrant dans la salle du Conseil des ministres, le Général a un visage de marbre. Le gouvernement est au complet : il va entendre le président présenter son projet de référendum. Les vieux gaullistes veulent y croire, les fidèles espèrent encore le miracle. Les pompidoliens sont sceptiques et curieux. Qu'est-ce que le Vieux va encore sortir ? S'il gagne, tant mieux. Mais, s'il ne se reprend pas, il faut qu'il parte.

Le Général parle longuement et solennellement [24]. Le pays est en pleine mutation, l'avènement de la civilisation technique a troublé la jeunesse. La France, une fois de plus, donne le mouvement. Mais, en l'absence de péril extérieur ou intérieur, les Français s'abandonnent à la division. L'université a accru le mal car elle n'est pas adaptée : « Je passe mais tout le monde sait ce que je veux dire » (il fait allusion à la sélection que ses ministres ont tant tardé à envisager et refusé de fait de mettre en œuvre). Viennent les réactions récentes du gouvernement. Le

Général est sévère : « Votre psychologie a été de laisser
faire, de laisser venir. Tout cela eût été très bien, à
condition que ne fussent pas dépassées les bornes au-delà
desquelles l'État est atteint. » L'action passée de Georges
Pompidou est ainsi condamnée. Mais pas encore son action
prochaine. Car, pour remédier à la situation, il convient
d'agir à deux niveaux : « favoriser les choses élémentaires », en assurant ravitaillement et communications, en
négociant avec les syndicats une reprise du travail — c'est
la tâche du Premier ministre —, et prendre, dans le même
temps, les problèmes de fond à bras-le-corps. Alors, une
fois encore, le Général renouera le dialogue avec le pays
qu'il a entamé un 18 juin. Il lui demandera son accord pour
mettre en œuvre les réformes nécessaires : la participation
des travailleurs à la marche des entreprises ; l'organisation
des activités à l'échelle de la région. Puis, comme il sied
dans les circonstances graves, le Général demande un tour
de table.

Chacun s'exprime alors, dans un débat de tenue inégale,
où le pittoresque et l'insignifiant voisinent avec quelques
vues élevées et quelques analyses fortes. Pour Edgar
Faure, ministre virevoltant de l'Agriculture : « Le corps de
la France est mal constitué, il manque d'équilibre. » Le
prince du centrisme changeant demande un rétablissement
des corps intermédiaires de la société, et celui du Parlement, trop affaibli par un régime présidentialiste. De ce
point de vue, la régionalisation lui convient. Il voit dans
l'absence de relance économique un des vecteurs de la
crise, ce qui déplaît au ministre des Finances à la triste
figure, Michel Debré, absent depuis le début de toutes les
décisions importantes, tant son successeur ne souhaite pas
l'avoir sur le dos. Raymond Marcellin, ministre du Plan et
de l'Aménagement du territoire, souhaite une régionalisation plus franche. Il obtient que le mot soit inscrit dans le
projet de référendum, à la place du prudent « déconcentra-
tion » qui y figure, laissant présager un simple redéploie-
ment régional des pouvoirs administratifs intacts. Puis il
demande plus de fermeté dans le maintien de l'ordre.
Michel Debré se plaint des palinodies de Giscard et déplore

la fragilité de la majorité parlementaire. Si l'on ne résout pas cette question, rien ne marchera. Pierre Billotte, ministre des DOM-TOM, se lance dans une dissertation philosophique contre la société de consommation et demande une participation généralisée. Un vent d'utopie réformatrice souffle sur le Conseil. L'atmosphère se détend soudain pendant l'intervention d'Edmond Michelet, gaulliste chrétien et historique, bonhomme et emporté à la fois, qui prêche comme souvent l'indulgence :

Michelet : Mon général, il faut comprendre les étudiants, il faut y aller mollo !

De Gaulle : Comment, mollo ?

Michelet : Enfin, mollo, comme disent mes petits-enfants !

Le Général : Eh bien, mollo !

L'éloquent Schuman prend la parole d'une voix de stentor pour un morceau de bravoure d'orthodoxie gaulliste. Alain Peyrefitte, dont la démission n'a pas encore été rendue publique, jette un peu d'eau froide sur cet enthousiasme. Il est vrai qu'il sort d'en prendre. La participation, explique-t-il, est le projet mis en œuvre par le doyen Grappin, homme de gauche, à l'université de Nanterre. Il en est résulté la décomposition et l'émeute. La prudence s'impose donc. La participation ne vaut rien sans esprit de responsabilité. Malraux lance quelques aphorismes : « Il ne faut pas que le gouvernement danse au violon des grévistes. » Le vrai débat s'instaure sur l'urgence : plusieurs ministres, Missoffe, Gorse et d'autres, souhaitent des élections. C'est Pompidou qui s'y oppose : il craint les surenchères de députés anticipant le désaveu prochain des électeurs. Après un exposé glacial et sévère pour lui de Maurice Couve de Murville, qui note la perte d'autorité de l'État, le Premier ministre clôt la discussion en brossant un tableau général de la France, en plaidant pour son action, et en protestant une nouvelle fois de sa fidélité au Général. Dans la cour, à la sortie, Louis Joxe résume le débat : « ... et il ressuscita le troisième jour. » Formule optimiste. Engagé dans le référendum jusqu'au cou, le général de Gaulle court vers l'échec le plus grave de sa carrière.

18

24 mai. La nuit la plus dure

Ils sont tous là, au pied de la grosse horloge de la gare de Lyon, qu'André Malraux vient de faire nettoyer et qui trône, blanche et débonnaire, au milieu de dizaines de milliers de jeunes. De jeunes et pas seulement d'étudiants. Avec la grève salariée, la composition du groupe des protestataires a changé. Les étudiants ne sont plus tout seuls. Pompidou, inquiet des conséquences de l'exode rural et de la modernisation industrielle, avait voulu que les banques et les PTT embauchent massivement dans les années soixante, pour éponger les prévisibles surplus de main-d'œuvre. Des dizaines de milliers de jeunes sont ainsi entrés dans les bureaux, les agences et les centres de tri, issus souvent du lycée, et à ce titre proches des étudiants. Alors, piqués au vif par la réussite de leurs anciens condisciples, ils sont sortis de leurs entreprises pour humer à leur tour l'air de la révolte. Ce vendredi, l'unité avec la classe salariée n'est plus un mythe. Au coude à coude, intellectuels et travailleurs vont combattre la police[1].

On a chaussé les baskets, serré les foulards, ajusté les casques de motard et rempli les poches de boulons. On frémit de se retrouver encore une fois si nombreux. Le « 22 mars » et l'UJCml ont tenu à ce que les cortèges partent d'abord des portes de Paris pour drainer la mythique classe ouvrière qu'on pressent piaffant sous les murs de la ville. Il n'y aura pas beaucoup d'ouvriers pourtant, quelques centaines ramassés après les deux manifestations CGT de l'après-midi. Tout le monde a convergé vers la gare de Lyon, où la préfecture a autorisé non pas un défilé, mais un « meeting ». L'état-major est

divisé. July, Geismar, Le Dantec, qui se retrouveront plus
tard au sein de la gauche prolétarienne, sont partisans de
l'affrontement. Tout à leurs convictions ouvriéristes, ils
pensent que les ouvriers détachés de la CGT sont des
messagers. Que la situation se tende encore, et les prolétaires déserteront en masse la centrale trop prudente pour
rallier le camp des révolutionnaires. Weber, Krivine,
Bensaïd jugent indispensable la création préalable d'une
« avant-garde » patiemment construite, sous peine d'aven-
turisme et de recul en désordre devant la répression. C'est
la sagesse. Mais l'air sent la poudre.

Un bon discours catastrophique

Les délégations arrivent l'une après l'autre, applaudies ;
elles viennent se répandre sur les marches de la cour
d'arrivée, sur les trottoirs et sur le boulevard Diderot. On
ne bouge pas. On crie, on parle ou on savoure l'instant. On
attend. Et à 20 heures, quand l'ombre monte autour de
l'horloge, on est regroupés par petits paquets autour des
transistors. De Gaulle parle. Le ton est encore énergique,
le rythme majestueux. Mais quelque chose ne prend pas.
La rhétorique classique semble soudain dépassée, le voca-
bulaire à dessein suranné n'est plus que vieillot. Le charme
ne joue pas. A la télévision, le président de la République
paraît fatigué, affaissé.

Tout le monde, dit le Général, voit dans les événements
actuels « la nécessité d'une mutation de notre société » aux
fins « d'une participation plus étendue de chacun à la
marche et aux résultats de l'activité qui le concerne
directement ». Le premier devoir de l'État est d'assurer
« l'existence élémentaire du pays ». Mais ensuite « il y a à
réformer ». « Compte tenu de la situation tout à fait
exceptionnelle où nous sommes, j'ai donc, sur la proposition du gouvernement, décidé de soumettre au suffrage de
la nation un projet de loi par lequel je demande de donner
à l'État, et d'abord à son chef, un mandat pour la
rénovation. »

Relus à froid, les propos du Général ne sont pas un mauvais discours. La plume est sûre, et les idées fortes, suffisamment novatrices pour que la société française, vingt ans après, ait tout juste réalisé ce programme en matière de régionalisation, et à peine en matière de participation des salariés à la marche des entreprises. « Ce fut son meilleur discours », dit aujourd'hui Jean-Marcel Jeanneney en poussant un peu loin le paradoxe [2]. Mais dans une France arrêtée, devant des étudiants prêts à la bataille, cette annonce d'une nouvelle demande de blanc-seing pour un projet plutôt lointain ne correspond pas aux préoccupations réelles de la population, qui attend le retour à l'ordre, des syndicats, qui veulent des concessions sociales immédiates, et des étudiants, qui courent après le rêve insurrectionnel. Trop mou pour les inquiets et les conservateurs, trop abstrait et prudent pour les partisans du changement, la péroraison gaullienne n'a plus cette intuition de l'instant, ces formules destructrices et cette puissance d'imagination historique qui ont nourri tant d'adresses fameuses. « J'ai mis à côté de la plaque », dira le soir même l'orateur à Foccart [3].

D'autant plus que l'avant-dernière phrase est terrible pour le vieux chef, dont la voix usée sort des petits transistors de la gare de Lyon : « Au cas où votre réponse serait non, il va de soi que je n'assumerai pas plus longtemps ma fonction. » A peine ces mots s'achèvent qu'ils sont couverts par une tempête de hurlements. Puis, sans se concerter, des milliers d'étudiants sortent leur mouchoir, l'agitent dans la nuit chaude et entonnent, hilares, sur l'air des lampions : « Adieu, de Gaulle ! Adieu, de Gaulle ! » Alors commence la nuit la plus longue de Mai 68.

Le choc

Geismar demande à la police le passage vers la Bastille. Refus. La police est massée rue de Lyon, elle utilise les surplombs de la SNCF avenue Daumesnil pour ses communications. La nasse est bien fermée. Alors on commence à dépaver sur place. Les « Katangais » de la Sorbonne ont apporté des scies électriques. On abat quelques arbres. Peine perdue : Grimaud a prévu des autopompes et des bulldozers. La gare de Lyon ne sera pas une deuxième rue Gay-Lussac. Deux commissariats sont tout de même attaqués et les manifestants, instruits par la première semaine d'émeutes, sont bien équipés et bien encadrés. Mais la police est décidée à taper dur. Elle charge immédiatement après une préparation par grenadage à tir tendu. Les éclats coupent et les explosions aveuglent, les victimes s'effondrent en hurlant. Les CRS reçoivent en retour une volée de pavés et des coups de gourdin bien ajustés. Rien n'y fait. A 23 heures, les barricades ont été reprises à peine construites et la police contrôle tout le secteur de la gare. Entre-temps, le service d'ordre de la JCR, au réalisme musclé, a mis en fuite un « groupe incontrôlé » qui tentait de prendre d'assaut une armurerie [4]. Toujours cette hantise de la mort d'homme.

Alors il faut s'échapper ailleurs pour reprendre l'émeute dans un lieu moins quadrillé. La manifestation éclate en groupes épars, qui se répandent dans Paris poursuivis lourdement par les CRS. Grimaud ne voulait pas de manifestation. Il en a dix, incontrôlables, agressives, incandescentes. La leçon du 10 mai a été comprise : la préfecture et les PTT ont retiré leurs fréquences aux journalistes de radio, qui ne peuvent plus commenter à chaud, à moins de tomber par miracle sur une cabine téléphonique et de pouvoir y rester.

La Bourse brûle

Un petit cortège s'est faufilé sur les grands boulevards, foulards relevés, gourdins et couvercles de poubelle à la main. Geismar arrive en criant : « A la Bourse ! A la Bourse [5] ! » On arrive devant l'objectif désigné depuis deux

jours, temple orgueilleux du système honni. Pas un casque
noir à l'horizon. Les chiens de garde du capital ont oublié
de protéger son symbole. Pendant qu'on tergiverse, un petit
groupe plus déterminé enfonce les grilles et envahit le palais
Brongniart. On casse des chaises, on vide des tiroirs et on
empile des bureaux. Un peu d'essence, les flammes montent
à plusieurs mètres. La Bourse ne brûlera pas. Seulement
symboliquement. Ce que les incendiaires ne savent pas,
c'est qu'ils jouent aussi un rôle écrit par quelqu'un d'autre.
Loin d'être une erreur tactique, la disposition des barrages
de police qui livre la rive droite aux manifestants et leur
interdit la rive gauche est parfaitement volontaire. Pompidou pilote en direct l'action des forces de l'ordre, encadrant
Grimaud de ses directives. Il a besoin de réveiller le parti
de la peur. Portant le désordre dans les beaux quartiers, les
étudiants servent ses desseins. Il s'en explique sans
ambages dans ses souvenirs, publiés après sa mort : « Mes
instructions étaient de barrer les ponts afin de les empêcher
de se diriger vers le Quartier latin. Je voulais qu'ils se
dispersent vers l'ouest, à la fois parce qu'ils s'y perdraient
en petites opérations de commando sans gravité, et parce
qu'ils feraient peur aux bourgeois du XVIe. C'est ce qui se
passa au début et il y eut un petit incendie à la Bourse[6]. »
La ruse a changé de camp.

On bat en retraite quand arrive un escadron de CRS. On
arrive à l'Opéra, où la JCR donne le mot d'ordre de repli
sur le Quartier latin. On prend la rue de la Paix, on traverse
la place Vendôme plongée dans l'ombre où, derrière une
fenêtre du ministère, Louis Joxe observe le cortège en
écartant un rideau, spectateur silencieux et un peu inconscient. Le ministère n'est pas gardé et il faut les instances
répétées de son directeur de cabinet pour que le ministre
consente finalement à s'éclipser par une porte de derrière.
Les manifestants qui marchent et courent depuis trois
heures débouchent rue de Rivoli, en vue de la Concorde.
Alors quelqu'un crie : « A l'Élysée ! » Geismar est tenté un
moment[7]. L'atmosphère de grand soir est telle que cette
folie pourrait devenir réalité. Mais il faudrait changer de
catégorie, prendre les armes, mourir peut-être, faire tuer

sûrement. Au bord du gouffre, le tabou fonctionne encore. On n'ira pas. Les policiers qui entourent le palais présidentiel sont épuisés. S'ils sont assaillis, ils tireront. Grimaud, anxieux, décide de faire passer les émeutiers sur la rive gauche. Il fait ouvrir le Pont-Neuf et bloque les rues vers l'ouest. Place Beauvau, l'irruption de la manifestation rive droite a déclenché un véritable siège téléphonique. Ministres, députés, notabilités diverses exigent qu'on appelle l'armée, qu'on fasse tirer, que tout cela cesse par tous les moyens. « Une victoire payée de sang serait une défaite », répond inlassablement Fouchet. Fouchet, Geismar : même réflexe. Décidément, la France, qui ce soir-là se fait grand-peur, n'est pas prête pour la guerre civile.

Paul-Marie de La Gorce reçoit lui aussi des visiteurs inquiets place Beauvau[8]. Ce sont des journalistes, qui viennent lui faire part de leur effroi devant l'anarchie qui menace. Le journaliste gaulliste a vite compris l'augure : l'opinion se renverse.

Le paroxysme

Les rescapés de la Bourse arrivant au Quartier y trouvent un champ de bataille. D'énormes barricades ont été construites à la va-vite, hérissées de troncs d'arbres et de panneaux de signalisation. Rue des Écoles, le barrage hétéroclite monte jusqu'à trois mètres. Les manifestants sont aguerris, experts en attaques soudaines et en replis instantanés, le pavé précis et la barre de fer meurtrière. Les policiers ne sont pas en reste. Leur tactique s'est affinée depuis la rue Gay-Lussac. D'abord un tir massif de grenades, déluge de fer et de gaz, puis une charge lente, compacte, méthodique et, une fois les défenseurs dispersés, l'avancée inexorable des véhicules de déblayage, qui interdisent toute contre-offensive. Pour répliquer à cette tactique de manipule romain, les étudiants allument d'immenses brasiers devant les barricades, qui doivent aveugler les assaillants et protéger les défenseurs. Les rues

du Ve arrondissement ressemblent à celles d'Atlanta dans
Autant en emporte le vent. Partout, des groupes d'excités
cassent les vitrines, pillent les magasins, brûlent les voitures. La violence de Mai atteint son paroxysme. Encore
une fois, on frôle le désastre. Place du Panthéon, le
commissariat du Ve est assiégé par une foule hurlante. Les
policiers demandent des renforts qui n'arrivent pas[9].
Soudain, le bâtiment prend feu, menaçant de prendre au
piège les défenseurs. Grimaud est averti. Faute de pouvoir
dégager ses hommes, il faudra bien leur donner l'autorisation de se dégager, fût-ce en tirant. Sinon, ils vont brûler
vifs. Le préfet de police, la mort dans l'âme, recule le
moment fatal jusqu'au bout du possible. Quand soudain
trente gardiens de la paix débouchent par la rue Clovis,
formation serrée et pas de charge. Les assiégeants rompent
le combat. Grimaud respire.

A la Sorbonne, sans prévenir Mitterrand, Mendès est là,
« pour témoigner », dit-il. Il est bien accueilli. « Quand
j'étais étudiant, dit-il, j'ai vu beaucoup de bagarres au
Quartier latin, mais jamais pareille sauvagerie. Les combats entre la police et les manifestants sont trop iné-
gaux[10]. » Et encore, il ne sait pas tout. Dans leur reprise
méthodique du Quartier latin, les policiers font beaucoup
de prisonniers. Jetés dans les paniers à salade, les inter-
pellés sont acheminés en masse à l'hôpital Beaujon. Là, les
portières s'ouvrent, ils sont poussés dehors où les attend
une double haie de policiers, matraques levées. Le contrôle
d'identité fait très mal[11].

Le lendemain matin, on relèvera deux morts. Un jeune
homme, Philippe Mathérion, est mort au Quartier latin
d'une blessure à l'arme blanche, selon le communiqué
officiel. D'autres parleront d'un éclat de grenade. A Lyon,
le commissaire René Lacroix est écrasé, contre le parapet
du pont Lafayette, par un camion lancé sur les policiers,
accélérateur coincé. Au Quartier latin, les arbres sciés, les
vitrines défoncées et les carcasses de voitures calcinées
composent un paysage de guerre. Cette fois, l'opinion se
tourne contre les étudiants. La première semaine, du 3 au
13 mai, avait quelque chose de séduisant, de drôle et de

frais. Dans une France paralysée par la grève, où les nantis, petits et gros, commencent à trembler pour leurs biens, l'émeute devient une agression inadmissible, un jalon hideux vers la guerre civile. La destruction des autos stationnées, dont les propriétaires ne pourront obtenir aucune indemnisation, touche la France profonde au point sensible. La France a peur. Ce 24 mai, les trublions, jusque-là si habiles, ont perdu tout soutien dans la population. Le PCF redouble ses condamnations, écouté cette fois par « le peuple de gauche », les ouvriers qui occupent pacifiquement les usines se méfient de cette violence impopulaire. La droite se ressaisit et rallie les inquiets. A 3 heures du matin, Fouchet parle à la radio : « Cette pègre qui sort des bas-fonds de Paris est véritablement enragée. Dissimulée derrière les étudiants pris par le vertige, elle se bat avec une folie meurtrière... Je demande à Paris de vomir cette pègre qui la déshonore. » Les étudiants retourneront une fois de plus le mot : « La pègre, c'est nous. » Mais, cette fois, ça ne passe plus. Le mot de Fouchet a fait mouche. La France a peur. Les étudiants ont perdu leur crédit. Pour la commune parisienne, le 24 mai sonne l'heure du reflux. Le plan Pompidou commence à fonctionner.

TROISIÈME PARTIE

25-30 mai
La crise politique

19

25-26 mai. Grenelle

De Gaulle a échoué

De Gaulle sait qu'il a échoué, Pompidou pense qu'il peut réussir. L'annonce du référendum est un désastreux coup d'épée dans l'eau. Le Général l'a senti dès l'enregistrement. « Ce n'est pas ce que les Français attendent », confie-t-il à ceux qui sont derrière les caméras[1]. Le lendemain samedi, il reçoit à déjeuner Sargent Shriver, beau-frère de John Kennedy et nouvel ambassadeur des États-Unis en France. Le ton est lugubre : « L'avenir ne dépend pas de nous, monsieur l'ambassadeur, il dépend de Dieu. Tout annonce qu'il peut être agité, et même encore une fois dramatique[2]. »

Après le café, c'est un ministre fidèle, François Missoffe, qui succède à l'ambassadeur. Il est l'un de ceux qui se sont le plus nettement opposés au référendum, le jugeant inadéquat et préférant une dissolution.

— Que pensez-vous de mon discours ?

— Mon général, c'est raté, ce n'était pas du de Gaulle.

— Redites-moi pourquoi vous étiez hier opposé au référendum.

Missoffe lui explique.

— Au fond, il fallait bien que j'aie une raison de foutre le camp.

— Mon général, si c'est une vraie révolution, vous serez bientôt dans ce même bureau, en jaquette, et vous remettrez les pouvoirs à Mitterrand ou à Mendès.

— Je reste[3].

Puis, si l'on en croit le témoignage du ministre à l'auteur, de Gaulle se lance dans une péroraison énergique d'où il ressort qu'il est décidé à faire front, quel qu'en soit le prix.

Ces deux scènes annoncent les quatre jours qui suivent, les plus dramatiques de l'histoire du pays depuis la fin de la guerre d'Algérie. Entre l'impuissance du gouvernement et ses propres faiblesses, de Gaulle se sent ligoté. Il coule sans pouvoir même se débattre. La restauration du pays, le franc rétabli, les institutions stabilisées, l'indépendance reconquise, l'économie en plein développement, c'est son œuvre personnelle, ce par quoi il restera dans l'histoire. Et voilà que tout cela se défait sous ses yeux, en quelques jours. L'amertume submerge le grand homme. Comme souvent dans sa carrière, il a la tentation du départ, le vertige du néant.

C'est du moins ainsi que beaucoup de témoins et d'historiens le voient, dans ces derniers jours de mai qui sont comme l'extrême hiver de son règne. Mais d'autres, Missoffe est parmi eux, ne croient pas à la dépression du Général. Les revers subis auraient abattu les plus solides, disent-ils. Pas lui. Il est troublé, ulcéré, fatigué. Mais, en drogué de l'action, il cherche toujours l'issue. La porte du référendum claque devant lui. Il en trouvera une autre, dût-il louvoyer, reculer, tromper tous ses proches et troubler ses amis. Il ne renoncera pas. C'est une des grandes énigmes de ces quatre jours. De Gaulle a-t-il failli ? Ou bien met-il en scène, après l'abattement du vendredi soir, une de ses suprêmes ruses de guerre qui sont l'apanage du chef ? En ce samedi matin, une tragédie commence dans la tragédie : le combat secret du héros contre lui-même.

Les acteurs de Grenelle

Pompidou n'a pas de ces déchirements. Épuisé, gris, crispé sur des commandes qui ne répondent pratiquement plus, bourré d'aspirine et d'optimisme forcé, il voit une petite lueur à l'autre bout du tunnel où se débat le gouvernement. L'émeute de la veille était violente, scandaleuse, choquante. Elle a un immense mérite : cette fois, l'opinion en a assez. La peur sera bonne conseillère, elle ralliera au Premier ministre les possédants paniqués, dont le nombre est maintenant immense. Quant à la négociation sociale, elle s'ouvre enfin. On discutera tout le week-end s'il le faut, mais on aboutira. Le PC veut le retour au calme, tout son comportement le prouve. Il suffit de s'entendre avec lui, le reste suivra. Pendant que de Gaulle tient un lugubre discours à Sargent Shriver, Pompidou déjeune avec quelques ministres amis. Il est guilleret.

Le grand palabre social commence à 15 heures au ministère du Travail, 127 rue de Grenelle, dans l'ancien hôtel du Châtelet. La salle est mal sonorisée, les tables trop étroites et trop longues, on ne se voit pas quand on est du même côté de la pièce. Tant pis. Le décor est pauvre, mais la pièce intense. Pompidou, pâle mais vivace, Séguy, rose et déterminé, en seront les deux héros. Le premier veut un accord pour ramener l'ordre, sans trop lâcher, pour que l'économie y survive. Le second veut un accord pour ramener l'ordre, mais en obtenant le maximum pour rendre acceptable la reprise du travail et garder le contrôle de la situation. On n'est éloigné que par des chiffres. Dans une France au bord du gouffre, c'est peu de chose.

Jean-Marcel Jeanneney a été mis sur la touche pour la préparation des discussions. Il est là parce qu'il est le ministre en titre, mais ce sont Balladur, conseiller aux affaires sociales, et Chirac, secrétaire d'État, qui seront les bras séculiers du Premier ministre. Celui-ci conduit toute la négociation. Grenelle est son affaire. Il distribue la parole, argumente, résume, descend tour à tour dans le détail des dossiers sans consulter aucune note, puis revient aux enjeux essentiels sans jamais trébucher. Les syndicalistes reconnaîtront tous sa maîtrise, intacte jusqu'à la dernière minute, après trois nuits sans sommeil.

Pompidou n'a demandé qu'une chose au Général : « Épargnez-moi Debré. » Le ministre des Finances ulcéré a été écarté de la négociation. Le signal est clair pour les syndicats : on fera du social. Debré rédigera sa lettre de démission au moment où démarrent les débats. Tricot lui demandera seulement de ne pas la rendre publique.

Autour de Séguy, Frachon et Krasucki composent une garde d'acier. Le vieux Benoît est ramené trente ans en arrière : il était autour de la table en 1936 pour les accords de Matignon. Disert, bonhomme, il parsème les débats d'anecdotes puisées dans quarante ans d'expérience ouvrière. Quand il voit le baron Petiet, de la délégation patronale, il l'interpelle joyeusement : « J'ai connu votre père, il était déjà à Matignon. Un lutteur ! » A côté de lui, Krasu, au mince sourire et à l'élocution lente de faux simplet, sent la moindre nuance. Emmené par Paul Huvelin à la triste figure, le patronat suivra le gouvernement, mais la CFDT d'Eugène Descamps mettra son grain de sel « qualitatif » dans tous les débats et compliquera les choses le plus possible. Elle veut des concessions qui touchent aux questions du pouvoir et de la représentation dans l'entreprise, quand la CGT insiste d'abord sur le niveau des salaires. La CFDT croit surtout au changement de gouvernement. Elle s'est liée au mouvement étudiant et caresse l'hypothèse Mendès. Elle a objectivement intérêt à faire capoter l'accord, pour que Pompidou tombe et que le recours à Mendès naisse naturellement de l'impasse sociale. Mais elle ne peut pas non plus jouer les irresponsables. Et surtout, Séguy et Pompidou connaissent son jeu. Au besoin, ils concluront seuls. Au total, on a de bonnes chances d'aboutir. Mais ce sera long.

Sur le fond, les syndicats ne manquent pas d'arguments. Trois millions de Français gagnent moins de 600 francs par mois. On n'a distribué que 3 % de pouvoir d'achat en 1967, alors que la croissance dépassait les 5 %. Les salaires sont en retard sur la production. La section syndicale n'a toujours pas droit de cité dans l'entreprise ; dans beaucoup de PME, la grève est de fait interdite et la revendication collective bannie. La condition ouvrière a progressé, mais elle reste par beaucoup d'aspects à la traîne du progrès général de la société. Des centaines de milliers de salariés vivent au bord de la misère, contraints à des rythmes de travail épuisants, soumis à une maîtrise tatillonne, sans perspectives et presque sans droits. Pour tous ceux-là, Grenelle sera une bénédiction. Ainsi les syndicalistes n'ont pas seulement en tête le jeu du pouvoir. Ils ont conscience de vivre une page décisive de leur histoire, incarnant autour de la table de négociation les aspirations de millions de grévistes.

Le SMIG : « Il est fou ! »

On commence par le SMIG. Séguy a demandé 3 francs de l'heure publiquement, soit 35 % d'augmentation, puis s'est péniblement mis d'accord en coulisse avec Chirac pour transiger à 2,70 francs. Pour ouvrir le feu, le secrétaire général de la CGT réitère sa demande, qu'il assortit d'une suppression des abattements de zone (le salaire minimum était à cette époque modulé selon les régions), et d'une suppression du SMAG (le salaire minimum agricole, inférieur au SMIG, qui se retrouverait ainsi aligné sur le salaire minimum général). Paul Huvelin répond immédiatement : « Nous sommes d'accord. » Séguy en reste médusé. Pompidou se penche vers Jeanneney : « Il est fou[4] ! » En fait, le patronat est catastrophé de la perte d'autorité produite par les occupations. Il est prêt à payer au prix fort le retour à la normale, c'est-à-dire la restauration de son pouvoir. Il se rattrapera en grande partie sur l'inflation. C'est le gouvernement qui écopera.

La discussion se poursuit sur les salaires. On passe beaucoup de temps à écouter les doléances des différents syndicats. On reprend après le dîner. Le niveau général d'augmentation des salaires est âprement débattu. Huvelin veut bien lâcher 5 %, Séguy veut 13 %. Impasse. Comme la discussion n'avance pas, Séguy fait un geste : Passons aux autres sujets, dit-il, nous ferons la liste des points d'accord, puis nous reviendrons sur les difficultés. La réunion est sauvée. On se sépare à 3 h 45.

Les discussions reprennent le dimanche soir. Entre-

temps, Pompidou a promis des négociations particulières
dans les entreprises nationales et la fonction publique. Il a
aussi vu les syndicats un par un. A la CFDT, il lâche sans
barguigner le statut de la section syndicale d'entreprise.
Une commission planche tout l'après-midi. Le syndicat
aura désormais un local dans l'entreprise ; il pourra publier
des communiqués, distribuer des tracts, collecter des
cotisations. Cette officialisation de la présence syndicale
remplit le patronat d'effroi. Son autorité, pense-t-il, sera
battue en brèche par la propagande incessante du syndicat.
C'est un peu vrai : c'est même le but de l'opération. Tant
pis.

Pompidou et Moscou

Pompidou reçoit ensuite Séguy, Frachon et Bertelot
pour la CGT. Il leur concède la représentation dans les
organismes paritaires, dont le syndicat était jusque-là
exclu : le Commissariat au Plan, les conseils d'administration des entreprises publiques, etc. Puis il vient au cœur des
choses, avec un discours d'un réalisme brutal, tel que le
rapporte, en substance, Séguy dans ses souvenirs :
« L'orientation de la politique extérieure du général de
Gaulle a beaucoup d'ennemis à l'intérieur et à l'extérieur, y
compris parmi ceux que vous souhaitez avoir comme alliés
contre nous. Ce sont des adversaires irréductibles de
l'ouverture à l'Est... Ils espèrent, à la faveur des événements, rétablir le cours de la politique atlantiste de la
IVe République. C'est l'essentiel de la situation présente,
et j'ai la conviction que vous n'y êtes pas insensibles... Pour
ma part je puis vous assurer d'une chose. Je préfère être
simple fonctionnaire d'un gouvernement communiste que
Premier ministre d'une France dominée par les Américains[5]. » On ne sait si Séguy n'exagère pas un peu l'anti-
américanisme de Pompidou, qui le porterait à préférer le
communisme à l'atlantisme. En tout cas, ces propos sont
dans la logique de la situation. Entre de Gaulle et

Pompidou d'une part, Mitterrand et Mendès de l'autre, les communistes ne peuvent pas balancer. Selon Séguy, les cégétistes se récrient alors, proclamant leur volonté de maintenir la discussion sur un terrain strictement syndical. Mais le message est passé. En séance, la CGT sera plutôt de bonne volonté. Dès la reprise, à 17 heures, Séguy lit une déclaration qui résume les demandes de sa centrale : abrogation des ordonnances, paiement des jours de grève, application de l'échelle mobile des salaires. Pompidou le coupe : « Est-ce un préalable ? — Non, discutons[6]. »

A l'arraché

Ces bonnes dispositions ne suffisent pas. La CGT a beaucoup chargé la barque. Les ordonnances sur la Sécurité sociale, réforme sur laquelle le Premier ministre s'est engagé, et l'échelle mobile des salaires, porte ouverte à l'inflation, selon les experts gouvernementaux, posent des problèmes insurmontables. Pompidou ne peut pas tout lâcher, son autorité se déferait. Les représentants de la CFDT compliquent encore les choses. Detraz et Descamps se lancent dans des longues tirades sur l'état de la société, l'évolution du capitalisme, les aspirations de la population, ce qui a le don d'exaspérer Séguy : « Quels cons, quels cons, mais quels cons ! » A 20 h 15, on va dîner. Rien n'est réglé. Séguy dit à la presse : « La séance s'est pratiquement terminée sur un désaccord. » Frachon s'en va dormir, pessimiste. Il est chargé de présenter le protocole aux ouvriers de Billancourt le lendemain. On téléphone aussi à Aimé Halbeher, le secrétaire du syndicat CGT de chez Renault. « Ça n'avance pas, lui dit-on, il faudra que les gars poursuivent le mouvement pour accroître la pression[7]. »

A cette heure-là, la CGT ne croit plus beaucoup à l'accord immédiat. Elle pense qu'il faudra encore laisser passer un ou deux jours de grève. A minuit, Séguy sort se dégourdir les jambes et lâche à un journaliste : « Pas d'accord avant mardi[8]. »

Le compromis

Vers 2 heures du matin, on vient prévenir la délégation CGT. Selon certaines sources, c'est un coup de téléphone émanant directement du PCF ; pour d'autres, l'appel vient de la CGT[9]. Toujours est-il que la nouvelle change tout pour Séguy et les autres : un grand meeting est convoqué lundi soir au stade Charléty par l'UNEF, la CFDT et une myriade d'organisations. Pierre Mendès France sera présent.

L'information est décisive. Cette opération peut mettre sur les rails ce que les communistes redoutent depuis le début : une jonction étudiants-ouvriers, grâce à la collusion UNEF-CFDT, qui déboucherait sur une candidature de Mendès aux responsabilités suprêmes. L'échec de la négociation et la poursuite de la grève donneraient à cette revendication du pouvoir la force de l'urgence : seule une nouvelle équipe à la fois proche des jeunes et crédible sur le plan gouvernemental, dirait-on dans ce scénario, peut mettre fin au désordre et remettre la France au travail. Naturellement, dans cette hypothèse, les communistes seraient ramenés autant que possible à la portion congrue : leur présence ne ferait que compliquer les choses en inquiétant le pays. Le PCF ne peut hésiter : tout, mais pas ça !

Alors vers 3 heures et demie, peu après le retour en séance, alors que les débats lambinent sur des points de détail, Krasucki fait un large geste du bras et lance d'un ton sans réplique : « Bon, il faut en finir[10]. » Dès lors, tout s'accélère. Vers 4 heures, Chirac et Séguy se parlent de nouveau en tête à tête. Chirac reparle de la politique étrangère. Inutile ; cette fois, c'est la politique intérieure qui préoccupe la CGT. Le jeune secrétaire d'État avance alors des possibilités de compromis : 50 % des jours de grève payés, rendez-vous dans six mois pour l'échelle mobile, réduction de 5 % du ticket modérateur de la Sécurité sociale, et débat au Parlement sur la ratification des ordonnances. Séguy acquiesce. Il abandonne en échange l'exigence de l'échelle mobile des salaires et l'abrogation des ordonnances, deux points d'achoppement majeurs. Au fur et à mesure qu'ils discutent, Chirac fait passer des petits papiers au Premier ministre. L'accord est fait[11].

A 4 h 15, deux commissions sont formées, qui travaillent à toute vitesse. Et à 7 h 40, Pompidou épuisé peut lire en bafouillant, devant les délégations revenues en séance au grand complet, le « protocole d'accord » de Grenelle. Les syndicats ne signeront pas : ils doivent d'abord consulter leur base. Le document restera pourtant comme « l'accord de Grenelle », date historique de l'histoire sociale du pays. Le SMIG augmente de 35 %, les salaires de 7 % tout de suite, puis de 3 % au 1er octobre ; la durée du travail est légèrement réduite ; la section syndicale est officialisée dans l'entreprise ; les régimes de retraite sont améliorés, ainsi que les allocations familiales et les allocations de salaire unique ; la formation professionnelle sera financée par l'entreprise.

L'économie absorbera le choc sans s'effondrer. L'inflation repartira en réponse à la hausse des salaires et il faudra dévaluer le franc un an plus tard, après une alerte très chaude en novembre. Pompidou a payé cher le retour au calme. Mais la France honorera la note.

Encore faut-il que le travail reprenne. A la sortie de la salle, Pompidou prend Séguy par la manche :

— Pensez-vous que le travail va reprendre rapidement ?

— Je pense que les travailleurs vont trouver les résultats de cette négociation notoirement insuffisants à plusieurs égards.

— Leur appréciation et leur comportement dépendront beaucoup de la façon dont vous les présenterez.

— Je ferai un compte rendu objectif du bilan de nos discussions[12].

Selon certaines sources, Séguy a promis en fait une

reprise du travail pour mardi[13]. Si l'information est vraie, le secrétaire général, qui s'engouffre dans une voiture pour se rendre directement à Billancourt, va au-devant d'une grave déception.

20

27 mai. De Billancourt
à Charléty

A travers le Paris frais du petit matin, Georges Séguy roule vers Billancourt. Il a à peine le temps de jeter quelques notes sur un papier. Le compte rendu devant les grévistes de la forteresse ouvrière sera décisif. Le vieux routier des meetings d'usine a le trac[1].

La fausse manœuvre

Ce qu'il ne sait pas, c'est que les jeux sont déjà faits. Car Aimé Albeher, le secrétaire du syndicat CGT-Renault, le vrai patron de la Régie selon les mauvaises langues, pensait que les pourparlers continuaient. Conformément à la tactique choisie la veille au soir, il va demander la poursuite de la grève. Aux ouvriers présents, arrivés entre 6 et 8 heures, on a distribué un tract imprimé dans la nuit[2]. Son titre : « Poursuivons jusqu'à la victoire. » On y lit : « Rappelons que, chez Renault, nous exigeons que les discussions s'engagent sur les bases suivantes : augmentation générale des salaires avec pour base : pas de salaires en dessous de 100 000 anciens francs par mois ; retour à la semaine légale de 40 heures sans perte de salaires ; retraite à 60 ans », etc. Si la délégation de Grenelle revient, pensent ces ouvriers, c'est forcément avec une victoire complète. A minuit et demi la veille, ils ont entendu Séguy affirmer qu'il tenait ferme sur le paiement des jours de grève, l'échelle mobile et l'abrogation des ordonnances. La victoire ou la poursuite de la grève.

Très logiquement, Albeher monte à la tribune et dit simplement : « Les syndicats CGT, CFDT et Force ouvrière appellent les travailleurs à la poursuite de la grève. » Un tonnerre d'applaudissements monte de la foule des ouvriers. Puis il énumère les revendications : paiement intégral des jours de grève, refus de tout salaire inférieur à 1 000 francs, échelle mobile, abrogation des ordonnances. Il ignore qu'à cette heure Séguy a accepté le compromis sur tous ces points. Chaque rappel de revendication est salué par une ovation[3]. Puis Albeher cherche Séguy des yeux. Voyant qu'il n'est pas là, il passe le micro à Frachon. Le vieux militant se lance dans un historique un peu laborieux des luttes ouvrières depuis trente ans. Les ouvriers écoutent dans un silence glacial. C'est à ce moment qu'un coup de téléphone au local de la CGT apprend aux délégués que l'accord est conclu. Il faut encore dix minutes avant que la nouvelle parvienne à la tribune. Trop tard. André Jeanson, de la CFDT, a pris la parole. Il appelle à la solidarité avec les étudiants, sans grand résultat, et demande lui aussi la poursuite du mouvement. Il parle du processus de démocratisation dans les entreprises, l'économie et la nation. Alors un grand cri monte de l'assemblée : « Gouvernement populaire ! Gouvernement populaire ! »

C'est dans cette ambiance que Séguy et Descamps arrivent à Billancourt. Pouvaient-ils renverser la tendance ? Ce n'est certainement pas faute d'avoir essayé. Séguy s'empare du micro : il énumère lentement les points d'accord. Tous sont accueillis dans le silence. En revanche, chaque refus patronal est longuement conspué. Séguy se jette à l'eau : « Les patrons nous ont demandé si nous allions lancer un ordre de reprise du travail. » Des huées retentissent, qui valent toutes les réponses.

L'orateur explique alors posément que la CGT, n'ayant jamais donné l'ordre de la grève, ne peut donner l'ordre de reprise. La porte reste ouverte : si les travailleurs le décident, le travail peut reprendre. Ce n'est pas le syndicat qui pousse à la grève. Mais les grévistes ne veulent pas voir la nuance. Si la CGT n'appelle pas à la reprise, c'est que la grève se poursuit. Séguy s'accroche. Il essaie de souligner les points d'accord. Mais il sent bien que cela ne passe pas. Alors il enchaîne sur les revendications qui restent à satisfaire. On vote. La grève continue. Pompidou et la CGT sont pris à revers.

Le vertige

Alors, c'est la vraie panique qui commence. Dans la matinée, Citroën, Sud-Aviation, Rhodiaceta décident de poursuivre la grève. A midi, aucune reprise notable ne s'est manifestée. Décidément, les discussions de Grenelle ont bien échoué. La France en est avertie dès le matin par les radios, qui annoncent en même temps la conclusion de l'accord syndicats-gouvernement et son rejet par les grévistes. Pour l'opinion, angoissée, la discussion du week-end apparaissait comme la dernière planche de salut. Si la base la refuse, c'est que personne ne contrôle plus rien. Le vertige de la révolution saisit les Français. Pour les uns, c'est un coup monté de la CGT, qui fait semblant de vouloir la reprise, mais travaille en sous-main à la prise du pouvoir. Pour les autres, c'est la porte ouverte au changement de régime. Pompidou ne peut pas ramener le calme : tant pis pour lui. Si Mendès peut arrêter la grève, qu'il le fasse. Tout plutôt que cette situation de subversion générale. Pour d'autres encore, tout cela va déboucher sur l'anarchie totale. Les émeutes étudiantes vont reprendre, appuyées cette fois par les ouvriers ; le gouvernement s'effondrera, et les révolutionnaires se retrouveront à la tête de l'État. Cohn-Bendit à l'Élysée ? Tout est possible !

Les ménagères se précipitent dans les supermarchés, emplissant fébrilement réfrigérateurs et garde-manger. On empile les paquets de sucre et de pâtes dans les armoires. Des agences bancaires doivent fermer leurs portes, faute de pouvoir répondre à la demande de billets. La lutte pour l'essence devient une guérilla générale. Des nuées de

« pipeurs » écument les parkings tuyau et bidon à la main.
Des familles parisiennes fortunées se replient dans leur
maison de campagne au nom du vieil adage : « Pendant la
guerre, les seuls à n'avoir pas eu faim furent les paysans. »
D'autres rassemblent or, bijoux, titres et espèces et prennent la route en direction de la frontière la plus proche. Le
Comité de défense de la République, fondé par d'anciens
activistes gaullistes, reçoit des adhésions musclées. Le
spectre de la démocratie populaire rôde sur le pays. Prise
de vertige, la France bascule vers la guerre civile.

Pourquoi l'accord de Grenelle a-t-il été refusé ? La
fausse manœuvre de la nuit n'explique pas tout. Renault
aurait-elle accepté la reprise qu'elle aurait tout de même
été très difficile. Et il n'a pas fallu beaucoup pousser les
ouvriers pour qu'ils continuent la grève. C'est bien que
quelque chose d'autre se passait ce jour-là dans la tête de la
classe ouvrière. Une chose fascinante : au fond, les revendications des grévistes sont inexprimables. Séguy chargera
un peu plus la barque, la CFDT parlera pouvoir dans
l'entreprise, mais aucun de ces discours ne correspond aux
aspirations de la base. Ils embrayent sur le vide. Comme si,
à cette heure, la grève valait pour elle-même, comme si
cette interruption fantastique de l'ordre des choses recelait
trop de promesses pour qu'on y mette fin. « On n'a pas fait
tout cela pour 10 % d'augmentation. » C'est la phrase qui
dit tout. Énormes à l'aune du raisonnable gestionnaire, les
résultats de Grenelle sont dérisoires en regard de l'intensité
de ces journées. Il faudra encore un bon mois avant que la
France ne se remette complètement au travail, des discussions interminables, un marchandage sans fin. La France
salariée ne veut pas arrêter les grandes vacances, elle ne
veux pas sortir de son rêve. La situation n'était pas
révolutionnaire : il y manquait la violence, la haine, la
volonté de prendre le pouvoir. Pourtant il y avait bien une
fracture, comme on en rencontre deux ou trois par siècle.

Au Conseil des ministres réuni ce matin-là pour discuter
du référendum, le scepticisme règne. Dans l'état actuel du
pays, l'organisation matérielle du scrutin est impossible.
Les ministres n'y croient pas. De Gaulle est impassible.

Pompidou veut encore garder le moral. Chirac a demandé à revoir Séguy. Celui-ci ne répond pas : il veut mesurer l'étendue du refus, saisir une situation qui échappe à tout le monde.

Devant l'impuissance gouvernementale, l'opposition abasourdie doit prendre ses décisions. Aussi invraisemblable que cela pouvait sembler trois semaines auparavant, le pouvoir monte vers elle sans qu'elle n'y fasse rien. Alors les ambitions s'affûtent, les rêves s'exaspèrent, les stratégies se fixent. Par un incroyable concours de circonstances, la gauche se retrouve aux marches des palais officiels sans avoir levé le petit doigt pour y parvenir. En plein XXe siècle, Paris a repris l'humeur des grandes journées révolutionnaires. Cette classe politique nourrie d'histoire voit passer devant elle les grandes images des livres anciens, ces visions de châteaux envahis, de trônes renversés, de puissants éperdus et de pouvoirs saisis à la faveur de l'instant. La foule du 10 août, les grenadiers de Murat, le retour de l'île d'Elbe, le balcon de l'Hôtel de ville, toutes ces chutes de gouvernement, toutes ces ruptures de légalité, ils les revivent confusément, pris par la fièvre des tombeurs de régime, persuadés qu'il s'agit maintenant de jouer son destin en un jour, dans un grand coup de dés historique.

L'inquiétude du PCF

Depuis quelques jours, trois voies se dessinaient à gauche, trois issues à la crise, trois stratégies qui se croisent, s'entrecroisent et se heurtent. La puissance est toujours du côté communiste. La CGT tient la grève ; le revers de Billancourt n'a pas altéré sa maîtrise sur le mouvement. Encore quelques concessions du gouvernement, et la centrale de Georges Séguy se fait fort de déclencher la reprise. C'est toujours le meilleur scénario : le PCF sauve le régime au prix fort. Revenu de Billancourt, Séguy rend compte au bureau politique, réuni exception-

nellement un lundi, comme le raconte Roger Garaudy [4]. A
la fin de son intervention, la conclusion de Waldeck et des
autres est immuable : « Il faut trouver un point d'atterrissage. — On le fera, mais il y aura de la casse », répond
Séguy.

Même avec « de la casse », cela prendra du temps. Or
tout se précipite autour du PCF. Les étudiants sont
imprévisibles, Mitterrand et Mendès s'agitent frénétiquement, et l'impéritie du gouvernement est telle qu'il peut
couler tout seul avant même qu'on ait le temps de lui jeter
une bouée. Les communistes ont donc un deuxième fer au
feu, le « gouvernement populaire ». Si par extraordinaire
un nouveau pouvoir sortait de la grève et de l'émeute, il
faudrait bien en être. Fût-il engagé dans une stratégie
légaliste et pacifique, le Parti ne peut pas refuser le pouvoir
s'il lui tombe du ciel. Les communistes ne pouvant gouverner seuls, à moins de provoquer la guerre civile, il leur faut
des alliés : ce sont les leaders de la FGDS, Mollet et
Billères, les deux caciques d'appareil, et le revêche Mitterrand, homme sans troupes et pourtant incommode. Depuis
1965, ils ont appris à le connaître. Il est ombrageux,
indépendant, mais réaliste. Il a besoin des voix du PCF. Il
est prêt à en payer le prix si celui-ci n'oblitère pas ses
chances et ne heurte pas trop son anticommunisme viscéral
et secret. Alors, pendant que la CGT tente de sauver les
gaullistes, Waldeck écrit à Mitterrand et, pour parer à
toute manœuvre, rend la lettre publique avant que son
destinataire ne la reçoive. Il propose un « gouvernement
populaire et d'union démocratique avec la participation
communiste, sur la base d'un programme minimum commun ». La formule est plutôt modérée. Depuis cinq ou six
ans, le PCF ne cesse de proclamer sa volonté d'unir la
gauche pour qu'elle gouverne en commun sur la base d'un
projet négocié au préalable. Écrivant cette lettre, Waldeck
Rochet propose à chaud ce qu'il demandait depuis longtemps à froid.

Mais cette différence de température change tout. En
1968, la force du PC est énorme, même si son comportement est désormais des plus respectables ; ses liens avec

l'URSS sont patents et l'adoubement démocratique que lui conférera plus tard la signature du programme commun et l'alliance du gouvernement avec les socialistes n'en est qu'à son début. En 1968, le PCF fait peur, et pas seulement à droite. François Mitterrand ne peut donc pas, à moins de se condamner politiquement, souscrire aux propositions communistes. Il peut embarquer le PCF dans une expérience. Mais à la condition qu'il y soit minoritaire et second. Son obsession stratégique, c'est « le rééquilibrage » de la gauche, ce qui signifie en clair le renforcement de son pôle démocratique et réformiste aux dépens de son pôle stalinien. Ce jour-là, donc, le président de la FGDS reçoit les dirigeants communistes : il refuse de discuter du fond de la lettre de Waldeck. En accord avec les socialistes et les radicaux, il a annoncé qu'il parlerait mardi matin. Il propose que la réunion ait lieu après sa conférence de presse.

Mendès en piste

Refusant de se lier les mains avec le PCF, Mitterrand sait qu'il doit poser sa candidature au pouvoir le plus vite possible. Car, dans son dos, l'opération Mendès bat son plein. Les étudiants ont vu l'ancien président du Conseil plusieurs fois. Marc Heurgon, stratège du PSU, cornac politique de Jacques Sauvageot, est l'une des chevilles ouvrières de cette coalition nouvelle. La CFDT soutient l'hypothèse ; plusieurs personnalités centristes ont fait connaître leur accord à la personne de Mendès France. Jusqu'au sein du mouvement gaulliste, où le refus de Billancourt a provoqué l'épouvante, on trouve des partisans soudains de l'adversaire constant de la Vᵉ République. Simon Nora, haut fonctionnaire, ami de Mendès, reçoit plusieurs coups de téléphone de députés et de ministres touchés par la grâce mendésienne[5]. Le Général doit appeler Mendès, puis s'effacer, disent ceux-là que la poursuite de la grève a jetés dans les affres du désespoir.

Dès le 18 mai, PMF a déjeuné avec Alain Geismar[6] dans un restaurant de la rue de Montholon. L'ancien président du Conseil exprime sa satisfaction de voir le régime issu d'un coup de force confronté à une autre poussée de force. Mais il croit de Gaulle capable de recourir aux armes. Geismar dit sa certitude d'être porté par des formes politiques d'un genre nouveau. Sur ce point Mendès est enthousiaste. Mais il s'inquiète, en expert des questions économiques, de voir l'appareil de production mis à mal par l'agitation et les bouleversements sociaux. « La France ne saurait courir le risque de dégénérer en pays sous-développé », dit-il. « Regardez, les relations humaines se modifient déjà dans les ateliers », lui répond Geismar. Entre le réaliste démocrate et le contestataire radicalisé, le dialogue est difficile. Mais il y a compréhension, respect. Geismar a aussi vu Mitterrand, qui lui a tenu le langage des rapports de forces : vous êtes la rue, nous sommes les professionnels de la politique, nous sommes condamnés à nous entendre. Le jeune syndicaliste a écouté avec intérêt. Mais il connaît trop la mauvaise réputation de Mitterrand chez les étudiants pour le mettre sur le même plan que PMF. Décidément, si le dialogue s'approfondit, il pourrait y avoir un terrain d'entente avec l'ancien président du Conseil. Les « modérés » de la contestation étudiante savent bien qu'il faudra un débouché politique, que la révolution n'apparaîtra pas d'un coup, dans sa pureté idéale. Mendès peut être une transition, un moyen.

Le dimanche de Grenelle, PMF s'est rendu en soirée chez Francis Kahn, un des dirigeants du PSU, où l'on tient réunion. Auparavant, apprenant que les étudiants comptent encore manifester, il a négocié avec Grimaud et Maurice Schuman, avec le soutien de Jacques Monod et de Mgr Marty, que l'on autorise la manifestation dans un lieu clos[7]. Ce sera le stade Charléty, à la fois excentré et proche du Quartier latin.

Il y a chez Kahn des représentants de la CFDT, Gonin et Edmond Maire, du SNE-Sup, et Jacques Sauvageot pour l'UNEF. A l'ordre du jour, « la solution politique » à la crise. Sauvageot parle le premier :

— On nous propose des gadgets. Le gadget Mitterrand, le gadget Mendès ; il faut offrir à la population non pas un autre gouvernement, mais un pouvoir efficace des travailleurs dans les entreprises. C'est à eux de décider. Ils ne sont pas encore complètement organisés, mais, quand ils le seront, le problème sera résolu.

— C'est un langage irréel, dit un syndicaliste.

On discute, Mendès se tait, visiblement découragé par l'irréalisme ambiant[8]. Puis il parle :

— Le pouvoir se désagrège. Les Français n'ont plus le sentiment d'être représentés par leurs députés. La situation est donc révolutionnaire. Pour trouver une issue, il faut préparer un gouvernement de toute la gauche, fédérés et communistes compris. Si tous ceux qui combattent le pouvoir gaulliste me le demandent, j'essaierai, dans la mesure de mes moyens, de résoudre cette crise.

A l'unisson des étudiants, Sauvageot ne veut rien savoir.

— Le seul service que vous pourriez rendre à la nation, c'est de dire publiquement que la situation est révolutionnaire.

On se sépare sans avoir rien résolu. Gonin, de la CFDT, dit à Sauvageot :

— Vous êtes d'accord pour pousser Mendès au pouvoir et tous d'accord pour lui rendre la tâche impossible[9].

Le même jour, UNEF et CFDT ont également discuté. Heurgon et Sauvageot pensent qu'il faut garder l'initiative, sans toutefois retomber dans une nuit de violences. Georges Pompidou a déclaré le matin du samedi précédent, au lendemain de l'émeute, que tout nouveau rassemblement serait interdit. Grimaud sait que l'instruction est inapplicable. Mais les dirigeants étudiants ne tiennent pas à rendre leur mouvement encore plus impopulaire. Ils sentent bien que la nuit du 24 a usé leurs troupes et détérioré leur crédit. « Après le 24, diront-ils plus tard, nous étions finis[10]. » De là est née cette idée d'un rassemblement dans un lieu clos, que Mendès a négociée le matin. Un meeting pacifique peut maintenir l'élan sans déraper. Ce sera donc Charléty, grand rassemblement de ceux qui veulent changer, sinon le monde, du moins la France. On prend langue avec Roland Nungesser, secrétaire d'État à l'Économie, qui promet de soutenir l'idée[11]. Grimaud lui aussi est d'accord. Il défendra cette idée contre le Général. La CGT, contactée, refuse ; elle organisera même des cortèges de son côté pour fixer les ouvriers tentés de rejoindre les « aventuristes ». Ceux qui formeront plus tard les rangs du gauchisme et ceux de la « deuxième gauche » se retrouveront donc unis par le hasard des circonstances porte de Gentilly, avec Mendès. Rendez-vous des révolutionnaires qui disent non à Grenelle et à la reprise du travail, Charléty est aussi celui des mendésistes. Dans le scénario mis au point, ce sera le premier grand geste public de l'ancien président du Conseil. En face d'un pouvoir qui se décompose, il apparaîtra porté par le peuple, comme l'homme de la relève naturelle, seul capable de maîtriser une situation qui échappe à tous.

Tout est possible !

Le Général, mis au courant du projet, a tempêté pour l'interdiction. Tous les ministres se sont récriés. Assez de violences ! Alors de Gaulle a encore cédé, à condition qu'on s'en tienne à un meeting, dans un lieu clos, et que les participants se dispersent immédiatement après la fin des discours. Grimaud est ravi[12] : ce sont les termes mêmes de l'accord qu'il a négocié la veille. La décision fait un autre heureux : Guichard. Le fidèle des fidèles, secrétaire du grand homme pendant la traversée du désert, connaît ses ressorts cachés. A ses yeux, Charléty est une opération Mendès, Mitterrand frétille non loin de là. Rien de tel pour raviver les énergies du vieux lutteur. « Ils ne savaient pas, écrira Guichard dans ses mémoires, le service qu'ils rendaient à l'État[13] ! » Comme Missoffe le samedi, Olivier Guichard comprend que la perspective de laisser le pouvoir à ses vieux ennemis suscite chez le Général une rage qui l'emportera fatalement sur le découragement. Alors, vive Charléty !

A 18 heures, la pelouse verte du stade de rugby est foulée par une jolie mêlée politique. « Pouvoir ouvrier » ; « Continuons le combat » ; « Révolution sociale » ; l'illusion lyrique se donne libre cours entre les poteaux blancs. La situation du stade est déjà un symbole, entre la Cité universitaire et l'usine SNECMA du boulevard Kellermann. Plus de trente mille personnes se presseront bientôt dans les tribunes et sur la cendrée. Les anars courent sur la piste, les filles agitent des drapeaux, juchées sur les épaules des garçons. Mais il y a aussi des employés, des cadres, toute une population de curieux qui reçoivent leur baptême du feu politique et ne l'oublieront pas. L'entrée des délégations ouvrières, la CFDT de Flins, les ouvriers de Sud-Aviation, les employés du Crédit lyonnais suscitent des ovations. Des syndicalistes crient « Séguy démission ! ». L'esprit de Billancourt souffle sur Charléty [14].

Puissance invitante, l'UNEF s'exprime en premier, par la voix de Sauvageot. Au même moment, Séguy parle à la radio ; il se déclare prêt à négocier. Les deux stratégies continuent de s'affronter. Sauvageot est en forme : « Je vois que la pègre est venue nombreuse. » Le rire secoue l'assistance. « La violence peut se justifier. Aujourd'hui, nous ne la croyons pas efficace. Le gouvernement, qui a trouvé des alliés (*rires*), le gouvernement cherche à diviser ouvriers et étudiants. » Frédo Krumnov, leader chaleureux de la fédération CFDT du textile, lui succède, puis Maurice Labi, qui soulève les acclamations : « Ce que nous demandons ne se négocie pas, ça se conquiert. » La parole passe alors à André Barjonet, dont la démission de la CGT et l'adhésion au PSU ont fait une sorte de héros de la contestation. Le stade s'enflamme. Barjonet ne fait pas dans la demi-mesure : « La situation où nous sommes est révolutionnaire. Tout est possible ! » L'ombre de Marceau Pivert s'étend sur Charléty. La foule exulte. « Tout est possible grâce aux comités d'action. Vous allez rentrer et discuter avec les gens, et constituer des comités d'action de quartier. Il y a aujourd'hui dans ce stade une flamme qui ne doit plus s'éteindre. »

A ce moment, Mendès arrive non loin de la tribune,

conduit par Kiejman et Rocard. Pour la plupart des
auteurs, c'est alors Sauvageot qui se tourne vers l'ancien
président du Conseil pour l'inviter à parler. Celui-ci refuse
en disant : « Non, c'est une réunion syndicale [15]. » Mais
Jacques Sauvageot conteste cette version des faits. Il a
précisé à l'auteur que ce sont des émissaires de Mendès qui
sont venus réclamer le micro pour lui, sans que Sauvageot
sache si c'était avec l'accord de l'intéressé. Plus proche du
mouvement que ses aînés du PSU, rétif à tout ce qui aurait
pu ressembler à une récupération politicienne, Sauvageot a
refusé nettement. Version très différente qui laisse supposer une action beaucoup plus volontaire de Mendès, ou à
tout le moins de ses amis, pour qu'il apparaisse sur le
devant de la scène.

La présence de l'ancien président du Conseil sera
également stigmatisée plus tard comme une magouille du
PSU par tous les gauchistes. Ceux-ci préfèrent retenir
l'espoir de Charléty, la constitution informelle d'une sorte
de parti de la révolution, par-delà les structures en place.
Pour l'extrême gauche, qui entame après Mai sa longue
course de dix ans derrière le fantôme de la révolution,
Charléty est une sorte de mythe fondateur, une fin d'après-
midi avant le grand soir, l'illusion d'une fusion du peuple
dans le creuset de la révolte, la piste d'envol pour
l'aventure politique. C'est aussi un acte fondateur pour la
« deuxième gauche ». A la gauche des orateurs, profil
d'aigle et silhouette voûtée, un homme observe tout cela
d'un œil aigu, qui joue déjà un rôle décisif dans le petit
monde de la gauche : Michel Rocard. Entre la réforme et
la révolution, il est au début d'un itinéraire qui le mènera
loin, jusqu'à être battu par l'absent de Charléty, celui
qu'on a maintenu à l'écart, le réformiste trop manœuvrier,
qui devra jouer seul le lendemain en terrain découvert,
marqué à la fois par le PCF et les gaullistes, François
Mitterrand.

Daniel Cohn-Bendit dira vingt ans plus tard : « Toutes
ces forces rassemblées qui cherchaient une issue politique,
c'était notre seule chance. Et notre chance, elle s'appelait
Mendès [16]. »

21

28 mai. Mitterrand abat son jeu

« Je suis candidat »

Il y a cinq cents journalistes dans la salle, et tout le gratin de la gauche officielle, celle qui n'était pas à Charléty, entoure François Mitterrand, qui a convoqué la presse pour une déclaration de crise. Le président de la FGDS est incisif, fidèle à sa manière[1] :

« En France, depuis le 3 mai 1968, dit-il, il n'y a plus d'État, et ce qui en tient lieu ne dispose même pas des apparences du pouvoir... Pour l'immédiat, je verse au grand débat qui occupe les Français les réflexions suivantes :

« 1) Il va de soi que les républicains diront *non* au référendum-plébiscite...

« 2) Le départ du général de Gaulle au lendemain du 16 juin, s'il ne se produit pas avant, provoquera naturellement la disparition du Premier ministre et de son gouvernement.

« Dans cette hypothèse, je propose qu'un gouvernement provisoire de gestion soit aussitôt mis en place... »

Il comprendrait dix personnes choisies « sans exclusive et sans dosage ». Il aurait pour mission « de remettre l'État en marche en se faisant l'interlocuteur des nombreuses assemblées d'étudiants et de travailleurs », de « répondre aux justes revendications des divers groupements socioprofessionnels », « d'organiser les conditions pratiques de l'élection présidentielle ».

« S'il le faut, j'assumerai la responsabilité de former ce

gouvernement provisoire, mais d'autres que moi peuvent légitimement y prétendre. Je pense d'abord à M. Mendès France. » Enfin, dit-il, aux élections présidentielles qui s'annoncent, « je suis candidat ».

Soigneusement filmé en contre-plongée par les techniciens de l'ORTF, le menton en avant, la voix coupante, victime d'un montage malicieux, François Mitterrand apparaît le soir même comme l'incarnation parfaite du factieux[2]. Ces déclarations tonitruantes au cœur de la tempête lui seront ensuite reprochées cent fois, mille fois, dès que le président de la Fédération fera un geste, prononcera un discours. Après Mitterrand-la-francisque, Mitterrand-l'Algérie, Mitterrand-l'Observatoire, le leader de la gauche semble ajouter avec application une casserole supplémentaire à un chapelet déjà bien garni. « Nom de Dieu, nous venons de perdre deux millions de voix », dit, furieux, Gaston Monnerville, président du Sénat et opposant de toujours au Général, à René Billères, le radical[3]. Mitterrand-coup d'État, Mitterrand le candidat à un poste encore occupé, le stratège d'élections qui ne sont pas convoquées, le faiseur d'un gouvernement issu de la rue. Mitterrand, l'ambitieux devenu putschiste.

La lecture attentive des propos tenus par le président de la FGDS conduit à une autre interprétation. A ce moment, le référendum est annoncé. Le Premier ministre en reparle à l'heure précise où Mitterrand s'exprime, souhaitant qu'il puisse avoir lieu en dépit des circonstances. La consultation a été accueillie d'une telle manière qu'il n'y a rien d'invraisemblable à imaginer que le *non* l'emportera. Et comme le Général a indiqué qu'il partirait dans cette hypothèse, il faudra bien assurer un intérim. Mitterrand est très clair sur ce point : c'est Gaston Monnerville qui se transportera alors à l'Élysée dans l'attente des nouvelles élections présidentielles[4]. Très normalement, le leader de la gauche, qui l'a déjà fait en 1965, se portera candidat. Rien de putschiste dans cette démarche. Le chef de file de l'opposition analyse la crise du pays et propose un scénario pour la dénouer. Il est dans son rôle, et c'est bien à tort qu'on lui reprochera d'être candidat avant terme : l'hypothèse du retrait du Général n'a rien d'une chimère. Elle pourrait même venir plus vite qu'on ne croit. On sait, d'autre part, que Charles de Gaulle est précisément dans les affres d'un drame intérieur [5].

Là où tout se complique, c'est quand François Mitterrand évoque la constitution d'un « gouvernement de gestion ». La constitution ne prévoit rien de tel : en cas de démission du président, le gouvernement, en l'occurrence celui de Georges Pompidou, reste en place. Gaston Monnerville ne peut en désigner un autre, sauf bien sûr si le Premier ministre et son équipe démissionnent d'eux-mêmes. C'est là que le propos du député de la Nièvre prête le flanc à la critique. Pour lui, le gouvernement Pompidou « disparaîtra tout naturellement ». Cette disparition et ce naturel font problème. Elle n'a rien d'impossible : on peut supposer qu'un échec du Général inciterait le Premier ministre à se retirer lui aussi. Mais cela n'a rien d'obligatoire. Georges Pompidou peut aussi décider de se maintenir. Il y a intérêt. Assurant les affaires courantes, les gaullistes peuvent espérer préparer les élections présidentielles dans de meilleures conditions. Supposer sans rien dire d'autre la « disparition » du gouvernement, c'est impliquer nécessairement que d'autres forces, ou bien des circonstances particulières, le contraindront à disparaître. Et là, les propos mitterrandiens sont transparents. C'est bien évidemment, dans son esprit, la pression de la grève et de la rue qui forcera Pompidou à se retirer. Après le référendum, mais peut-être avant, comme il en ménage l'hypothèse dans sa déclaration. Cette éventualité est présente dans tous les esprits : nous sommes à l'heure de la noire panique, le scénario Mitterrand n'est pas seulement un développement politique à partir d'un référendum perdu. Elle a valeur de proposition immédiate, même si cette proposition n'est pas formulée à la lettre dans le texte. En position de faiblesse face à la puissance du PC et à la popularité soudaine de Mendès à gauche (et même à droite), Mitterrand est néanmoins placé à un carrefour stratégique. Pour réunir les communistes et les forces qui soutiennent Mendès tout en emmenant la gauche non communiste traditionnelle, il n'y a personne d'autre que lui. Alors, comme il l'a fait en 1965, quand l'échec de la candidature Defferre aux présidentielles lui a ouvert une brèche étroite, Mitterrand s'engage à fond. Communistes et « mendésistes » sont devant le fait accompli. S'ils veulent prendre le pouvoir, il faudra passer par lui. La victoire échéant généralement aux gros bataillons, Mitterrand pourrait être, dans le cas d'un effondrement gaulliste, mis au pouvoir par le PCF contre l'avis du « courant de mai ». La citation du nom de PMF amadoue les étudiants, satisfait la CFDT, rassure les centristes : elle n'engage pas à grand-chose.

L'ennui dans cette manœuvre d'une logique rigoureuse, c'est que, si la « disparition » du gouvernement est plausible, elle n'est guère constitutionnelle. L'évoquant avec tant de concision et tant de rapidité, François Mitterrand prend quelques libertés avec le calendrier politique régulier. Péché mortel ? Attentat antidémocratique ? Pas vraiment. Et puis, le leader de la gauche a devant lui un exemple vivant autrement plus contestable. Dix ans plus tôt, le Général avait, dans un simple communiqué, déclaré entamé le « processus régulier » de transmission du pouvoir à sa personne, quand aucune élection ne se profilait à l'horizon, quand aucune autorité constitutionnelle ne l'appelait, quand aucun titre ne lui permettait légalement de le faire, et quand la seule « régularité » dont il pouvait se prévaloir résidait en fait dans la pression putschiste des militaires insurgés à Alger. En comparaison, le « processus » de Mitterrand est d'un juridisme exemplaire. Il n'a en fait qu'un défaut majeur : celui d'avoir échoué.

Comme de juste, le Parti communiste ne goûte guère les propos mitterrandiens. Son envoyé, Me Borker, avocat communiste, a été éconduit dimanche quand il a demandé à voir le président de la FGDS qui parlait à Château-Chinon[6]. Les délégués du BP ont été reçus froidement le lundi précédent quand ils demandaient une réunion immédiate. Et voilà que le PC apprend les projets de son allié par la radio. Ils dessinent un avenir bizarre, où l'atlantiste Mendès France semble tenir une place de choix quand le nom même du Parti n'est pas prononcé. Alors, à peine la conférence de presse s'achève-t-elle que le bureau politique publie un communiqué acide, dont la candeur est remarquable : « Il n'y a pas en France de politique de gauche et de progrès social sans le concours actif des communistes ; à plus forte raison, il n'est pas sérieux de prétendre aller au socialisme sans les communistes, et encore moins en faisant de l'anticommunisme comme au stade Charléty. Nous n'entendons pas voir se substituer au pouvoir actuel un autre pouvoir qui ne satisferait pas les revendications sous prétexte qu'il serait dépassé. Nous n'entendons pas frayer la voie à un régime inféodé à la politique américaine. » On ne saurait être plus clair. La gauche au pouvoir, oui ; Mendès, non.

A 17 heures, le PC rencontre les fédérés au siège de leur organisation rue de Lille. Waldeck est mécontent. « Si vous aviez accepté de diriger vous-même le gouvernement provisoire, il n'y aurait pas de problème [7]. » On discute de la composition de ce gouvernement provisoire. Mitterrand a prévu un ministre communiste sur dix. « C'est maigre », dit Waldeck. Mais le PC ne fait pas d'objection de fond au dispositif. Seul Mendès l'indispose. Le lendemain, il publiera encore un communiqué contre « un autre homme providentiel ».

En fait, les communistes ne croient pas vraiment à cette prise de pouvoir. Ce n'est pas possible, pensent-ils, les gaullistes vont se ressaisir. Aussi l'essentiel pour eux est ailleurs : dans les usines, dans la rue. Séguy annonce qu'il est prêt à négocier. Mais il met la barre très haut. Dans l'après-midi, des négociations ont lieu dans le secteur public. On n'aboutit pas. Les communistes attendent. Pour démontrer sa force, la CGT convoque une grande manifestation le lendemain 29 à Paris. D'abord le rapport de forces sur le terrain.

Recours à l'armée ?

La manifestation de la CGT passera à un quart d'heure de marche de l'Hôtel de ville, puis de l'Élysée. Les communistes ont-ils prévu le coup de force ? Au gouvernement, dans les beaux quartiers, la crainte se répand en une heure. Grimaud et Pompidou n'y croient guère. Mais on ne sait jamais. Le 16 mai, Pompidou avait mis en place le dispositif permettant de rappeler les réservistes, si nécessaire. Le matin, au conseil de cabinet consacré à l'ordre public, il examine le dispositif militaire. Comme le raconte sur un mode à peine fictif Édouard Balladur [8], il donne l'ordre de mettre en alerte les escadrons de gendarmerie basés à Satory — un millier d'hommes bien entraînés et dotés de chars légers, ainsi que plusieurs unités de province, les paras de Castres et de Carcassonne, les fusiliers marins de Toulon, et les brigades motorisées stationnées à Monthléry et à Maisons-Laffitte. Un peu plus tôt, on a fait traverser Fresnes et Issy-les-Moulineaux à la 2e brigade blindée de Rambouillet, qui rentre de manœuvres vers ses casernements par la route et non en train, à cause de la grève. Dans la journée, le transfert des chars par les routes de banlieue ne passera pas inaperçu. Il nourrira la rumeur d'une mise en alerte de l'armée [9].

Pourtant ni Grimaud, ni ses adjoints, ni Fouchet, ni Messmer, ni l'état-major n'ont l'intention d'engager les militaires dans des opérations de maintien de l'ordre pour lesquelles ils ne sont en rien préparés. Tout au plus peut-on affecter la troupe à la garde des bâtiments officiels. De plus, les chars légers de la gendarmerie sont inadéquats pour la répression des émeutes. Ils sont particulièrement vulnérables dans le combat de rue. Dans une lettre à Jean Lacouture qui raconte ces journées dans le troisième tome de son *De Gaulle,* le général Fourquet indique quel était alors l'état d'esprit des militaires :

« L'armée regardait toute cette agitation avec étonnement d'abord, puis avec une inquiétude à laquelle se mêlait un brin de dégoût. Mais elle avait la crainte, la hantise, l'obsession qu'on lui demande d'intervenir. Parce qu'elle n'avait aucune envie d'être mêlée à une affaire d'aspect politique, qui frisait la guerre civile (les souvenirs d'Alger et d'avril 1961 n'étaient pas loin), et que d'autre part elle était parfaitement consciente du risque que l'on prenait en mettant en face de manifestants des gosses de vingt ans dont les nerfs pouvaient flancher et provoquer des catastrophes (là aussi les souvenirs des fusillades d'Alger n'étaient pas loin). Faire face à des manifestants est dur, très dur...

« Cela étant, il était de mon devoir de prévoir le pire, et j'avais fait venir, au camp de Frileuse, des unités composées uniquement de personnel d'active (dont des commandos de marine), qui auraient pu, si besoin était, soulager les gardes mobiles de leur tâche épuisante. Mais jamais il ne m'a été demandé de faire intervenir l'armée, en tant que telle, bien que certains paniqués des cabinets ministériels aient pu en lancer l'idée [10]. »

Ainsi, malgré sa répugnance naturelle aux tâches de police, l'armée française, en dépit des déchirements récents, malgré la plaie de l'Algérie encore ouverte, est prête « à faire son devoir ». On ne le lui demande pas. Mais on s'est assuré de son concours, à tout hasard.

La rumeur de mouvements de chars, qui fait forte impression à Paris, n'est donc pas dénuée de fondement. Les marxistes-léninistes auraient-ils raison ? Quand le pouvoir est en jeu, l'État se tourne automatiquement vers ses moyens répressifs, toujours disposés, en dernier recours, à noyer une rébellion dans le sang.

Projet de manif gaulliste

Georges Pompidou a aussi donné son accord sceptique à un projet de manifestation gaulliste prévu pour le 30 mai dans l'après-midi [11]. C'est Pierre Krieg, vieux fidèle, organisateur des comités de défense de la République (CDR), qui a eu cette idée. Depuis la manifestation du 13 mai, plusieurs initiatives disparates tendaient à une résistance organisée à la « subversion ». Les « comités » avaient été créés dès le samedi 11 mai à partir de deux officines gaullistes habituellement chargées des tâches délicates que comportent parfois les campagnes électorales, le Service d'action civique (SAC) et l'Association pour le soutien à l'action du général de Gaulle, de Pierre Lefranc et Yves Lancien, domiciliées 5 rue de Solférino. Jacques Baumel, ancien secrétaire général de l'UNR, député UD-V^e des Hauts-de-Seine, avait réuni régulièrement chez lui des émissaires de diverses tendances très marquées à droite. Le mardi 14, le mouvement Occident, troupe squelettique mais décidée, emmenée notamment par le jeune Alain Madelin, avait défilé place de l'Étoile. Quoique anti-gaulliste forcenée, cette petite organisation, qui « cassait du bolcho » depuis des mois à la Sorbonne et à Nanterre, était prête à faire cause commune très provisoirement avec le gouvernement pour enrayer les projets des « rouges ». De son côté, Jacques Foccart avait, de son petit bureau de l'Élysée, ranimé ses réseaux fidèles de la guerre d'Algérie. Roger Frey, ministre des Relations avec le Parlement, avait lui aussi repris contact avec ses militants de l'ancien temps de la lutte contre l'OAS, relayé par Antoine Sanguinetti. Ainsi, putschistes et antiputschistes de 1961 allaient se retrouver au coude à coude sept ans plus tard pour « arrêter Cohn-Bendit et les cocos ». Au départ l'action des CDR ne rencontre pratiquement aucun écho. Une pétition lancée le 20 mai récolte… 35 signatures, qui sont tout de même acheminées à Matignon. Mais, le lundi et le mardi, les coups de téléphone affluent. L'annonce de la manifestation rencontre le scepticisme parmi les caciques du gaullisme. « Vous serez dix mille et nous serons ridicules », leur dit un député, et un autre leur conseille de ne pas se mettre au milieu de la place de la Concorde, lieu du rassemblement, mais sur le côté, pour ne pas faire trop apparaître leur petit nombre. Pourtant, les organisateurs ont confiance. L'afflux des bonnes volontés les rassure. Ils sentent un mouvement se dessiner.

Panique et division

Malgré ces dispositions policières et politiques, le moral du gouvernement est en chute libre. « Nous tombons comme des pierres », dit Jean Charbonnel, député gaulliste de Brive. La veille, le Général a fait adopter en Conseil des ministres le projet de référendum, qui aura lieu le 16 juin. Le texte donne des pouvoirs très larges à la puissance publique pour réformer l'université, l'entreprise et les régions. Le Général y voit le moyen de rétablir la confiance directe en sa personne et d'être mandaté pour mener à bien les transformations sociales qu'il juge nécessaires. Ainsi l'œuvre du gaullisme sera parachevée. Après la décolonisation, les institutions nouvelles et la politique étrangère « d'indépendance », le Général aura doté son pays d'institutions sociales propres à répondre aux défis du temps, plaçant la France à l'avant-garde d'une marche originale, entre capitalisme et socialisme. Aux yeux de Charles de Gaulle, l'enjeu est donc décisif, et dépasse largement les contingences immédiates.

Georges Pompidou est au contraire, c'est son rôle, obsédé par les « circonstances ». En pragmatique, il voit que le référendum sera impossible à organiser dans un pays en grève, qu'il tombe sous le coup de la critique de l'opposition en donnant des pouvoirs très larges au chef de l'État, se rapprochant ainsi du plébiscite dénoncé partout. Il estime aussi que le Conseil d'État va le désapprouver. Bref, il n'y croit plus et s'est rabattu sur l'hypothèse qu'il écartait le vendredi précédent : les élections générales. C'est un scrutin traditionnel, plus facile à mettre sur pied, dont chacun admettra sans peine qu'il est une issue naturelle à la crise. Les Français ne comprendraient pas que les grévistes empêchent sa tenue. L'opinion s'est retournée grâce aux violences étudiantes et à la prolongation de la grève. C'est l'occasion de se débarrasser de la chambre de 1967, à la majorité si étroite.

De Gaulle s'exaspère de ces oppositions. Il remarque,

sarcastique, que c'est la gauche qui demande un scrutin législatif. Il tient essentiellement à la procédure du référendum, lien direct entre lui et le peuple, quand les élections générales éparpillent l'adhésion au gré des circonscriptions. Il voit bien aussi, du moins on peut le supposer, que les élections seraient la victoire du Premier ministre et non la sienne et que Georges Pompidou sortirait ainsi vainqueur du duel feutré qui oppose les deux hommes. Alors qu'il tient son Premier ministre pour responsable des erreurs du début du mois, qui ont ouvert les digues, et qu'il vient de le voir échouer à Grenelle.

A cette division au sommet s'ajoute la désorganisation complète de l'État. Toute la journée du mardi, Tricot a téléphoné aux différentes administrations pour s'assurer qu'elles prenaient leurs dispositions pour organiser le référendum. Chaque fois, la réponse a été la même : impossible, rien ne répond plus. Au ministère des PTT, un symptôme en dit long. Jusque-là le ministre, Yves Guéna [12], avait imposé, sous menace d'intervention de la force publique, que les grévistes n'interrompent pas les communications internes au gouvernement. Un tel geste, avait-il averti, marque la limite entre la grève générale et la grève insurrectionnelle. Si les syndicats cherchent à paralyser l'État, c'est le signal de l'affrontement. Un *modus vivendi* s'était ainsi établi, auquel les grévistes n'avaient jamais attenté. Le mardi 28, voici que, dans un service public voisin, au ministère de l'Intérieur, le personnel du service des transmissions du ministère, qui assure les communications des ministres avec leurs subordonnés de province, se met partiellement en grève [13]. Il faut établir un service réduit avec des cadres et des hommes du contingent. Le pacte implicite entre syndicats et gouvernement commence à se rompre.

La panique a aussi gagné la classe politique. Des ralliements discrets parviennent chez François Mitterrand, et en nombre plus important chez Pierre Mendès France [14]. Les centristes d'opposition sont prêts à une combinaison avec Mendès, voire avec Mitterrand ; les gaullistes sont dans les cordes. Le référendum ne suscite plus que dérision ; mais le pire est que Pompidou, qui semblait si solide, voit le sol se dérober sous ses pas. Il avait tout misé sur le compromis avec la CGT. Le refus de Billancourt a ruiné ses espoirs. Les plus grandes concessions sociales accordées depuis la guerre n'ont servi à rien. Les premières négociations par secteur conduites l'après-midi n'ont pas avancé d'un pouce, en raison de l'intransigeance syndicale. Pour beaucoup de fidèles du président ou du Premier ministre, un règne de dix ans s'achève.

Un incident vient les confirmer dans leur abattement. Ce soir-là, comme tous les soirs, la Sorbonne occupée tient assemblée. La discussion traîne un peu en longueur, l'incertitude et la tension désorientent les participants. Soudain, dans l'infirmerie qui donne sur la scène, un médecin est pris à part par un petit homme un peu replet, à l'imposante tignasse noire. « Je suis Cohn-Bendit [15]. » Le médecin le regarde d'un air incrédule. Alors le brun sort son passeport. C'est lui. On l'introduit alors sur la scène. Cohn-Bendit demande la parole. Le président de séance refuse, puis le reconnaît. Alors, fébrilement : « Il y a là quelqu'un qui pourra peut-être débloquer le débat. » Dany prend le micro et commence à parler. La salle reste sans réaction. Il ôte ses lunettes noires. Cohn-Bendit ! La salle se lève d'un bloc, l'ovation fait trembler les murs. Elle dure cinq minutes. « Les frontières, on s'en fout ! Les frontières, on s'en fout ! » Dany-le-rouge a les larmes aux yeux. Il se reprend vite et se lance dans un discours enflammé : appel à la création de comités d'action partout ; il faut répondre à la violence par la violence et battre le gouvernement. La radio interrompt ses émissions pour donner la nouvelle.

Une filière de rapatriement a été constituée en deux jours par Péninou et les anciens « porteurs de valise ». Le gouvernement était défait ; il est maintenant ridicule. Ce soir-là, beaucoup de gaullistes s'endorment en pensant qu'ils vivront le lendemain leur dernier jour au pouvoir.

22

29 mai. De Gaulle disparaît

Bernard Tricot est un animal à sang froid. Haut fonctionnaire courtois et distant, le secrétaire général de l'Élysée a
gardé un calme olympien depuis le début de la crise. Aussi,
quand il arrive peu avant 14 heures ce mercredi 29 mai,
pâle, défait et fébrile, dans le bureau de Georges Pompidou, les mots qu'il prononce tombent-ils comme la foudre
au milieu de la pièce : « De Gaulle a disparu ! Il n'est pas à
Colombey. Personne ne sait où il est [1] ! »

Pompidou pousse un cri : « Il est parti à l'étranger [2] ! » Il
y a là Chaban-Delmas, Roger Frey et Olivier Guichard, qui
discutaient d'une dissolution éventuelle avec le Premier
ministre. Ils sont abasourdis. De Gaulle disparu ! On
appelle immédiatement Foccart, qui ne sait rien [3]. On
demande à la défense aérienne du territoire. Elle fait savoir
que les hélicoptères du Général se sont dirigés vers Saint-
Dizier, puis, après avoir fait le plein, l'Alouette III du
président a semé son escorte et plongé pour échapper au
repérage des radars. Interrogé, Messmer éclate : « Je n'en
sais rien, demandez à Pompidou ! » Il faut admettre
l'incroyable évidence : de Gaulle a disparu.

Pompidou avait un sombre pressentiment depuis le
matin. A 9 h 15, un coup de téléphone de Tricot à
Donnedieu de Vabres, le secrétaire général du gouvernement, lui a appris que le Général a décidé de reporter de
vingt-quatre heures le Conseil des ministres prévu comme
tous les mercredis à 10 heures. Donnedieu de Vabres est
alors entré dans le bureau du Premier ministre : le général
est fatigué, dit-il, il est parti pour Colombey se reposer
vingt-quatre heures. Le Conseil est renvoyé au lende-

main après-midi. « Mon inquiétude, immédiatement, fut extrême, écrit Georges Pompidou dans ses mémoires[4], je connaissais depuis longtemps les crises psychologiques du Général et la tentation périodique du départ. Je savais à quel point l'atmosphère de Colombey était propice à cette tentation et que Mme de Gaulle souhaitait déjà depuis plusieurs années que le Général se retirât. Or, ce matin, l'hypothèse du départ m'apparaissait comme une catastrophe. » De Gaulle parti, le président du Sénat prendra l'intérim. C'est un opposant de longue date, Gaston Monnerville. L'assemblée peu sûre basculera à coup sûr dans le camp anti-gaulliste. Ce sera la fin.

« Je vous embrasse »

Pompidou appelle Tricot avec une seule idée : faire signer au Général le décret de dissolution de l'Assemblée avant qu'il ne parte. S'il s'enferme à Colombey et annonce sa démission, ce sera trop tard. Tricot promet d'insister. Pendant ce temps, Pompidou fait préparer le décret. Mais Tricot tarde à rappeler. Pompidou le joint de nouveau vers 11 heures[5]. Le secrétaire général de l'Élysée est gêné, allusif. Le Général est enfermé depuis une heure avec son gendre, le général de Boissieu. Pompidou a à peine raccroché que de Gaulle l'appelle. Il dit qu'il y a trois nuits qu'il n'a pas dormi. Il a besoin de prendre l'air, de réfléchir dans le calme. Il sera là demain à l'heure prévue. Pompidou aborde la question de la dissolution. De Gaulle répond que, si l'on n'est pas capable de gagner le référendum, on perdra aussi les élections. C'est non. Puis son ton change soudain. Il se fait aimable pour le Premier ministre. Comme souvent, il lui répète qu'il est l'avenir, alors que lui-même est le passé : « Au-delà des péripéties, il y a l'avenir. Mais je vous dis : je reviendrai » ; et, brusque-ment, avant que Pompidou ait pu reprendre la parole, il ajoute : « Je vous embrasse » et raccroche. Pompidou est saisi[6]. Le Général l'embrasse ? Le mot est tellement

inattendu ! Le Premier ministre rappelle tout de suite
Tricot pour insister sur le décret. « C'est trop tard, répond
Tricot, le Général est dans l'escalier avec Mme de
Gaulle. » Ils conviennent alors qu'un membre du cabinet
de Pompidou ira porter le décret à Colombey.

L'annonce de la disparition du président à 14 heures
confirme donc les lugubres pressentiments de Georges
Pompidou. Le Général a cédé au découragement. Il est
parti. Le tableau qui se dresse devant lui est effrayant. La
CGT marche dans Paris cet après-midi. La grève continue
de plus belle. Mendès et Mitterrand se voient déjà l'un à
Matignon, l'autre à l'Élysée. Cohn-Bendit est rentré à Paris
au nez et à la barbe de la police. Depuis trois semaines, le
Premier ministre prend tous les coups. Il est ministre de
l'Intérieur face aux émeutes, ministre de l'Éducation face
aux étudiants, ministre du Travail face aux syndicats,
ministre des Relations avec le Parlement pour faire repous-
ser la motion de censure et ministre de l'Économie par
défection de Debré. Les vieux gaullistes critiquent son
action en sous-main, Couve de Murville ne cesse de le
desservir auprès du Général, la mollesse l'entoure, et
bientôt la trahison avec le ralliement de plusieurs membres
de la majorité à Mendès. Et voilà que la clé de voûte de ce
système fragile en proie au typhon s'effondre à son tour.
Au début de la crise, Georges Pompidou a joué sa carte,
persuadé que son savoir-faire et son énergie l'impose-
raient comme sauveur du gaullisme et successeur indiscutable. A 14 heures, ce mercredi, le pari est perdu. Le
Général a failli. Tout est emporté. C'est l'heure la plus
sombre.

Succession ?

Il faut pourtant continuer. La situation est sans précédent. Un chef d'État disparu ! Le drame tourne à la farce,
dont Pompidou sera le superbe dindon. Une information
comme celle-là ne pourra pas rester longtemps secrète. Le

gouvernement doit prendre les devants, parler au pays
pour annoncer la nouvelle. Mais le Premier ministre ne
peut rien faire, puisqu'il ne sait rien ! A tout hasard, on
décide alors qu'il parlera le lendemain à la télévision. Il ne
sait pas ce qu'il dira. Mais cela permet de gagner vingt-
quatre heures. A 14 h 30, une délégation des deux groupes
parlementaires composant la majorité, l'UD-V^e et les
Républicains indépendants de Giscard d'Estaing, arrive à
Matignon. Pompidou les voit pour agiter l'hypothèse de la
dissolution. Devant les dix hommes, cinq de chaque
formation, il expose calmement la situation, le Conseil
reporté, de Gaulle parti à Colombey. Il omet seulement de
dire qu'on ne sait pas où il est [7].

Jusqu'à présent, poursuit Pompidou, le PC n'a pas
favorisé une insurrection générale. Mais, depuis le rejet de
l'accord de Grenelle par les ouvriers de Billancourt,
quelque chose a changé. Imprudemment, ni Séguy ni
d'autres syndicalistes n'avaient préparé la salle. Maintenant qu'ils ont tourné casaque et que la même tendance
modérée, avec Waldeck Rochet, envisage une situation
révolutionnaire, le Parti communiste, qui était désireux
jusque-là de sauver de Gaulle, est prêt à l'abandonner. Le
PC a le choix entre deux solutions : peser sur un gouvernement de coalition dirigé par Mendès ou Mitterrand,
imposer ses vues et s'introduire dans l'État à la faveur de la
transition. Ou bien couper au plus court et prendre le
pouvoir lui-même sous la pression de la grève et de la rue.
C'est donc sans doute une situation révolutionnaire que
nous allons vivre, ajoute Pompidou.

Il ne croit pas que le gouvernement d'union nationale
dont on parle beaucoup en ce moment soit une solution.
D'ailleurs Edgar Faure, dont on prononce si souvent le
nom, l'a appelé pour lui dire qu'il l'excluait absolument.
Jusqu'à présent, conclut Pompidou, j'ai fait de mon mieux.
Mais, maintenant, nous arrivons à l'heure de vérité. Je
voudrais connaître vos positions.

Guy Sabatier, député gaulliste de l'Aisne, prend la
parole le premier :

— Si les communistes prennent le pouvoir, c'est que

nous les aurons regardés faire. Il faut donner un coup d'arrêt.

A ce moment, quelqu'un suggère de donner l'ordre de tirer en cas d'émeute, pour « signifier ainsi qu'on veut se battre ». Raymond Mondon et Michel Poniatowski, RI, se récrient :

— Ce serait de la folie. Vous accéléreriez la dégradation. Vous donneriez une justification et un prétexte pour une insurrection généralisée.

Henri Rey proteste de sa confiance envers le Premier ministre :

— Il faut que vous agissiez.

Pompidou répond que, si de Gaulle s'en va, il décidera de ce qu'il a à faire :

— Il faudra me laisser à mon destin.

C'est alors qu'un député UD-V^e va plus loin :

— Il faut que vous preniez l'initiative et cela veut dire que le Général doit partir. Au point où nous en sommes arrivés, il n'y a pas d'autre solution que son départ. Si les circonstances le permettent, vous devez être notre candidat aux élections présidentielles[8].

Pour les gaullistes de stricte obédience, cette intervention, rapportée de plusieurs sources, est la preuve du complot pompidolien contre le Général. Toute l'attitude de Pompidou pendant la crise, disent-ils, a été de prendre tous les pouvoirs, d'ignorer les consignes du Général, et, au bout du compte, de se retrouver dans le vide, suspendu à la réaction ou à la non-réaction du président. On ne sait ce que Pompidou répondit à ce député pressé. Il y a fort à parier que sa prudence l'a emporté. Il ne sait pas à cette heure où est de Gaulle, même s'il redoute le pire. Il faut d'abord sauver le régime.

Les Républicains indépendants, peu pressés de voir Pompidou arriver à la responsabilité suprême quand ils poussent déjà leur jeune chef, Valéry Giscard d'Estaing, répondent d'ailleurs à sa place. Poniatowski et Mondon sont unanimes :

— Ce serait illusoire de croire que vous tiendrez la barre si le Général s'en va. Si cela se produisait, il faudrait un gouvernement d'union nationale, puis des élections. A ce moment-là, nous vous soutiendrions sans doute.

Pompidou conclut :

— Il faut maintenant attendre la décision du Général. Mais, dans l'état d'esprit où je l'ai vu ces derniers jours, son départ n'est pas exclu. Je prendrai alors mes responsabilités.

A la sortie de la réunion, les deux groupes rédigent une adresse au président, le conjurant de former un gouvernement d'union et de procéder à des élections législatives. Pompidou est satisfait sur ce point. Mais où est de Gaulle ?

Mendès au pouvoir

Pompidou descend. Mendès monte. Pendant une journée, l'ancien président du Conseil a pu à bon droit se croire revenu aux affaires, douze ans après avoir en été écarté en dépit d'insignes services rendus. Le miracle a eu lieu. Ce régime né de l'émeute y succombe à son tour. La gauche va prendre le pouvoir, PMF à sa tête.

Autour de cette hypothèse, tout, cet après-midi-là, va s'organiser. L'attitude du Parti communiste, d'abord. Contrairement à ce que croient les paniquards du régime, les communistes n'ont pas l'intention de sortir du bois de la légalité. Du moins pas pour l'instant. Ils pourraient facilement prendre des bâtiments officiels, paralyser définitivement l'économie, installer un gouvernement. Et après ? Comment résister au retour en force inévitable de l'État, qui dispose de la police et de l'armée, et du soutien automatique en de telles circonstances de la population non communiste, et anticommuniste ?

Dans la matinée, un incident étrange a pourtant alerté la CFDT. Depuis deux jours, la Fédération CGT de l'électricité a provoqué des coupures de courant. Le mardi 28, le courant s'est arrêté de 14 à 19 heures en région parisienne. Le mercredi de 9 h 30 à 11 heures, puis de nouveau à partir de 14 heures. S'agit-il d'une initiative de la simple Fédéra-

tion de l'électricité, ou bien, comme ils étaient passés
insensiblement de la grève à la grève générale, les communistes passent-ils par étapes de la grève générale à la grève
insurrectionnelle ? Puis soudain, les imprimeries tenues par
la Fédération parisienne du livre CGT mettent de la
mauvaise volonté à tirer les journaux CFDT. Et, dans
l'après-midi du 29, le standard de la CFDT est coupé[9].
Eugène Descamps est furieux. Il envoie quelques militants
au secteur Trudaine, où on leur répond qu'il y a des
difficultés techniques. Descamps entre alors dans une
colère noire. Il appelle la CGT et menace d'envoyer
quelques émissaires musclés s'enquérir des difficultés techniques en question. La CGT n'insiste pas, la ligne est
immédiatement rétablie.

La manifestation de l'après-midi confirme ces dispositions d'esprit. Peut-être la CGT et le PCF songent-ils, à
titre d'hypothèse d'état-major, que l'effondrement de
l'État pourrait les mettre « en situation ». Le mot d'ordre
du défilé y tend : « Gouvernement populaire ». On sait ce
que le vocable « populaire » signifie dans la langue de bois.
Mais la manifestation reste dans une stricte légalité. On
défile calmement, joyeusement même, dans une ambiance
de fête bien plus que de révolution. Il y a une foule
énorme, infiniment supérieure à la démonstration anti-
Charléty du lundi.

L'appareil communiste a donné à plein rendement : ce
n'est pas la seule explication. La classe ouvrière veut aussi
montrer sa force, et aussi une partie des manifestants de
Charléty, qui viennent là pour démontrer que l'unité est
nécessaire, que le meeting dans le stade n'était pas simple
manœuvre anti-PC. On applaudit devant l'immeuble de
l'Humanité, puis devant les Galeries Lafayette barrées d'un
énorme slogan : « A tout instant, il se passe quelque chose
aux Galeries Lafayette : la grève. » A la gare Saint-Lazare,
une réception a été organisée par le comité de grève. On a
mis quelques lances en batterie, en cas d'intrusion gauchiste. Mais surtout des bouteilles au frais, pour le vin
d'honneur offert à Séguy, ancien cheminot, et à Frachon
l'ancêtre. Séguy y va de quelques anecdotes d'ancien

cheminot, Frachon est entouré de sympathie. Les velléités putschistes de la CGT s'arrêteront là.

Il s'agissait en fait d'une pure démonstration de force dans l'optique du jeu qui se joue autour de PMF. A cette heure, la montée de Mendès vers le pouvoir semble irrésistible. Le bruit de la disparition du Général court Paris depuis une heure. Il a plongé les gaullistes dans la stupeur et leurs adversaires dans les transes. Annoncée à la radio, la nouvelle fige le pays. Cette fois, ça y est, la Ve République tombe. Patente depuis deux jours, la panique des milieux dirigeants et possédants prend un tour paroxystique. Les ralliements à Mendès deviennent raz de marée. Des horizons les plus inattendus, on se tourne vers lui pour contenir le flot de la révolution. Tant pis pour les haines les plus anciennes, au diable les antagonismes du passé. Quelque chose, quelqu'un pour arrêter la chute ! N'importe qui : Mendès. Deux futurs ministres du gouvernement Couve de Murville le font approcher. Jacques Isorni, avocat d'extrême droite, défenseur et chantre du maréchal Pétain, le désigne comme sauveur. Alfred Fabre-Luce, franc-tireur de la droite antigaulliste et musclée, se découvre une passion mendésiste. Jean Lecanuet, candidat centriste à la présidentielle de 1965, voit le député PSU au pouvoir. François Mitterrand a éludé la veille une demande de rencontre émanant de PMF. Mais il ne pourra pas longtemps tenir ce jeu. Il lui faudra bien négocier avec l'homme du jour. Dans *le Monde,* Raymond Barillon résume le sentiment dominant. Il a titré un court article d'analyse sur Mendès et Mitterrand de cette formule sans ambiguïté : « Le tandem de demain ».

La CFDT lui a elle aussi apporté un soutien vigoureux. Eugène Descamps a tenu une conférence de presse : « Nous pensons que cette crise ne peut trouver de solution dans les formes parlementaires traditionnelles. Mendès France est l'homme qui est capable d'animer l'équipe susceptible de répondre à la large aspiration de démocratisation qui est propre au monde étudiant et au monde ouvrier. » Au passage, Descamps lance un avertissement à la CGT, dont il craint l'obstruction dans l'après-de Gaulle implicitement déclaré : « Dans certaines entreprises, il y a une organisation syndicale majoritaire qui a tendance à oublier les droits de la minorité. Nous ne sommes pas de la race des sociaux-démocrates que certains pays ont connus. Il est bien qu'on sache que les minorités se feront respecter et qu'elles savent ce qu'elles veulent. »

Descamps a vu plusieurs fois l'ancien président du Conseil, qui a accepté les principales revendications. Le secrétaire général de la CFDT s'en est expliqué plus tard à Philippe Alexandre : « Je pensais que si de Gaulle partait, comme nous en avions tous le pressentiment, les gens seraient aussitôt devenus mendésistes dans une proportion de 70 à 80 %. On se serait retrouvés comme à la Libération, avec un gouvernement provisoire représentant largement les Français. Oui, communistes compris. Oh ! Bien sûr, avec eux, il y aurait eu une belle bagarre. Mais finalement, ils auraient marché. Cette hypothèse, j'y ai cru. J'ai parlé à Mendès France du gouvernement provisoire qu'il aurait dirigé. Prenant l'exemple de la Libération, j'ai indiqué que ce gouvernement devait, dans notre esprit, être représentatif de toute la gauche, mais comprendre également des représentants des forces nouvelles surgies dans le monde universitaire, ouvrier et paysan. Mais il était aussi indispensable que la procédure de transfert de pouvoir ne porte pas atteinte à la dignité du général de Gaulle [10]. »

Le soir, Mendès revoit Mitterrand. Il pensait arriver chez Georges Dayan, l'ami du président de la FGDS, pour un conciliabule discret, voire secret, celui que lui a ménagé Jean Daniel, l'éditorialiste gourou de la gauche, ami des deux hommes. Or il est accosté par les journalistes sur le trottoir de la rue de Rivoli. Montant chez Dayan, il est furieux de constater que Mitterrand l'attend en compagnie de Guy Mollet, Gaston Defferre et René Billères. Ainsi, il doit négocier au grand jour avec les représentants de la gauche parlementaire la composition du futur gouvernement et les grandes lignes de sa politique [11]. A vrai dire, les caciques de la gauche officielle n'ont pas de scénario précis en tête. La composition de l'équipe de transition les occupe au premier chef. Les partis composant la Fédération ont déjà désigné leurs représentants. Mendès se tourne vers Mitterrand : « Je regrette qu'aucune discussion sérieuse n'ait eu lieu depuis le début de la crise. » Prompt à la repartie, François Mitterrand signale une difficulté : « Les communistes ne veulent pas de vous comme Premier ministre, mais ils accepteraient de vous voir confier le portefeuille de l'Éducation nationale. » D'autre part, la Fédération se méfie du mouvement étudiant. Mendès rétorque que les forces nouvelles, syndicales, étudiantes, paysannes, doivent être représentées. François Mitterrand s'insurge. « C'est de la provocation, vous allez tout faire échouer. Vous voulez un portefeuille pour Geismar. » En fait PMF pense à un syndicaliste de la CFDT pour cette représentation du « mouvement », et à Jacques Monod pour l'Éducation. Gaston Defferre se fait conciliant. Il suggère à PMF d'exposer lui-même au Parti communiste ses vues sur la représentation étudiante. « Cela, c'est mon affaire », coupe Mitterrand. On se sépare sur cette conclusion ambiguë. Mendès au pouvoir ? Bientôt, mais ce sera compliqué.

A 21 h 30, l'ancien président du Conseil se jette à l'eau. Décidément, la situation est mûre. Demain, après-demain, le gaullisme sera tombé aux oubliettes de l'histoire. L'occasion ne repassera pas. C'est maintenant ou jamais. Pierre Mendès France doit sinon franchir le Rubicon, du moins faire acte de candidature. Il se rend au palais Bourbon, sans doute pour se donner un décor de légalité, et indique à la presse, dans une déclaration un peu longue et alambiquée, qu'il est prêt à prendre le pouvoir à la tête d'un gouvernement provisoire. Celui-ci « n'aurait aucun sens s'il n'obtenait pas la confiance de tous ceux qui ont manifesté leur opposition au régime... Il est évident que les forces vives de la nation doivent toutes être réunies demain pour reconstruire, comme l'a dit François Mitterrand, " sans exclusive ni dosage " ». L'ironie de la formule est jolie. PMF invoque le président de la FGDS pour justifier ce que celui-ci refuse : la représentation du mouvement de Mai.

Ce que Pierre Mendès France ne prend pas en compte,

c'est qu'à cette heure ces querelles n'ont plus aucune importance. Ce gouvernement dont on ratiocine à perte de vue ne verra jamais le jour. La télévision l'a annoncé au journal de 20 heures : le Général est revenu.

La disparition

Il fait un soleil éclatant sur la France paisible, celle des champs et des haies. Un paysage illuminé fuit sous l'hélicoptère où le vieux chef contemple son vieux pays. Quelques minutes plus tôt, le pilote docile a fait plonger brusquement l'Alouette III, échappant par cette manœuvre à la surveillance des radars. Un président disparaît. Regardant les blés de Champagne, voyant au loin le relief calme des Ardennes, de Gaulle, il le sait, va jeter la France dans la stupeur. Bifurquant soudain vers l'Allemagne, il joue un des coups les plus extraordinaires de sa carrière. C'est l'équipée de Baden-Baden, l'un des épisodes les plus fascinants de Mai, dont on parlera pendant des décennies et qui entrera dans tous les classiques de la stratégie politique.

Qu'a fait de Gaulle de sa journée ? Pendant des années, la France se posera la question. Les hypothèses les plus diverses, et parfois les plus farfelues, ont été avancées. Certains le voient à Satory conversant sur un réseau secret avec les chefs de l'armée, d'autres le décrivent en Alsace, mettant au point les détails d'un plan de reconquête du territoire par la force. Certains l'imaginent même conversant avec Soviétiques et Américains sur un autre réseau secret, et négociant les conditions de son maintien en place [12]. Le Général a voulu ces vaticinations. Il a voulu le secret absolu. Avant et après. Le mystère, la tromperie, le camouflage faisaient partie intégrante de son plan, ils en étaient l'essence même. S'il y a eu plan. Car, pour plusieurs proches du Général, à commencer par Georges Pompidou, le grand homme a ce jour-là connu une défaillance. Il ne comptait pas revenir. Alors, fuite ou esquive ? Avec le recul de vingt ans, les principaux acteurs ont parlé, sauf le principal. Faute de ce témoignage capital, le mystère de Baden n'est pas totalement éclairci. Certains protagonistes peuvent aussi avoir dissimulé une partie de la vérité, par calcul profond ou naïf. Pourtant, les détails se sont accumulés, les révélations se sont multipliées. Il est possible de dresser aujourd'hui l'itinéraire du Général heure par heure, avec le soutien de Pierre Viansson-Ponté, qui lui a consacré de belles pages [13], de François Goguel, qui a écrit un article décisif sur la question [14], grâce à Jean Lacouture, dont le *De Gaulle* [15] synthétise l'affaire dans un chapitre magistral, et à l'aide du général Massu, qui a raconté par le menu son entrevue avec le Général [16].

Le soir du 28, le Général a fait venir son fils, le capitaine de frégate Philippe de Gaulle. Il lui a remis deux lettres, dont l'une contenait, semble-t-il, « ses dernières volontés ». Puis il a vu le général Lalande, le chargeant de convoyer, le lendemain, sa famille auprès du général Massu à Baden-Baden. Il avait aussi, vers 18 heures, appelé son gendre, le général de Boissieu, le priant d'urgence à Paris. La veille donc, une décision était prise. La fuite ou la ruse ? On ne peut le dire : ni le Général ni son fils, si celui-ci sait quelque chose, n'ont soufflé mot de cette soirée à quiconque.

Le 29 au matin, dans un palais de l'Élysée silencieux, le Général s'est levé, tôt comme à son habitude militaire. A 7 heures, il convoque son directeur de cabinet, Xavier de la Chevalerie, qui vient au Palais et trouve le Général fatigué, debout dans son petit salon. « Je suis crevé... Je pars me reposer et dormir un peu à Colombey [17]. » Puis il mande à 8 heures le général Lalande, le chef d'état-major de l'Élysée, et lui confie la mission d'aller voir le général Beauvallet à Nancy, le général Hublot à Metz et le général Massu à Baden-Baden pour s'enquérir de leur état d'esprit et de celui de l'armée. Lalande accompagnera aussi à Baden son fils, Philippe, qui y sera en sécurité. Nous sommes déjà dans l'ambiguïté : Lalande emmène la famille, ce qui suppose un retrait prolongé. Mais il va consulter les chefs militaires. Pour quoi faire, si le Général a décidé de partir ?

A 9 h 30, le président voit brièvement Tricot. Le Conseil des ministres sera reporté au lendemain à 15 h 30. Tricot n'est pas vraiment surpris. Il sait le Général exténué. Au fil des jours, sa préoccupation principale consistait à le maintenir en forme en dépit du manque de sommeil, à mettre en exergue les bonnes nouvelles et lui épargner autant que possible les mauvaises, beaucoup plus nombreuses [18].

Puis on introduit le général de Boissieu, revenu le matin en hélicoptère. Boissieu a raconté l'entretien dans son livre de mémoires [19]. Il décrit le Général troublé, découragé, dressant le tableau désastreux d'une France avachie devant l'émeute et la subversion. Alors, si l'on en croit son témoignage, Boissieu se lève avec solennité, imité par son beau-père.

— Mon général, ce n'est plus votre gendre qui est devant vous, c'est le commandant de la 7e division qui a un message à vous transmettre de la part du général commandant son corps d'armée et du général commandant sa région militaire » (les deux supérieurs immédiats de Boissieu). Les deux militaires, dit ce gendre un peu grandiloquent, sont résolus à « défendre la patrie contre quiconque, que l'agression vienne de l'extérieur ou de l'intérieur.

De Gaulle paraît satisfait et demande :

— Quelle serait l'attitude de l'armée s'il fallait aller jusqu'à l'épreuve de force ?

— Jamais l'armée n'a été aussi disciplinée. Elle attend les ordres.

— Bien, je vais voir si Massu est dans le même état d'esprit, ensuite je parlerai, de Colombey, de Strasbourg... L'État sera où je serai. Je vais quitter Paris. Si la manifestation communiste de cet après-midi déviait et s'orientait vers l'Élysée, elle n'aurait plus d'objet ; on n'attaque pas un palais vide.

Baden

De Gaulle demande ensuite à Boissieu de prévenir Massu, ce que l'officier ne parviendra pas à faire. Mais de Gaulle a prévu dans cette hypothèse d'aller jusqu'à Baden. A en croire Boissieu, le plan est dressé, clair, minutieux, magistral. Il pare à toutes les hypothèses et va bouleverser l'échiquier. C'est alors que Tricot prévient le président de l'appel de Pompidou. Boissieu sorti de son bureau, de Gaulle appelle son Premier ministre, tente de le rassurer sans l'éclairer, et l'alarme en fait au plus haut point par son ton étrange. Puis il sort et descend l'escalier du palais avec Mme de Gaulle. Dans la cour, une DS noire attend avec à son volant Paul Fontanille, le chauffeur du président. A 11 h 24, un huissier vient prévenir celui-ci. Il doit faire le tour par la grille du Coq, sortie discrète de l'Élysée, et venir prendre le couple présidentiel dans le parc. Une DS remplie de gorilles suit la voiture du Général. Direction Issy-les-Moulineaux. A midi, deux Alouette III s'envolent de l'aérodrome vers l'est. On est censé partir pour Colombey. Mais soudain, changement de programme, on pousse jusqu'à Saint-Dizier, à cinquante kilomètres au nord du village gaullien, pour faire le plein. Anicroche : Boissieu, qui devait appeler pour indiquer s'il avait pu prévenir Massu, n'est pas au rendez-vous téléphonique. A cause des grèves, il n'a pas pu obtenir Baden-Baden [20].

On repart et, quelques minutes plus tard, l'appareil du Général tombe vers le sol, puis file en rase-mottes cap à l'est suivi de son hélicoptère d'escorte. Assis sur le siège arrière, l'auguste passager a tendu un carton à Flohic, son aide de camp, qui est assis à côté du pilote (il y a trop de bruit pour pouvoir parler). « Résidence du commandant en chef des FFA [21]. » Direction Baden-Baden. Le Général est seul. La France l'a perdu de vue.

La veille, 28 mai, le général Massu a reçu dans sa résidence de Baden-Baden le gros maréchal soviétique Kochevoï, commandant en chef des troupes d'URSS en

Allemagne de l'Est, qui s'est répandu en propos grossièrement anti-allemands, a bu force vodka avec son homologue
français et lui a conseillé « d'écraser » les quelques anarchistes qui semblent causer tant de souci au gouvernement
français. Ce mercredi 30 mai, Jacques Massu, général à
cinq étoiles, commandant en chef des troupes françaises en
Allemagne, a la gueule de bois[22]. Après un frugal déjeuner, en col roulé rouge et en pantalon de velours, il s'est
allongé sur le canapé de son jardin d'hiver pour une courte
sieste. A 14 h 45, le jeune appelé Dupin, qui remplit les
fonctions d'ordonnance, entre en coup de vent dans le
bureau de Suzanne Massu, la femme du somnolent général.
On appelle au téléphone, un certain colonel « Floch ». La
femme du commandant en chef descend prendre la communication. Elle se nomme et au bout du fil elle entend :
« Ici le capitaine de frégate Flohic. Faites baliser la piste,
j'arrive dans cinq minutes avec le Général et Mme de
Gaulle. Nous sommes sur le terrain d'aviation de Baden-
Oos. »

Éberlué, fébrile, le couple Massu n'a pas le temps de
réfléchir. Dans la hâte, on prépare la résidence, houspillant
les domestiques, libérant en catastrophe une chambre avec
un grand lit. Cinq minutes après, les deux Alouette
touchent le sol de la zone d'atterrissage de la résidence.
Massu a tout juste eu le temps de passer l'uniforme. La
grande silhouette légendaire s'extrait de l'hélicoptère. Le
Général cherche ses lunettes dans sa serviette, que tient
Flohic. Il les trouve, les place devant ses yeux et dit à
Massu qu'il voit enfin : « Tout est foutu, les communistes
ont provoqué une paralysie totale du pays. Je ne commande plus rien. Donc je me retire et comme je me sens
menacé, ainsi que les miens, je viens chercher refuge chez
vous, afin de déterminer que faire. — Vous n'y pensez pas,
mon général ! Un homme de votre prestige a encore des
moyens d'action », rétorque Massu[23]. Il prend le Général
par le bras, le guide jusqu'à sa maison et le fait asseoir dans
le fauteuil de son bureau. Pendant ce temps Suzanne Massu
prend en charge la femme du chef de l'État, dont le visage
défait annonce toutes les catastrophes. A deux reprises,

Yvonne de Gaulle racontera en détail l'agression dont elle a été victime la veille en plein Paris. Un homme assis au volant d'une DS l'a grossièrement insultée alors que sa voiture était arrêtée à un feu rouge [24].

La harangue de Massu

Un peu plus tard, deux voitures amènent le fils du Général, l'amiral Philippe de Gaulle, avec sa femme et ses enfants. Ils sont arrivés à Baden-Oos en Beechcraft quelques minutes après l'hélicoptère du président, avec le chef d'état-major militaire de l'Élysée, le général Lalande, qui repart accomplir sa mission d'information auprès de Hublot et Beauvallet. Des bagages accompagnent les enfants de Gaulle.

« J'ai dit à mon fils de me rejoindre ici avec sa famille... » explique le Général à Massu. Puis il se lance dans un long soliloque d'où il ressort qu'il est désespéré de voir le pays se suicider en pleine prospérité. Il raconte la panique générale et le désir de tous, même des meilleurs, de le voir s'éclipser. « Pompidou a peut-être eu tort, au début, de composer avec les étudiants. Mais il a été très bien par la suite. » Massu s'en persuade vite : le Général n'est plus lui-même. Il est touché, fatigué, il broie du noir. « Où aller ? » dit-il. Il envisage Strasbourg, puis dit à Massu : « Il n'y a qu'à prévenir les autorités allemandes de ma demande d'hospitalité. » Massu le baroudeur, la grande gueule, la ganache, enrage intérieurement de voir son idole dans cet état d'abattement. Il songe avec satisfaction que son correspondant allemand n'est pas là. Il peut temporiser. On apporte une omelette ; la conversation peut se poursuivre. « M'armant de mon courage, écrit Massu, je me décide à entamer avec lui le match le plus difficile de ma carrière, celui que je suis le plus fier d'avoir gagné. » Alors, pendant près d'une heure, Massu, debout devant le président, s'emporte au fur et à mesure qu'il parle, prononce un vigoureux plaidoyer pour la lutte : « Pour vous et pour le pays, vous ne pouvez renoncer de la sorte, vous allez vous déconsidérer et ternir votre image. Vous allez libérer les vannes et accélérer le chaos que vous avez le devoir d'endiguer. Vous êtes écœuré, mais vous en avez vu d'autres depuis 1940. Vous devez vous battre jusqu'au bout, sur le terrain que vous avez choisi, même celui du référendum, si vous y tenez encore... S'il s'avère que le référendum est impossible, il sera toujours temps de démissionner... » A ce moment-là, Massu hésite, tousse. Il est impressionné par ce qu'il ose dire au Général. Mais celui-ci s'est légèrement redressé. Son œil s'est fixé sur son interlocuteur, il le presse de poursuivre avidement[25]. Massu reprend : « ... mais sans avoir fui au préalable, car le front est en France et, pour vous, à Paris. Le vieux lutteur qu'est le général de Gaulle doit faire front jusqu'au bout. Il ne manquera pas de gens pour lui rendre hommage. »

Dans une interview plus tardive, Massu ajoutera qu'il a aussi employé cette forte formule : « Mon général, tant pis, qu'est-ce que vous voulez, vous êtes dans la merde, il faut y rester encore. Retournez-y[26]. »

Ranimé, le Général n'est pas encore convaincu. A un moment, Massu sort de son bureau pour faire prévenir l'ambassadeur en Allemagne de la présence du chef de l'État. Il dit à ses deux aides de camp : « Nous ne sommes pas sortis de l'auberge, il est têtu comme une mule. »

Mais, peu après son retour, de Gaulle se lève brusquement. Il s'approche de Massu, lui donne l'accolade, puis dit : « Je repars, appelez ma femme. Quant à mon fils, qu'il juge de ce qu'il doit faire. »

La décision

A 18 heures, le Général est de retour à Colombey. Marchant à grandes enjambées dans le parc, il parle de fleurs et de poésie avec Flohic. Georges Pompidou a été averti de sa présence à Baden vers 17 heures. A 17 h 30, le général Fourquet, chef d'état-major de l'armée française, appelle Massu au téléphone pour avoir confirmation[27]. Il a Pierre Messmer à ses côtés.

— Le ministre veut savoir si Lalande est chez vous et ce qu'il y fait.

— Lalande est venu chez moi en tournée d'information. Il est reparti pour Metz, chez Beauvallet.

— Avez-vous reçu un autre ?... Le grand ?

— Affirmatif, mais il est reparti.

— Attention, Massu, pas de bêtises !

— Comment, des bêtises ?

— Adressez-moi un rapport.

— Pourquoi ? Je n'ai rien à dire de plus. Vous pouvez rassurer le ministre.

Pour Massu, la signification des questions de Fourquet est claire. Le chef de l'armée française veut non seulement savoir si de Gaulle est bien allé en Allemagne, mais il s'inquiète surtout de savoir si de Gaulle n'a pas organisé dans son dos une quelconque intervention de l'armée. A moins d'un mensonge de Massu sur toute la ligne, commandé par un lourd secret d'État, on a vu qu'il n'en a rien été. Certes, de Gaulle s'informe de l'état d'esprit des militaires, fait enquêter auprès d'eux et tâte directement Massu. Mais jamais il n'a évoqué, ne serait-ce que d'un seul mot, l'hypothèse d'un recours à la force armée. L'hypothèse est présente dans son esprit : « Reconquérir le territoire à partir de Strasbourg, dira-t-il à Chaban, je l'ai envisagé, mais à titre d'éventualité suprême. » Ainsi est dissipé un mystère qui emplira des centaines d'articles et de livres après Mai : l'armée allait-elle intervenir ? On a vu que Pompidou a seulement pris ses précautions, sans plus.

Pourtant, les angoisses de Fourquet et de Messmer montrent que l'un des aspects de la manœuvre gaullienne a déjà fonctionné : derrière le départ pour Baden-Baden se profile la menace muette, inarticulée, mais bien réelle, de la guerre civile et de l'appel aux militaires. Elle ne sera jamais formulée, mais toujours présente.

Un peu plus tard, de Gaulle appelle son Premier ministre. Il lui annonce le plus naturellement du monde qu'il a « vu les militaires », qu'il allait se reposer et qu'il serait là le lendemain vers midi. Sa voix a rajeuni ; il a repris le ton de commandement. Il parle aussi à Tricot : « Je me suis mis d'accord avec mes arrière-pensées. Maintenant, c'est clair, je sais ce que j'ai à faire. Je présiderai le Conseil des ministres à 15 heures[28]. » Puis, pendant le dîner, il déclame quelques vers à sa femme et à Flohic, à propos du Rhin qu'on vient de traverser : « Le Rhin, triste témoin d'éternelles alarmes, roule un flot toujours prêt à recueillir des larmes. » « De qui est-ce ? » demande-t-il. L'aide de camp confesse son ignorance. Alors, De Gaulle, goguenard : « Ça ne m'étonne pas, c'est de moi[29]. » Le lendemain matin, tôt levé, Charles de Gaulle met au point la déclaration qu'il fera l'après-midi.

Les deux 29 mai du Général

Pendant vingt ans, deux thèses vont alors s'affronter quant à l'interprétation de cette journée. Jacques Massu, Georges Pompidou et les pompidoliens sont formels : le Général a eu une défaillance. Il a songé partir, abandonner la partie, et c'est Massu, comme lui-même le raconte avec force détails, qui lui a redonné confiance. Pompidou, qui ce soir-là songe à démissionner, à juste titre ulcéré de n'avoir pas été mis dans la confidence d'une manœuvre aussi grave, songe d'abord à un « calcul ». Mais il donnera plus tard un autre éclairage, qui exprime le mieux la thèse de l'abandon surmonté :

« Le voyage de Baden-Baden n'avait pas été un calcul. Je devais l'apprendre le vendredi 31 mai, je crois, de la bouche de Messmer. Je le vis à sa demande. Il m'apprit qu'il avait reçu la visite du général Massu, qui lui avait révélé la vérité sur Baden-Baden et qu'il venait me la communiquer, comme il estimait en avoir le devoir, avec l'autorisation du Général.

« Ce que je dis ici, j'aurais préféré que l'histoire l'ignorât. Mais trop de gens ont été au courant pour que cela ne soit pas rendu public, et il vaut mieux que les choses soient dites dans leur vérité et rien que leur vérité. En réalité, le Général avait eu une crise de découragement. Croyant la partie perdue, il avait choisi le retrait. En arrivant à Baden-Baden, les dispositions avaient été aussitôt prises pour un séjour prolongé. Philippe de Gaulle et sa famille étaient là également. L'ambassadeur de France avait été convoqué pour recevoir instruction de prévenir le gouvernement allemand. C'est le général Massu qui, par son courage, sa liberté d'expression, son rappel du passé, l'assurance de la fidélité de l'armée, réussit à modifier la détermination du Général, puis à le retourner complètement. La France, de ce jour-là, doit beaucoup au général Massu. Par la suite, je le reçus et il confirma le récit de Pierre Messmer. J'ajoute que le général de Gaulle devait me le confirmer lui aussi, car j'eus, le samedi 1er juin, je crois, puis une nouvelle fois dans les jours suivants, l'émotion d'entendre ce grand homme me dire : " Pour la première fois de ma vie, j'ai eu une défaillance, je ne suis pas fier de moi. " J'appris par la suite que le général Alain de Boissieu, qui était allé directement à Colombey, détenait une lettre à moi adressée et qui me confiait, en des termes que je ne connais pas, " tous les pouvoirs ". C'en était le sens, même si je peux difficilement en apprécier la valeur constitutionnelle [30]. »

A cette thèse, le témoignage de Massu apporte bien sûr un grand crédit. Il y a aussi les propos apocalyptiques que le Général a distillés depuis le 24 mai à ceux qui venaient le voir, l'état d'épuisement nerveux d'un homme qui ne dort pratiquement plus, comme l'a constaté Tricot. Devant Michel Debatisse [31], président de la FNSEA, Michel Droit, puis Christian Fouchet, reçus le 28 en fin de journée et le soir, tout comme devant Georges Pompidou, il a répété le discours de « l'apocalypse », selon le vocable habituel des gaullistes. A Baden il a emmené famille et bagages, demandé qu'on prévienne les autorités allemandes de son arrivée et de sa demande d'asile, tenu à Massu les propos les plus noirs.

Un voile épais de tromperie

Pourtant la majorité des auteurs rejettent le scénario de Massu et de Pompidou. Pour eux, le Général a recouru, en suprême manœuvrier politique, à une de ces ruses de guerre dont il était coutumier. Et de citer *Vers l'armée de métier*[32] et *le Fil de l'épée*[33], les deux credo militaires de Charles de Gaulle, où l'action de commandement est définie avec richesse et rigueur : « La surprise, vieille reine de l'art... Mais la surprise, [le chef] sait l'organiser. Non seulement grâce au secret, observé dans leurs propos, ordres et rapports par ceux qui conçoivent et décident, ou par la dissimulation des préparatifs, mais aussi sous le couvert d'un voile épais de tromperie. » Certes l'adversaire peut se procurer des renseignements. « Mais, justement, on peut l'embrouiller. Pour peu que l'on consente à donner sur ses intentions le change à son propre camp, que l'égarent à dessein ceux-là mêmes qu'on médite d'employer et que, par astuce calculée, on utilise, pour répandre de trompeuses hypothèses, tant de moyens qui, de nos jours, permettent à chaque parti de discerner ce qui se passe chez l'autre, on pourra, derrière le mensonge, cacher la réalité. » Bref, « la ruse doit être employée pour faire croire que l'on est où l'on n'est pas, que l'on veut ce que l'on ne veut pas ».

Muni de ce manuel de tactique, on peut raconter sur Baden-Baden une tout autre histoire, celle à laquelle souscrivent pour l'essentiel François Goguel, Pierre Viansson-Ponté ou Jean Lacouture.

Dès le samedi, de Gaulle a compris que l'opération du référendum ne marcherait pas. En est-il découragé ? Certainement. Il a pris les choses par le haut, parlé à la France de son rôle dans la société moderne, du message social qu'elle doit délivrer aux pays engagés comme elle dans la voie de la « civilisation mécanique ». Mais les Français, pris par le vertige de la division et de l'anarchie, ne l'ont pas écouté. Une fois encore, ils cèdent aux sirènes du changement pour le changement, ils récusent la grandeur pour chercher refuge dans les médiocres ambitions et les petits calculs. L'amertume submerge le vieil homme, qui croyait avoir reconstruit l'État, relevé la nation, assis la prospérité, et les voit tous trois se déliter sous l'action des trublions et de la CGT. La « chienlit » emporte l'œuvre de dix ans : on serait ébranlé à moins.

Ainsi de Gaulle est à coup sûr sincère quand il éclate en imprécations devant ses visiteurs lundi ou mardi, pendant que le refus de Billancourt a ouvert l'abîme sous les pieds du gouvernement. Il est sincère quand il dit en juin à Michel Droit, après la tempête : « Oui, j'ai eu la tentation de me retirer[34] », ou bien, dans le discours du 30, quand il affirme avoir « envisagé toutes les hypothèses, sans exception ». Ses nuits blanches, le spectacle de son impuissance, l'impéritie de ses subordonnés, la trahison qu'il suit pas à pas, renseigné en détail par les fidèles sur les faits et gestes de ces gaullistes qui estiment qu'il a fait son temps, tout cela le plonge dans l'amère tristesse, l'abattement, le « chagrin », selon le mot d'Anne et Pierre Rouanet. Tous ces efforts surhumains, l'Algérie, les institutions, la bombe, le retrait de l'OTAN, l'Europe difficile, la grande politique étrangère, l'industrialisation, qui finissent en farce et l'acculent au sort grotesque d'un Louis-Philippe chassé par l'émeute. C'est trop bête, trop médiocre !

Mais de Gaulle ne serait pas devenu ce qu'il est sans un génie particulier, que la France a appris à connaître. S'il a incarné un jour le destin du pays, s'il est revenu au pouvoir après une éclipse sans fin, c'est bien parce qu'il est l'homme des tempêtes, celui qui domine tous les autres quand la tourmente trouble les plus impavides, désarme les plus énergiques. C'est parce qu'il possède au plus haut degré ce « courage de 3 heures du matin » dont parle Napoléon dans le *Mémorial,* celui qui laisse le chef calme et froid au milieu des revers les plus inattendus et lui permet de se décider en toute raison quand ce qui l'entoure n'est que panique et folie.

Ce talent, Charles de Gaulle le possède comme une seconde nature, même si son tempérament impétueux, son caractère passionné, sa cyclothymie, peuvent le troubler par périodes. Alors, au fond du trou, acculé dans un coin, il calcule encore la riposte, médite l'issue possible, scrute l'adversaire, cherchant la faille, débrouillant avec son réalisme spontané l'écheveau des « circonstances », qui décident toujours de l'histoire.

Pompidou a été trop faible. Dans son empressement à se mettre en avant par un geste généreux, il a donné la concession qui a ouvert les vannes de la grève générale. Il est pour cela impardonnable. Mais sur un point il a raison : l'opinion commande les événements. C'est parce qu'elle soutenait les étudiants que l'État s'est retrouvé paralysé, c'est parce qu'elle a accueilli avec faveur la grève générale que le pays s'est retrouvé arrêté sans réagir. Mais, cette fois, l'opinion en a assez. Le courant s'est renversé. On n'aspire plus qu'à l'ordre. C'est le sens profond de la soudaine popularité de Mendès, l'homme le plus impopulaire qui soit. Il apparaît comme le recours, seul capable de ramener le calme. Pourquoi ? Parce que l'État se dissout.

Mais, s'il se reprenait soudain, si tout d'un coup une autorité indiscutée s'exprimait d'une voix forte, les inquiets, les angoissés, les paniquards se rallieraient aussitôt. Le 24 mai, de Gaulle n'a pas pu prendre les Français par l'ambition. Le 30, il peut les réunir par la peur. Qu'il manifeste hautement sa détermination, et tout peut basculer.

La manœuvre

Encore faut-il un événement, un coup de canon, un coup de théâtre. Cet événement, qui captera l'attention de tous, excitera la peur, poussera l'adversaire à se dévoiler et les soutiens à se manifester, ce sera la disparition, le mime du retrait, l'organisation consciente de la plongée vers l'abîme. De Gaulle va montrer le vide aux Français. Le vertige sera tel qu'ils se raccrocheront à lui, convulsivement.

Mais il faut choisir l'instant, et ménager la surprise.

Alors trois jours sont employés activement à déployer ce « voile épais de tromperie » qui doit abuser amis et ennemis. Sans avoir besoin de feindre beaucoup, de Gaulle se montre abattu, irrésolu, déprimé. Il égare son gouvernement, son cabinet, ses proches et même son Premier ministre, qui ne pourra retenir un cri du cœur quand il apprendra sa disparition : « Il est parti à l'étranger ! » Sous-entendu, pour ne plus revenir. Seulement, par moments, parce qu'il faut aussi maintenir les fidèles, de Gaulle montre son visage habituel, celui de l'énergie, de la résolution. A François Missoffe, dès le samedi matin, il fait pratiquement le discours qu'il médite pour la semaine suivante. A Michel Droit, qui vient le voir mardi après-midi, il donne rendez-vous en juin pour un autre entretien à l'Élysée. Ce même jour, il appelle son ministre de l'Information, Georges Gorse, qui en est si estomaqué (le Général a horreur du téléphone) qu'il se lève et se met au garde-à-vous à l'autre bout du fil [35]. C'est pour lui enjoindre la fermeté à l'ORTF et lui demander qu'on expulse au plus vite les occupants de la Maison de la radio.

Enfin, c'est la dernière entrevue avec Georges Pompidou, au cours de laquelle il lui cèle tout de ses intentions, se contentant de converser avec fatalisme sur l'action du gouvernement.

— Vous avez été trop optimiste depuis le début, dit le Général.

— En quoi me suis-je trompé ?

— Vous avez dit que vous arriveriez à un accord avec la CGT.

— J'ai eu cet accord, c'est la CGT qui n'a pas su le faire approuver, et c'est la raison pour laquelle le PC fait un effort pour reprendre la direction. Cela coûtera un peu plus cher, mais on aboutira [36].

Quand il quitte le Général, Georges Pompidou le pense abattu. Il a appris l'incident dont a été victime Mme de Gaulle. Christian Fouchet, qui succède au Premier ministre, a la même impression.

En fait, le Général médite encore. Les hypothèses continuent à s'ordonner dans sa tête. Un autre facteur l'incite à prendre du champ au plus vite : l'attitude du PCF. Pompidou ne croit toujours pas au coup de force. De Gaulle connaît trop l'histoire de l'Europe pour en écarter totalement l'éventualité. C'est peu probable : la France n'est pas dans la sphère d'influence soviétique. En principe, les Russes n'y toucheront pas. Mais on ne sait jamais. Après tout, la tentation est forte. Le lendemain après-midi, le défilé de la CGT passera à deux pas de l'Élysée. Plutôt que de risquer un affrontement sanglant, il vaut mieux s'éloigner. Il le dit lui-même à Boissieu : « On ne prend pas un palais vide. » Et ce qui vaut pour sa personne vaut pour sa famille. Imaginons une insurrection : les proches du Général seraient vulnérables, et lui par ricochet. L'agression contre la présidente a touché le Général. Alors, on emmènera aussi femme et enfants.

Poursuivant le jeu des hypothèses, de Gaulle constate qu'en cas d'insurrection l'armée est le seul recours. Or, l'armée est dans l'Est. Les meilleures unités stationnent en Alsace, en Lorraine et en Allemagne. Quel est leur état d'esprit, quel est celui de leur chef ? S'en enquérir par Messmer, c'est se découvrir. C'est aussi courir le risque d'un compte rendu biaisé, que des subordonnés effrayés à l'idée d'un affrontement armé — de Gaulle en a fait l'expérience avec Fouchet et Grimaud — élaboreraient à dessein pour priver le chef de cette option sanglante. Alors on fait venir secrètement Boissieu. Alors on demande à Lalande de s'informer lui-même. Alors on ira voir Massu, le roc, accompagné des proches. De Gaulle appelle son gendre, qui sera le seul dans la confidence, et le convoque pour le lendemain 9 h 30. Le dispositif est prêt. Il pare à toutes les hypothèses. L'éloignement tourne tous les regards vers le Général, garantit la stupeur dans l'opinion et hâte le retournement. En cas de coup de force communiste, il prive les révolutionnaires d'un otage décisif, sauvegarde la liberté de manœuvre et permet la reconquête. La pièce est écrite. Il reste à la jouer.

Pour les tenants de cette thèse, Massu en sera la première victime. Comment tester le chef militaire ? Un « Massu, êtes-vous avec moi ? » ne signifierait rien ; comment pourrait-il dire non? En revanche, le spectacle appuyé du découragement montrera les vraies pensées du bonhomme. Qu'il reste hésitant, déconcerté, troublé, et il y aura lieu de s'inquiéter : c'est que l'armée, somme toute, n'est pas sûre. Information précieuse. Mais Massu est Massu. De Gaulle ne doute pas qu'il se récriera. Retournant son chef, sa fidélité sera d'autant galvanisée. Et de Gaulle, dont le chagrin est toujours aussi fort, sait qu'il a bien besoin de cette fidélité entière d'un compagnon qu'il n'a jamais ménagé, mais qui s'est toujours retrouvé derrière lui. Alors Massu dit son rôle, à la perfection, et, à 15 heures, le plan est à moitié réalisé. Reste la réaction de l'opinion. Le Général n'a pas besoin d'attendre longtemps. De retour à Colombey, il lui suffit d'avoir le contact avec ses collaborateurs ou d'écouter la radio pour juger de sa parfaite réussite. La France est prise de panique. Les opposants se voient déjà au pouvoir, mais les Français repoussent déjà cette perspective avec horreur. Confrontés six heures au néant, abandonnés au fantasme effrayant d'un coup de Prague à Paris, ils ont voté comme un seul homme dans le meilleur référendum qui soit : celui de la peur. Ce coup de tonnerre en coulisse, cet escamotage parfaitement exécuté ont déblayé la scène, fait taire les autres acteurs et figé les spectateurs. Il ne reste plus qu'à avancer en pleine lumière, et prononcer le dénouement.

23

30 mai. La résurrection

A 11 h 05, le 30 mai, le Général reprend l'hélicoptère à Colombey. Il est à 12 h 25 à l'Élysée. « J'avais besoin de respirer le bon air. J'ai bien dormi. Je suis dispos. » Il reçoit Jacques Foccart et lui lit le discours qu'il a préparé. Foccart opine et lui rappelle que les gaullistes manifesteront à 18 heures. « Bon, je prononcerai mon allocution après le Conseil, à 16 h 30. »

Tout a changé : le Général a cette fois un coup d'avance. Car dans le pays on en est resté sinon à sa disparition (le retour a été annoncé la veille au soir), du moins à l'image d'un pouvoir acculé, commentée sur un ton mélodramatique par les journaux du matin. Déjà bien avancée la veille, la décomposition paraît maintenant irrésistible. Dans *France-Soir* qui paraît en fin de matinée, Jean Ferniot écrit : « Le référendum est impossible. Les syndicats ne veulent plus de De Gaulle. Lorsque le Général se tourne vers les gaullistes, il ne trouve guère maintenant que le désert. Que sont devenus ces 60 % de Français attachés, nous disaient les sondages, au général de Gaulle ?... Les armes tombent des mains du vieux monarque, ces armes constitutionnelles forgées par lui... De Gaulle est seul. »

La presse ne peut pas tout savoir.

La dissolution

Le reste du pays est à l'unisson. La paralysie de l'administration est bientôt totale, les préfets n'arrivent plus à communiquer avec le ministère de l'Intérieur. Les forces de l'ordre sont maintenant en nombre insuffisant pour faire face à l'agitation. A Grenoble, la préfecture fait savoir qu'elle n'a plus de réserves. C'est le cas depuis longtemps à Nantes. A Tours, à Rouen, les manifestants ne rencontrent plus de policiers. Dans plusieurs ministères, on épure les dossiers ou on les brûle. Tel député de Paris est en relation avec un commissaire : il lui demande des faux papiers. Des hauts fonctionnaires rédigent des analyses destinées à l'équipe Mendès. L'opposition cherche toujours à faire cohabiter Mendès et les communistes pour une prise du pouvoir qu'elle sent de plus en plus proche. Dans la matinée, PMF reçoit une nouvelle fois Descamps. L'ancien président du Conseil lui présente les grandes mesures qu'il compte prendre. Le secrétaire général de la CFDT insiste de nouveau pour que le départ du Général se fasse dans la dignité. Valéry Giscard d'Estaing craint toujours la saisie de tous les pouvoirs par Pompidou à la faveur d'un départ du Général. Après avoir reçu les gaullistes de gauche, ennemis traditionnels du Premier ministre, il publie à 11 heures un communiqué : le Général doit continuer à exercer ses fonctions ; il doit appeler un gouvernement soutenu par une majorité élargie. Pleven et Duhamel songent à entrer dans une majorité où l'on pratiquerait un gaullisme moins personnel. Bref, toutes les manœuvres, les intrigues, les combinaisons et les conciliabules s'enflent démesurément, à l'aune de la folle rumeur qui court depuis la veille dans l'après-midi : de Gaulle a lâché la rampe. De Gaulle est parti, ou bien il va partir. Tout s'écroule, tout se recompose, tout change.

Pendant ce temps, la réplique s'affine. A 14 h 30, Georges Pompidou a obtenu, non sans mal, d'être reçu, une demi-heure avant le début du Conseil. Il a rédigé sa lettre de démission[1]. Il en fait part au Général, qui le coupe : « Vous restez, nos sorts sont liés. » Alors le président lit à son Premier ministre le discours qu'il a préparé. Tout y est, pense Pompidou, sauf une chose : la dissolution. Alors il reprend l'argumentation déjà développée la veille et l'avant-veille. Le référendum a eu lieu hier,

dit-il. Votre disparition a créé l'angoisse, des noms ont été
prononcés pour votre succession ; personne n'en veut. Tout
le monde aujourd'hui aspire à l'ordre. C'est vous qui
l'incarnez. La bataille est gagnée. Nous avons l'occasion
unique de remplacer cette assemblée incertaine par une
large majorité.

De Gaulle ne veut pas se laisser convaincre. Il veut
gagner tout seul, maintenir le gouvernement par la seule
force de son verbe, surmonter la crise par un simple
discours. Il sent que c'est possible. On devine aussi qu'il ne
veut pas avoir besoin de Pompidou, qui serait forcément le
vainqueur des élections. Les vieux monarques n'aiment pas
les dauphins pressés.

— Enfin, si le référendum ne peut pas avoir lieu, les
élections non plus, pour les mêmes raisons.

— Non, le référendum est abstrait. Personne ne se
sentira coupable d'empêcher son organisation. C'est tout
différent avec les élections. Personne n'osera les entraver.
Dissoudre, c'est assurer la fin de la grève, au moins dans les
services publics.

De Gaulle renâcle toujours. Alors Pompidou sort sa
dernière carte :

— Vous me demandez de reprendre ma démission. Je
vous demande de dissoudre.

C'est l'argument décisif. De Gaulle a tout de même
besoin de Pompidou. Si le Premier ministre s'en va, l'effet
de son discours risque d'en être amoindri. Il faudra
convaincre avec un autre homme, alors que celui qui a fait
front au plus fort de la tempête disparaîtra. Pendant que
Pompidou continue de parler, le Général corrige rapidement son discours, puis rédige un petit mot sur papier
blanc. Il le tend à Pompidou : c'est la lettre au président du
Sénat, prévue par l'article 12 de la Constitution, qui prévoit
sa consultation obligatoire en cas de dissolution. Gaston
Monnerville la recevra un peu plus tard, quand il vient de
dire au téléphone à un préfet ami : « Je vais prendre le
pouvoir. »

« Je ne me retirerai pas »

A 16 h 30, après un Conseil des ministres mené au pas de charge, de Gaulle parle. La France entière est devant son poste ou près de son transistor. La voix légendaire s'élève sans image. Le Général s'exprime à la radio, et le son est relayé par la télévision, parce qu'il court moins le risque d'être coupé par les grévistes de l'ORTF, peut-être aussi parce qu'il craint son image, désormais vieillie, ou bien, comme le pense Jean Lacouture, pour la simple raison qu'à cette heure personne ne regarde la télévision, alors que tout un chacun peut accéder à un poste de radio. Le procédé a un autre avantage : c'est celui de 1940.

La voix claque comme un coup de fouet. Tous ceux qui l'ont entendue s'en souviendront toujours : l'adresse dure quatre minutes trente ; mais chaque mot a le poids du plomb :

« Françaises, Français, étant le détenteur de la légitimité nationale et républicaine, j'ai envisagé depuis vingt-quatre heures toutes les éventualités, sans exception, qui me permettraient de la maintenir. J'ai pris mes résolutions. Dans les circonstances présentes, je ne me retirerai pas. J'ai un mandat du peuple. Je le remplirai. Je ne changerai pas le Premier ministre, dont la valeur, la solidité, la loyauté, méritent l'hommage de tous. Il me proposera les changements qui lui paraîtront utiles dans la composition du gouvernement. Je dissous aujourd'hui l'Assemblée nationale. J'ai proposé au pays un référendum qui donnait aux citoyens l'occasion de prescrire une réforme profonde de notre économie et de notre université, en même temps que de dire s'ils me gardaient leur confiance ou non, par la seule voie acceptable, celle de la démocratie.

« Je constate que la situation actuelle empêche matériellement qu'il y soit procédé. C'est pourquoi j'en diffère la date. Quant aux élections législatives, elles auront lieu dans les délais prévus par la Constitution, à moins qu'on entende bâillonner le peuple français tout entier en l'empêchant de s'exprimer en même temps qu'on l'empêche de vivre, par les mêmes moyens qu'on empêche les étudiants d'étudier, les enseignants d'enseigner, les travailleurs de travailler. Ces moyens, ce sont l'intimidation, l'intoxication et la tyrannie exercées par des groupes organisés de longue main en conséquence et par un parti qui est une entreprise totalitaire, même s'il a déjà des rivaux à cet égard.

« Si donc cette situation de force se maintient, je devrais, pour maintenir la République, prendre, conformément à la Constitution, d'autres voies que le scrutin immédiat du pays. En tout cas, partout et tout de suite, il faut que s'organise l'action civique. Cela doit se faire pour aider le gouvernement d'abord, puis localement les préfets devenus ou redevenus commissaires de la République dans leur tâche qui consiste à assurer autant que possible l'existence de la population et à empêcher la subversion, à tout moment et en tout lieu.

« La France, en effet, est menacée de dictature. On veut la contraindre à se résigner à un pouvoir qui s'imposerait dans le désespoir national, lequel pouvoir serait alors évidemment essentiellement celui du vainqueur, c'est-à-dire celui du communisme totalitaire.

« Naturellement, on le colorerait pour commencer d'une apparence trompeuse en utilisant l'ambition ou la haine de politiciens au rancart. Après quoi, ces personnages ne pèseraient pas plus que leur poids, qui ne serait pas lourd. Eh bien, non ! La République n'abdiquera pas, le peuple se ressaisira. Le progrès, l'indépendance et la paix l'emporteront, avec la liberté. Vive la République, vive la France ! »

C'est un chef-d'œuvre politique. Chaque phrase porte, le fond, la forme, l'intonation, les formules ; tout est là, tout est efficace. D'abord l'autorité. « Je » revient tout le temps, au début de périodes courtes qui sonnent comme des ordres sur un champ de bataille. Les décisions immédiates, le maintien du Premier ministre, l'élection, la résolution de continuer en vertu d'un mandat démocratique. Puis l'attaque qui va crescendo contre la « menace totalitaire » du PCF. C'est la part de ruse : celui qui menace le régime à cette heure, c'est Mendès et non

Waldeck Rochet, gaulliste fervent depuis deux jours. Peu importe, c'est le PC qui fait peur. C'est lui qu'on désigne. Dictature, entreprise totalitaire, subversion, tout y passe. L'anticommunisme français en est remué au tréfonds de l'âme. C'était bien l'hydre épouvantable qui se profilait derrière Cohn-Bendit. On se retrouve en pays de connaissance. L'ennemi est là, démasqué, hideux et piaffant.

Puis la menace : qu'on continue la grève générale, qu'on empêche les élections et ce sera le recours à l'article 16 qui donne les pleins pouvoirs au Général. Et, pour faire bonne mesure, la résistance, armée au besoin : c'est l'appel à l'action civique, à ces comités qu'on a déjà commencé de mettre en place et qui seront autant d'obstacles à toute tentative illégale. Pour faire tomber de Gaulle, il faudra lui passer sur le corps, et déclencher la guerre civile. La rhétorique, comme toute bonne rhétorique, charrie de fortes réalités. Et enfin, c'est l'estocade contre l'ennemi de l'heure, ces « politiciens au rancart » au poids insignifiant, transpercés par un mot comme un insecte par une épingle. Mitterrand et Mendès mettront du temps à se débarrasser de l'étiquette. Puis le coup de clairon final. Rideau. Le spectacle est fini, la récréation sifflée. Mai 68 est terminé.

Le fleuve gaulliste

Au palais Bourbon, les députés sont dans les salons et les couloirs, dispersés par petits groupes autour des transistors. Ceux de la majorité se tiennent salle Colbert, recueillis et frémissants. Aux mots : « Je ne me retirerai pas », les applaudissements éclatent, vite couverts par des « chut ! ». Plusieurs fois la salle manifeste, immédiatement contenue. Puis c'est l'explosion finale, qui fait trembler les murs. On crie, on s'embrasse, on pleure, et on chante *la Marseillaise* deux fois, comme pour prolonger l'instant.

A la Sorbonne et à Censier, le discours a figé les assemblées. Il est salué par des huées. On crie à la guerre

civile, on dénonce ces « comités de défense », vite assimilés
à une nouvelle gestapo. A Censier, on croit même à
l'intervention immédiate de la troupe. La rumeur court que
les chars convergent sur Paris et que les paras, en vêtements civils, vont attaquer les facultés[2]. L'assemblée
générale nomme une commission chargée de la défense,
qui envoie des sentinelles équipées de talkies-walkies dans
les rues avoisinantes. Elles reviendront d'elles-mêmes une
heure plus tard, lasse de contempler les passants indifférents et paisibles.

En fait, les leaders ont vite compris. La fête est finie.
Comme le rapporte Jacques Baynac[3], de Gaulle a cassé le
jeu symbolique qui faisait la trame du mouvement. En
disparaissant la veille, il a montré ce que pourrait être une
vraie chute du gaullisme. En agitant la menace de l'article 16 et le spectre de la guerre civile, il a levé le tabou de la
mort d'homme. Personne jusqu'à présent n'a voulu tuer ;
lui le fera, si nécessaire. Or, sur ce terrain, on ne veut pas le
suivre. Pour personne, Mai 68 n'est une lutte à mort. C'est
une insurrection du verbe. Et de Gaulle n'y met pas fin,
comme on l'a si souvent dit, par le verbe. Il dénoue la crise
par la description précise, technique, de la force nue. On
lui avait opposé un usage symbolique de la violence, celle
des manifestations et des barricades. Il rétorque en menaçant de son usage réel. Militants du simulacre, comme le
dira Pierre Goldman dans un sarcasme, les révolutionnaires de Mai sont prêts à tout, sauf à la vraie révolution.
Alors, intérieurement, ils mettent le drapeau rouge en
berne. Ce sera pour une autre fois, quand le mouvement
sera prêt, quand les masses suivront, quand la classe
ouvrière se mobilisera, quand le parti révolutionnaire sera
construit. Un jour...

Le Parti communiste ne balance pas longtemps. Lui qui
revendiquait le matin même une partie du pouvoir dans le
gouvernement qu'on mettait déjà en place proteste de sa
volonté de toujours d'en appeler au peuple. La CGT fait de
même et demande qu'on négocie au plus vite. François
Mitterrand parle de « la voix du 18 brumaire, du 2 décembre, du 13 mai ». Mais il ira évidemment aux élections. En

quatre minutes trente, le jeu légaliste reprend ses droits. La fête est finie.

A ce dénouement il manque une apothéose. Elle est prévue depuis plusieurs jours, sur les Champs-Élysées. Jacques Chaban-Delmas a présidé l'une des séances les plus courtes de l'histoire de la Chambre. Après avoir remercié les députés pour le travail accompli, il lit le message du chef de l'État :

« Monsieur le Président,

« J'ai l'honneur de vous informer qu'en vertu de l'article 12 de la Constitution et après avoir consulté les personnalités prévues par cet article, j'ai décidé de procéder à la dissolution de l'Assemblée nationale. »

Les députés de la majorité applaudissent et commencent à sortir. Mais ils voient que ceux de la gauche restent assis : ils refluent. Alors l'opposition se lève et entonne *la Marseillaise*. La majorité l'imite. Le même chant pour deux camps. Puis les gaullistes sortent et se dirigent en formation vers l'Obélisque. Ils sont submergés. Dès la fin du discours, le Paris de l'angoisse et de l'ordre est sorti de chez lui. Bourgeois apeurés, commerçants inquiets, patrons ulcérés, mais aussi employés amoureux d'ordre, ouvriers conservateurs, jeunes filles sages, étudiants de droite et militants d'extrême droite, tous ont couru à la Concorde. Pierre Krieg, Roland Nungesser, Roger Frey ne croyaient pas pouvoir rivaliser avec les défilés syndicaux. La droite n'aime pas les manifestations de rue. Inquiets, ils avaient depuis plusieurs jours négocié le concours de l'extrême droite antigaulliste, celle de l'Algérie française, et proposé un pacte transitoire contre le PCF et les gauchistes. L'accord s'était fait contre une promesse d'amnistie pour les condamnés de l'OAS, en prison depuis six ans. Celle-ci surviendra le 18 juin suivant. En attendant, nostalgiques de « l'Algérie de papa », jeunes musclés au crâne rasé, anciens poujadistes, vieux pétainistes et fascistes de tous poils se retrouvent au coude à coude avec les partisans de l'anti-Pétain, les « bradeurs de l'Algérie ».

Les renseignements généraux, le matin même, n'avaient pas prévu cinquante mille personnes. Il y en a dix fois plus, qui débordent des grilles des Tuileries, qui affluent par les ponts, en voiture ou à pied vers le grand rendez-vous de l'Ordre. La foule est parsemée de drapeaux tricolores, de charcutiers replets et de jeunes bourgeoises en jupe-culotte. Les associations d'anciens combattants sont là avec leurs oriflammes bordées d'or, mais aussi le petit peuple inquiet qui en a assez des violences, des voitures brûlées, de la France arrêtée et des insultes au « Grand Charles ».

Les banderoles tanguent sur cette marée disparate : « De Gaulle n'est pas seul », « Le communisme ne passera pas. » On applaudit à une pancarte : « Je suis ouvrier, j'ai sept enfants. Contre l'anarchie, vive le général de Gaulle. » Et on crie les slogans de l'heure : « Allez de Gaulle, allez de Gaulle, allez », « Mitterrand charlatan », « Cohn-Bendit à Berlin », ou bien l'ignoble : « Cohn-Bendit à Dachau. »

Le cortège s'ébranle vers l'Étoile, emmené par une haie de ministres et de députés ceints de leur écharpe. Pompidou a refusé de venir ; dans la bousculade de la première ligne, Malraux flotte sur la foule ; Debré, tragique, se casse la voix à chanter et rechanter *la Marseillaise,* sous l'œil d'oiseau de Robert Poujade.

Le défilé dure jusqu'à 21 heures, et on se sépare autour de la flamme du soldat inconnu, sûr de sa force, sûr du lendemain, dans la haine de Mendès et Mitterrand, du PC et de Cohn-Bendit. Décidément, la fête est bien finie.

24

Juin. La revanche

En juin, Mai va mourir lentement. C'est le mois de l'agonie et celui de la revanche.

Le mouvement étudiant reflue

Depuis le 24 mai, le mouvement étudiant a perdu son âme. Dépassé par l'accélération de l'histoire jusqu'au 30 mai, puis sonné par la résurrection du Général, il cherche vainement son souffle et ses marques, pendant que ses tendances centrifuges, fondues au feu de l'offensive, s'exacerbent dans la retraite. Certes, au début on fanfaronne. Les facultés sont toujours occupées, les étudiants disponibles, les ouvriers en grève. Le 1er juin, l'UNEF fait défiler tente mille personnes de la gare Montparnasse à la gare d'Austerlitz aux cris de « Élections, trahison ». Difficile de trouver un slogan plus impopulaire dans une France républicaine de droite à gauche. Sauvageot et Krivine exaltent devant la foule l'unité étudiants-ouvriers et la continuation de la lutte. « Hop-hop-hop, nous sommes de plus en plus enragés », crie-t-on, ou bien : « Ne bradons pas la grève pour un bulletin de vote. » Y croit-on ?

Le soir même, dans le grand amphithéâtre de la Sorbonne, Daniel Cohn-Bendit proteste avec fougue contre la reprise éventuelle du travail. Plusieurs fois, des cortèges se forment vers Flins pour tenter encore de donner la main aux ouvriers. Mais la CGT veille au grain. L'accueil est toujours aussi froid et les grilles hermétiques, même si les jeunes ouvriers de l'intérieur pourraient, après tout, se laisser tenter par une perspective plus romantique que la « reprise du travail après la satisfaction des revendications ». Cette « fraction radicalisée » de la classe ouvrière, dont les gauchistes devinent — et exagèrent — la présence à côté des syndiqués traditionnels, sera l'un des grands mythes hérités de Mai. En son nom, le gauchisme va courir dix ans après son rêve.

Cette poursuite volontariste du mouvement par sa tendance la plus déterminée, qui se mue bientôt en escarmouches dispersées et parfois violentes, va encore occuper le devant de la scène pendant une quinzaine de jours. Le 4 juin, la police envahit Flins, où des piquets de grève sont censés empêcher la reprise. Ils sont expulsés, mais la grève continue. Renault ne reprendra que le 15 juin. Le lendemain 5 juin, les étudiants appelés pour une fois à l'aide viennent prêter main-forte aux ouvriers. Du bastion des Beaux-Arts, dernier carré militant, une opération combinée est montée en toute hâte [1]. On imprime dix mille tracts dans la nuit et on prévoit un rassemblement le lendemain matin à 5 heures aux portes de l'usine, pour reconstituer le piquet de grève. Jusque-là si condescendants à l'égard d'un mouvement jugé « petit-bourgeois », les prochinois sont cette fois en première ligne : c'est la sacro-sainte classe ouvrière qui les appelle. Ils rédigent une proclamation flamboyante : « La dictature gaulliste... a lancé un défi à la classe ouvrière. Les ouvriers de Renault savent que les ouvriers de tout le pays les soutiennent. Classe ouvrière, resserre les rangs. Camarade, à ton poste de combat : l'usine ! » On agite la question des armes. Finalement, on décide, sagesse relative dans cette exaltation, de s'en remettre aux réactions de « la classe ». Si les ouvriers le veulent, on passera à la lutte armée. Mais seulement s'ils le veulent. A tout hasard, un camion de cocktails Molotov s'achemine vers Flins par un itinéraire mystérieux.

A 5 heures, Geismar, le syndicaliste responsable radicalisé par les événements, est là avec une centaine d'étudiants. Miracle : les ouvriers se rallient à eux. Le piquet est reconstitué. Geismar prend la parole. « Nous sommes à votre disposition, réoccupons l'usine ! » Mais, vers 10 heures, la police passe à l'action. Les charges sont violentes. Grévistes et étudiants répliquent à coups de pierres avant de décrocher. On s'éparpille dans les champs alentour pour une petite guérilla bucolique. Les CRS restent maîtres du terrain. Les prochinois reviendront.

La CFDT appelle à une manifestation place Péreire : il ne vient qu'un millier de personnes, dispersées par la police. Georges Séguy tonne contre les « manœuvres gauchistes », qui ont pour but réel d'aider le patronat à infliger une défaite à la « forteresse ouvrière ». A Flins, des ouvriers déchirent *l'Humanité*. Les prochinois commencent à croire la mobilisation ouvrière possible autour d'une ligne dure. Flins devient leur obsession.

Trois morts

Le 10 juin, un petit groupe conduit par Jean-Marc Salmon s'apprête à rejoindre les lieux du combat, réuni sur une île de la Seine près de Meulan[2]. Soudain quelques gendarmes mobiles s'avancent vers eux. Les étudiants ne trouvent pas d'autre issue que de plonger dans la Seine. Salmon nage dans l'eau froide quand il aperçoit un autre militant en difficulté à une dizaine de mètres. Il tente de se rapprocher, gêné par ses vêtements. Du pont qui les surplombe, un passant plonge à la rescousse. Il arrive trop tard. Le jeune homme a coulé à pic. Gilles Tautin, lycéen de dix-sept ans, membre du service d'ordre de l'UJCml, vient de se noyer dans la Seine.

La nouvelle se répand immédiatement au Quartier latin. Quelque cinq mille étudiants se réunissent spontanément boulevard Saint-Michel. On s'affronte avec la police toute la nuit. Le lendemain, c'est l'UNEF qui a convoqué une manifestation à 19 heures. Ce jour-là, à Sochaux, les CRS abattent d'une balle de 9 mm Pierre Beylot, ouvrier serrurier-ferreur de chez Peugeot. Un autre ouvrier, Henri Blanchet, se tue en tombant d'un mur. Ce qu'on a jusqu'au

bout évité en mai arrive en juin, alors que le pouvoir n'est
plus en jeu. Trois morts en deux jours. Les batailles en
retraite sont souvent les plus meurtrières. Cela porte à cinq
le bilan total des morts de 68. Deux étudiants, deux
ouvriers, un commissaire de police. Cinq morts de trop
dans une fausse guerre civile, cinq vrais martyrs pour un
simulacre de révolution. Mais aussi cinq morts seulement,
quand, dans tant de pays, un bras de fer pour le pouvoir
aurait produit le massacre.

L'UNEF a convoqué la protestation à la gare de l'Est.
Mais maintenant Grimaud se sent assez fort, pressé aussi
par un gouvernement rasséréné. Il a totalement bouclé le
secteur et les manifestants tombent dans une souricière. La
nuit est tout de même longue et violente et pas moins de
soixante-douze barricades seront élevées dans Paris. Chacune d'elles enverra dans les isoloirs des centaines de
milliers de nouveaux électeurs gaullistes. Les étudiants s'en
moquent : « Élections, trahison » ; « Ce n'est qu'un début,
continuons le combat. » Le PCF et la gauche classique vont
décidément perdre beaucoup en 1968, eux qui ont cru un
instant tout gagner.

Le lendemain, pour compléter le mouvement en deux
temps, anarchie-reprise en main, le Conseil des ministres
dissout onze organisations gauchistes, dont trois des principaux protagonistes de mai, la JCR de Krivine, le
« 22 mars » de Cohn-Bendit et l'UJCml des prochinois.
Daniel Cohn-Bendit est déjà repassé en Allemagne,
épuisé, déboussolé, désabusé. Il lui faut prendre du recul,
revoir ces journées incroyables, revivre au calme ce rêve
éveillé qui s'achève dans le petit matin gris du reflux.
L'occupation de la Sorbonne finit en quenouille. Les
« katangais », loubards tyranniques qui insupportent
désormais tous les locataires de la vieille faculté, sont
chassés le 12 juin par un nouveau service d'ordre. Celui-ci
sera expulsé sans heurts par la police le 16 juin, qui a aussi
rendu l'Odéon à sa première destination le 14. Il est vrai
que l'occupation avait depuis plusieurs jours dégénéré.
Ayant épuisé tous les thèmes de discussion possibles et
vécu tous les événements dans la fièvre, l'assemblée

générale ne se réunissait plus que mécaniquement ; les commissions du premier étage avaient changé déjà plusieurs fois le monde et l'université ; leur utilité ne se justifiait plus. Un comité d'action mauvais coucheur avait mis la main sur le service ronéo et ne publiait plus que les tracts qui l'agréaient. Les détritus accumulés avaient attiré une armée de rats dans les salles et les amphithéâtres. Les clochards du Quartier latin avaient peu à peu pris la place des étudiants fatigués. Les « katangais », sales, agressifs mais musclés, faisaient régner un ordre douteux à coups de chaînes de vélo et de gourdins maniés avec vigueur. Quand la police arrive, aucune résistance ne se manifeste. Les chefs des groupuscules dissous ont décidé de ne plus répliquer à la police par la violence. Ils ne songent plus qu'à l'après-Mai. Les vacances d'été arrivent, propices aux détentes nécessaires et aux retraites studieuses des militants soucieux d'avenir.

Le printemps des enragés se termine. Commence l'été du gauchisme et sa saga d'une décennie, qu'on vivra dans l'écho des grenades et le souvenir des barricades. La brèche a été ouverte. Il suffit de l'élargir. Mais le sens de l'histoire n'est pas toujours celui des militants. Cette brèche éblouissante ne fera que se refermer. Mai 68 va irradier la société française. La révolution des mœurs va changer la vie quotidienne. La révolution tout court va s'estomper.

La remise en marche

Au même rythme à peu près que le mouvement étudiant, la grève ouvrière va se dissoudre en un mois. L'essence est revenue dans les pompes dès le lendemain du discours du Général : le week-end de la Pentecôte retrouve les Français sur les routes, sous un soleil de vacances. Le lundi, la reprise commence. Elle est d'abord très lente. Georges Séguy ne veut pas d'une prolongation indéfinie, mais il veut aussi pouvoir justifier son légalisme par des concessions solides. Alors une négociation au couteau se déroule branche par branche. Les fonctionnaires reprennent les premiers, ainsi que les employés. Le 5, c'est la SNCF, les PTT et la RATP. Le 6, la FEN lève sa consigne de grève et les enfants peuvent retourner dans les écoles. Mais la métallurgie, bastion de la conscience de classe, renâcle au compromis. Il faut attendre le 15 juin pour que Renault accepte de remettre les chaînes en marche, avec en poche un accord de Grenelle amélioré, parfois beaucoup plus pour les entreprises les plus entêtées. Dès le 19 juin, il n'y a plus que cent cinquante mille grévistes. Fin juin, deux institutions sont encore en grève, l'École nationale d'administration et les Folies-Bergère, toutefois porteuses de revendications différentes.

Le raz de marée. Pompidou vainqueur

Dès le 1er juin, on avait réuni le nouveau Conseil des ministres. Tous ceux qui avaient été exposés au feu la première semaine payaient de leur départ les résultats désastreux de leur action collective. Joxe, Premier ministre par intérim, Fouchet, ministre de l'Intérieur, et Peyrefitte, ministre de l'Éducation nationale (démissionnaire), se retrouvaient débarqués. Gorse et Jeanneney quittaient l'Information et le Travail, qui avaient cessé d'exister tout un mois. Missoffe n'avait pas bien senti, on l'a vu, la jeunesse. Frey, Billotte et Dumas montent aussi dans la charrette.

Debré quitte le ministère des Finances, dont il avait démissionné pendant Grenelle. Il est promu aux Affaires étrangères, et Couve de Murville le remplace rue de Rivoli. Marcellin, qui a tenu bon dans la tempête, passe du Plan à l'Intérieur. Un cocktail de gaullistes purs et durs, marqués à gauche — Morandat, Capitant, Marie-Madeleine Dienesch, Dechartre —, et de pompidoliens — Chalandon, Le Theule, Galley — font leur entrée. Le Premier ministre a promu les siens. Mais il doit aussi encaisser l'arrivée de Capitant, qui le tient ouvertement pour un traître et a proposé en pleine tempête la démission de Pompidou et de son équipe. Le Général tient à ses projets. Capitant est là pour le démontrer. C'est, il est vrai, un gouvernement de transition : il n'est là que pour préparer les élections. L'arrêt progressif des grèves et le secours opportun de l'agitation étudiante prolongée amplifient ce que le discours du 30 mai avait déclenché : le raz de marée. Sans y croire, tant les pronostics sont mauvais, la gauche tente de se remettre de ses illusions de deux jours. Mitterrand traîne sa conférence de presse comme un boulet. Mendès France voit débarquer contre lui à Grenoble Jean-Marcel Jeanneney, plus à l'aise qu'avec les syndicats. Il doit batailler durement et sera finalement battu d'un souffle. Le Général se fait interroger par Michel Droit pour une confession télévisée. « Oui, j'ai eu la tentation de me retirer. » Il attaque celui qui fut somme toute son meilleur allié, et même le seul pendant quelques jours : le Parti communiste. Mais enfin, c'est le jeu. Il a surtout cette confidence : « Moi aussi, je suis un révolutionnaire », qui précède une longue dissertation sur la participation. Pour la première fois depuis un mois, Georges Séguy réussit à manier l'humour : « Nous voulons bien croire que le général de Gaulle se métamorphose, à soixante-dix-huit ans, en révolutionnaire... Ce processus de transformation sera suivi avec le plus vif intérêt et la plus grande curiosité. »

Le 18 juin, Raoul Salan et une brochette de militaires factieux de 1961 et 1962, dont les membres du commando du Petit-Clamart, sortent de prison. Jacques Soustelle est déjà rentré en France. Au gouvernement, on assure que ces grâces ne sont le fruit d'aucun marchandage.

Et le 23 juin, la vague déferle. La majorité, réunie sous le sigle « Union pour la défense de la République », monte de six points à 43,65 % des suffrages ; le centre recule légèrement et la gauche perd cinq points. Au deuxième tour, les gaullistes et les Républicains indépendants raflent la mise : 358 députés sur 485. L'ex-UNR gagne 97 sièges, la FGDS en perd 61 et le PCF 39. On n'a pas vu telle majorité depuis le second Empire.

Au lendemain du scrutin, après une valse-hésitation et

un quiproquo qui voit Pompidou d'abord refuser Matignon, puis l'accepter trop tard, Maurice Couve de Murville
est nommé Premier ministre, lui qui a constamment
critiqué l'action de Georges Pompidou dans la tourmente.
Le Général n'a pas oublié les différends des quinze
premiers jours, le bras de fer sur la dissolution, ni la
montée en puissance des pompidoliens depuis trois ans. Il
désigne un homme à lui pour reprendre sa route. Participation et décentralisation doivent couronner son œuvre. Il a
un an pour les faire adopter. Isolé au milieu du triomphe,
parlant de réforme au parti de la peur, sortant de sa plus
dure épreuve, rétabli *in extremis* par un coup de génie, mais
durement ébranlé pendant trois semaines et pour toujours,
il va seul vers son destin.

Mortifié mais secrètement triomphant, Georges Pompidou est « en réserve de la République ». Sa traversée du
désert sera encore plus courte qu'il ne le pense. Le maître
du pays en est le vaincu. Le vainqueur de Mai 68, c'est lui.
Mais, au-delà de la politique, c'est aussi le rêve qui a
soulevé la France. Le souvenir en restera marqué dans la
conscience collective. A jamais.

Épilogue

Comment cela a-t-il été possible ? D'où cette révolte invraisemblable est-elle tombée ? Ces questions et bien d'autres, les Français commencent à se les poser dès le dernier mot du discours du 30 mai, quand il devient clair que les choses vont enfin retrouver un semblant d'ordre.

Comme ils le confessent volontiers, les intellectuels n'ont rien prévu, rien annoncé, rien anticipé. A une exception, celle d'Alfred Sauvy, auteur d'une prophétique *Montée des Jeunes* dix ans plus tôt, qui décrivait une jeunesse nombreuse se frayant par secousses un chemin dans la société.

Absents avant l'événement, les professionnels de l'analyse allaient naturellement se rattraper après. Depuis vingt ans, leurs interrogations ont noirci des milliers de pages. On en donnera ici un rapide aperçu, qui permettra de s'orienter dans un maquis enchevêtré. On soulignera surtout qu'il convient aujourd'hui, avec plusieurs sociologues et philosophes, de revoir l'interprétation qui fut longtemps dominante de ces événements. Mai 68, en effet, n'a pas été une rupture annonciatrice d'autres ruptures plus violentes, une « révolution manquée » destinée à réussir plus tard, une « brèche » ouverte dans un système techno-bureaucratique que l'histoire devait se charger d'élargir. En dépit de sa fascinante échappée vers l'impensé, de sa force créative, la révolte procède d'une continuité, celle de la démocratisation de la société, engagée il y a deux siècles. Les événements de 1968 n'annoncent pas la révolution socialiste ; ils prolongent la Révolution française. Ils procèdent moins d'une aspiration collectiviste qu'individualiste. Ils ne traduisent pas l'épuisement du vieux système de démocratie pluraliste et d'économie mixte ; ils le renforcent[1].

Le complot

On citera pour mémoire la « théorie du complot », qui fut l'objet d'un ou deux livres d'extrême droite[2] et alimenta un temps les discours de quelques membres de la majorité de l'époque. Sans l'ombre d'une preuve, certains ont vu dans 68 la main d'Israël déterminé à mettre en échec le gaullisme pro-arabe. D'autres y ont aperçu le bras de Moscou, qui a trempé dans beaucoup de révolutions, mais pas dans celle-là. Le PCF n'a rien fait pour préparer et déclencher ce mouvement, qu'il a au contraire cherché avec une énergie émouvante à contenir dans les limites de la bienséance. La politique étrangère du Général convenait trop aux communistes de Paris et de Moscou pour qu'ils songent à le remplacer par d'autres. Quant à la révolution, la vraie, le « coup de Prague à Paris », il eût fallu que le PCF disposât de la force matérielle, ce qui n'était pas le cas, puisque la police et l'armée étaient intactes, à la disposition du gouvernement.

On a aussi mis en cause les contacts internationaux entretenus par les « groupuscules » ou par l'UNEF. Ils sont indéniables. Les étudiants radicalisés de l'Europe et du monde se rencontraient régulièrement dans les instances les plus diverses, congrès étudiants, rencontres « anti-impérialistes », réunions de la IVᵉ Internationale pour les trotskistes, etc. Mais ces activités restèrent toujours d'une dimension modeste. Ces réseaux ne furent jamais solides, structurés ni surtout coordonnés par une instance unique. Aucun État, aucun parti pour unifier tout cela, fournir argent, formation, expérience clandestine. L'URSS s'en méfiait comme de la peste, la Chine ménageait les pays d'Europe et le gaullisme en particulier. Seul le Viêt-nam avait intérêt immédiat à entretenir l'agitation. Mais la propagande lui suffisait. Les groupes d'extrême gauche ont joué un rôle stratégique, qu'ils ne soupçonnaient pas vraiment, en contribuant à miner la détermination américaine et à préparer le retrait futur. Mais pourquoi les Vietnamiens auraient-ils téléguidé une invraisemblable révolution en France, où le régime leur était de surcroît plutôt favorable ?

Enfin un fait ruine toute l'hypothèse : la révolte fut spontanée, sans préparation ni mot d'ordre. On ne planifie pas l'imprévisible. Les mystères de 68 dépassèrent tous les acteurs ; aucun ne peut aujourd'hui feindre d'en avoir été l'organisateur.

Les interprétations conservatrices

La plus célèbre est celle de Raymond Aron, qui fait dans *la Révolution introuvable* [3] une critique sévère du mouvement, qu'il juge essentiellement négatif et ramène aux dimensions d'un psychodrame collectif, simulacre de révolution et chahut gigantesque, désordonné, antidémocratique dont l'université sort détruite et l'économie gravement affaiblie.

Cette attitude abrupte et fermée, qui dénie curieusement tout avenir au mouvement, sera longtemps reprochée à Raymond Aron, qui manqua en l'espèce de sa légendaire lucidité. Récemment, au milieu d'une analyse résolument hostile et conservatrice, certains lecteurs décelèrent des éléments plus positifs, qui replacent Mai 68 dans la continuité française et le définissent comme un moment dans l'évolution générale des sociétés ouvertes. Admirateur de Tocqueville, Aron appliquait à Mai la méthode du penseur français, ce qui donne à son analyse une profondeur plus grande. A raison, pourtant, la postérité a retenu de son essai la critique et le rejet.

Plus nuancée, au fond, fut l'analyse gaulliste du phénomène, telle que l'exprimèrent chacun à leur manière, pendant et après les événements, Charles de Gaulle [4] et Georges Pompidou [5]. Dès les années trente, le colonel de

Gaulle diagnostiquait les troubles intellectuels et sociaux que ne manquerait pas d'engendrer la « civilisation mécanique », qui coupait l'individu de ses racines traditionnelles et de ses anciennes références. Aussi bien, il avait fait la critique d'une société capitaliste trop exclusivement dominée par les puissances d'argent et trop dure aux travailleurs. Il en avait tiré l'idée d'une réforme nécessaire, qui concilierait dans la participation les intérêts divergents du capital et du travail.

Dès le 14 mai, Georges Pompidou parlait à son tour d'une « crise de civilisation » qui désorientait la jeunesse et troublait le pays. Le retard des anciennes valeurs sur les progrès nouveaux de la technique et de l'industrie lui paraissait à la base de la crise, exigeant des dirigeants une ouverture, un humanisme et un sens du changement qui dépassaient largement le programme habituel des partis conservateurs. Pour un peu, Georges Pompidou se serait pris pour Disraeli, conservateur lucide réalisant certaines réformes de l'opposition pour éviter d'avoir à les subir dans le désordre ou la contrainte.

Ce n'était pas simple rhétorique. Les deux hommes tirèrent les conséquences concrètes de la crise. Le Général organisa son référendum contre l'avis de la majorité de ses conseillers, échouant presque volontairement sur la réforme qu'il jugeait nécessaire ; Georges Pompidou, élu président, en 1969, appela Chaban-Delmas, le laissant trois ans tenter l'expérience réformatrice de la « nouvelle société », avant d'y mettre fin sur les instances de ses conseillers Pierre Juillet et Marie-France Garaud, qui le persuadèrent qu'il déstabilisait sa propre majorité et la société par un excès d'audace. En 1974, Giscard, élu de justesse, reprit une partie du programme Chaban, organisant la « décrispation » de la vie politique et réalisant des « réformes de société » dont la filiation avec Mai est patente. Autrement dit, la droite, ballottée en 68, répressive et revancharde après juin, avait compris mieux qu'on ne crut le message de la société soulevée.

Les interprétations marxistes

La lutte des classes fut bien sûr le sésame d'une myriade de thèses savantes. La palette fut très large, à la mesure de l'ensemble compliqué des chapelles et des courants.

A l'aune de cette science[6], Mai fut un avatar supplémentaire de la crise du capitalisme arrivé à son stade impérialiste et monopoliste (les terminologies varient et l'on donne là un résumé grossier). La bourgeoisie française a dû faire face à l'insurrection d'une classe ouvrière dont la situation était rendue intenable par la surexploitation alliée au spectacle indécent de la consommation des classes riches. La révolte des étudiants, travailleurs intellectuels en rupture avec l'idéologie dominante et la morale bourgeoise, maillon faible de la chaîne de domination capitaliste, avait servi de détonateur.

Les choses sont évidemment compliquées par le fait que des courants radicalement opposés se réclament du marxisme pour construire leurs raisonnements et détruire celui de l'adversaire. Communistes orthodoxes, maoïstes, trotskistes, autogestionnaires et même socialistes se réclament de la même méthode pour se combattre avec virulence. Si bien qu'une énorme littérature marxiste ou marxisante a vu le jour dans l'après-Mai, dont il serait vain de prétendre rendre compte en quelques pages.

Tout n'est pas faux, bien sûr, dans ces analyses. La France étant un système capitaliste, la crise est nécessairement une crise du capitalisme. Les oppositions de classe y jouent un rôle important, tout comme les difficultés économiques. Les marxistes doivent pourtant résoudre un certain nombre de difficultés fort délicates. Ils doivent d'abord expliquer comment la crise sociale a pu éclater alors que l'économie était en pleine expansion, le chômage à un niveau très bas, le pouvoir d'achat en croissance rapide. En principe, le vieux Karl estimait que les troubles sociaux se déclenchaient en période de récession.

Il leur faut ensuite rendre compte du rôle de la jeunesse,

mis en lumière avec talent par un Edgar Morin, une jeunesse dont l'unité culturelle contrarie le schéma tradi- tionnel de la détermination sociopolitique par la position de classe.

Il leur faut encore faire la part de la force autonome du mouvement des idées, des erreurs des acteurs, des hasards de l'événement, explications à leurs yeux « idéalistes », « suspendues en l'air », « petites-bourgeoises », mais sans lesquelles on ne comprend pas grand-chose. Marx, dans ses écrits historiques, en tenait le plus grand compte, lui qui se refusait à être « marxiste ». Ses successeurs des années soixante-dix eurent rarement son talent. Ils négligèrent surtout de reconnaître l'une des originalités de Mai ; l'intervention collective d'une nouvelle classe moyenne en pleine ascension, qui allait, par sa position centrale dans la société, invalider progressivement le schéma de la polarisa- tion croissante entre deux grandes classes antagonistes, prolétaires d'un côté, propriétaires des moyens de produc- tion de l'autre. Pour cette raison, la plupart des marxistes postulèrent que Mai annonçait autre chose, qu'un jour, forts de ce précédent, la classe ouvrière et ses représentants parviendraient à un meilleur degré de conscience et d'orga- nisation, et poseraient directement la question du pouvoir dans la société.

Malheureusement pour eux, c'est le processus inverse qui se produisit. L'acceptation des règles de la société capitaliste mixte ne fit que croître, le poids des classes moyennes salariées augmenta en permanence, et les orga- nisations se réclamant du marxisme et de la lutte des classes subirent un déclin rapide. Si bien que peu à peu l'on passa, pour éclairer la crise, de Marx à Tocqueville.

Morin, Lefort, Castoriadis et Touraine

Il faut faire une place particulière aux travaux de ces sociologues et philosophes sympathisants du mouvement, qui prirent le risque de s'engager pratiquement à chaud sur une analyse globale de 68. Toutes leurs hypothèses ne se sont pas trouvées vérifiées. Mais ils laissèrent par leur rigueur et leur imagination théorique une trace profonde sur la perception de Mai, bien plus subtile et brillante que celle des marxistes.

Pour les trois auteurs de *la Brèche*[7], en dépit des nuances qui les distinguent, Mai démontre la crise et la fragilité des sociétés technobureaucratiques, contre lesquelles la jeunesse et la classe salariée se révoltent au nom de la justice et de l'humain. La révolte ouvre une « brèche » dans ce système de contrôle social et politique, frayant un chemin possible vers une démocratie plus authentique, autogestionnaire et non représentative, et vers une réappropriation de la société par ses membres.

Selon toutes les apparences, cette brèche dans le système s'est refermée ; les jeunes et les salariés trouvent plus de satisfaction dans le développement et la réforme de la société technobureaucratique que dans sa contestation. Mais sait-on jamais ? Un jour peut-être, la brèche se rouvrira-t-elle...

Alain Touraine[8] voit dans Mai l'émergence de nouveaux « mouvements sociaux », qui vont prendre le relais des forces de contestation traditionnelles et faire bouger la société par l'action démocratique et protestataire. Clé de lecture très utile des années soixante-dix, l'idée de Touraine souffre aujourd'hui de l'effacement relatif des « mouvements sociaux » en question. Il est vrai que les thèses du sociologue dépassent largement ce diagnostic historique particulier.

L'hypothèse démocratique

Pour interpréter Mai, il faut partir de son ambiguïté. L'analyse a souvent été faite : c'est une révolte à deux faces : l'une est archaïque, l'autre moderne, l'une exprime le passé, l'autre l'avenir.

La France de 1968, on l'a vu, sort à marche forcée de

l'ancienne société agricole et industrielle traditionnelle. Le vieux et le neuf s'y mêlent. Le patronat le plus crispé dirige une grande partie de l'économie ; mais les grands groupes industriels sont en pleine ascension. Le commandement paramilitaire règne dans les usines ; mais le gaullisme dans sa partie progressiste, certains syndicats et un patronat de gauche actif plaident pour une détente des rapports sociaux. La petite propriété rurale est encore dominante ; mais l'agriculture d'exportation, mécanisée, productive, est en pleine croissance. La boutique remplit encore le paysage urbain ; mais le commerce intégré conquiert les périphéries ; la France tire toujours une grosse part de ses recettes de ses échanges avec les ex-colonies ; mais l'Europe la contraint à la concurrence : elle est le quatrième exportateur mondial. Une CGT inféodée au PCF tient encore le mouvement ouvrier dans sa main ; mais un syndicalisme plus novateur commence à la concurrencer, la CFDT notamment. La gauche oscille toujours entre l'étatisme communiste et l'ambiguïté de la SFIO, marxiste en parole et opportuniste en fait ; mais la gauche se rénove dans l'orbe socialiste, à l'intérieur du parti de Guy Mollet ou bien dans le petit PSU de Mendès et Rocard. La droite s'incarne de manière tout aussi ambiguë, en de Gaulle, conservateur épris de grands projets de réforme, ou en Pompidou, paysan industrialiste, natif de Montboudif et collectionneur de tableaux modernes. La religion gouverne encore la vie quotidienne de beaucoup de Français ; mais le vent de Vatican II souffle sur la poussière des églises, et la voix des chrétiens de gauche commence à dominer le chœur catholique. La télévision est étroitement soumise au pouvoir politique ; mais la radio a déjà réalisé, grâce aux périphériques et aux transistors, une extraordinaire métastase hertzienne. Jean Nohain et Jean-Christophe Averty cohabitent à l'ORTF, tout comme Jean Delannoy et Jean-Luc Godard au cinéma. Beaucoup de jeunes Françaises doivent encore arriver vierges au mariage, quand la pilule se fabrique déjà à grande échelle et que la minijupe et les surprises-parties dissipent la sagesse adolescente.

On dira que toute société mélange ainsi le nouveau et

l'ancien. A cause de la rapidité de la croissance économique et de l'effondrement de la morale traditionnelle qui l'a accompagnée, la France de 1968 vit intensément cette double nature. La société patriarcale des années trente est toujours présente, quand les mœurs et les mentalités des années quatre-vingt sont déjà à l'œuvre. L'avant-guerre gouverne encore les mentalités quand l'après-guerre s'achève.

Alors, naturellement, la révolte contre la tradition en emprunte aussi les voies. Le mouvement étudiant réclame la réforme universitaire, mais ses leaders lui donnent le langage d'une révolution du début du siècle. Les contestataires du Quartier latin veulent moderniser la pédagogie, ouvrir les disciplines, rénover la transmission du savoir ; mais ils repoussent aussi avec horreur toute ouverture de l'université sur l'économie ou l'entreprise. La classe ouvrière se met en mouvement contre son principal syndicat, qui lui impose ensuite des revendications purement « quantitatives » quand l'aspiration à travailler autrement éclate dans chaque usine. Au demeurant, certains salaires sont si bas que le « quantitatif » s'impose de lui-même. Les salariés demandent confusément, mais avec force, qu'on prennent en compte leur avis, qu'on leur donne une part de la responsabilité ; leurs représentants refusent en même temps tout ce qui pourrait ressembler à une association aux risques de la gestion, stigmatisée sous le vocable infamant de « collaboration de classe ». La plupart des professions entrent en ébullition pour un meilleur partage du pouvoir ; cette bataille se double d'une affirmation corporatiste aiguë. Personne au fond ne veut la guerre civile ni même la prise illégale du pouvoir ; pourtant, chacun emploie les mots de la révolution. Tous les acteurs évitent soigneusement la montée aux extrêmes et réfrènent chez leurs partisans tout ce qui pourrait conduire à mort d'homme ; mais tous communient à un moment ou à un autre dans une rhétorique de changement violent, ou bien de répression féroce. Les étudiants révoltés manient à la perfection le symbole, l'humour, la dérision, l'imagination d'un soulèvement agressif mais pacifique ; ils succombent aussi à la rigidité militante ; le mouvement de Mai va exiger une modernisation sociale rapide ; il va dans le même temps diaboliser le profit, l'entreprise, le marché, le patronat et la concurrence capitaliste, et il faudra près de quinze ans à la gauche française pour reconnaître ce que ses voisines européennes pratiquent depuis longtemps, le compromis social-démocrate.

Dès lors, toutes les interprétations étaient possibles, puisque la société, soulevée contre elle-même, jouait à plein de son ambivalence. L'exaltation aidant, les variantes du marxisme et du marxisme-léninisme, les versions infinies du structuralisme ou du nietzschéisme dominèrent l'après-Mai. C'est chose compréhensible, tant on pouvait être subjugué par cette grève générale telle que Lénine n'en eût point rêvée, cette énergie des barricades grosse de tous les renversements, cette critique universelle de tous les pouvoirs qui révélait l'insurrection du moi révolté contre les ruses infinies du contrôle social. Les dix ans qui suivirent furent donc anticapitalistes, libertaires ou léninistes, autogestionnaires ou étatistes, favorables à toutes les « alternatives » et à toutes les marginalités. Les militants politiques ou sociaux poussèrent le plus loin possible l'impulsion donnée en trente jours d'explosion. Le langage radical de la petite avant-garde étudiante avait en apparence été légitimé par des dizaines de milliers de manifestants et par une bonne partie des millions de grévistes. Il fallait retrouver, par un patient et vigoureux travail, cette légitimité de la lutte, cette représentativité de la subversion que la morne paix électorale ne pouvait, par hypothèse, traduire.

C'était pourtant, en grande partie, contresens par rapport à la réalité de Mai, qui était tout sauf la négation de l'homme, qui éclatait de créativité individuelle et collective, et sortait en deux jours de tous les schémas des penseurs de la morne structure. Cornelius Castoriadis[9] le remarque très judicieusement, les gourous de « la pensée 68 », selon le titre d'un pamphlet célèbre[10], furent ceux de la pensée de l'après-68 (et de l'avant), qui prospérèrent mieux sur le dessèchement militant des années soixante-dix que sur le bouillonnement démocratique du mois de mai. Althusser-à-rien, disait-on en mai. Cohn-Bendit le spontané s'épanouit quand Linhart le théoricien s'effondre. On craignait la récupération de Mai par la droite ou par les réformistes. Il y eut d'abord récupération par le gauchisme triste et théoriciste. La décennie suivante fut donc ultra-politique, vouée aux querelles et aux éruptions de l'extrême gauche.

Les militants politiques échouèrent en bout de ligne. Dès 1973, quand meurt Pierre Overney abattu à la porte de chez Renault, le gauchisme a dépassé son apogée. Commencent les soubresauts de son déclin, qui sera patent cinq ans plus tard. Pour le dixième anniversaire, on voit bien que le mythe révolutionnaire s'effiloche, et Régis Debray peut produire un petit essai commémoratif qui est aussi une épitaphe, expliquant que Mai fut plus sûrement une ruse du capitalisme en expansion qu'une irruption esquissée de la révolution socialiste.

Si bien que, vingt ans après, la vision de l'événement s'est décantée : c'est la part culturelle de Mai qui triomphe silencieusement. La révolution des mœurs est faite. Grâce au temps passé, on peut déceler dans le tumulte de l'événement ce qui était porteur d'avenir. Après la révolte, le pays légal n'a pas été bouleversé, l'État est plus que jamais debout, le « système » est solide sur ses bases. En revanche, la vie quotidienne a changé. L'ancienne rigidité des rapports sociaux disparaît, les hiérarchies symboliques se resserrent, ainsi que les hiérarchies de revenu grâce à l'augmentation rapide des bas salaires. Une certaine décontraction envahit peu à peu les relations de travail (pas dans les usines, certes) et de famille, les disciplines s'assouplissent et les codes s'estompent. Le contrôle des corps hérité d'une morale religieuse et petite-bourgeoise à la fois s'élargit jusqu'à donner aux désirs une latitude inédite. Dans les cités universitaires le problème de droit de visite des garçons chez les filles a tout déclenché ; Mai accélère la sexualisation de la vie de tous les jours, par l'image, la publicité, la représentation principalement, mais cela se traduit aussi, pour certains secteurs de la population, plus jeunes ou plus urbains, dans la vie réelle. Après Mai, les jours lycéens et étudiants n'ont plus du tout la même saveur. Les pouvoirs traditionnels des clercs et des notables, médecins, prêtres, avocats, juges, si présents dans les routines françaises, sont contestés avec persévérance, jusqu'à se voir rabotés petit à petit ; l'intervention de leurs publics, patients, fidèles ou justiciables, est réévaluée d'autant. Le « dialogue », la « concertation » deviennent les mots de passe de tout exercice du pouvoir. Les ordres sans réplique, les consignes indiscutables, les directives arbitraires sont relégués progressivement au musée de l'autorité. Celle-ci doit désormais se justifier, convaincre et séduire. En ce sens, la révolte fut culturelle et non politique, définition floue mais juste, qui désigne, bien plus que les structures du pouvoir, les modes de vie et les manières de penser de toute la population dans ses aspects les plus quotidiens. Féminisme, autogestion, écologie, régionalisme, antipsychiatrie, militantisme homosexuel, passion du voyage, rousseauisme des communautés, goût des explorations narcotiques, toxicomanie musicale, libération sexuelle, baroque vestimentaire, américanophilie et américanophobie mélangées, nuits blanches et dérives subjectivistes, narcissisme jouisseur et passion communautaire, tous ces phénomènes sont en germe dans Mai. On les lit sur les murs de la Sorbonne et de l'Odéon, sur certaines banderoles qui surplombent les portes d'usines, on les entend dans les slogans des manifestations et surtout dans les débats infinis qui envahissent les journées partout, au Quartier latin, mais aussi dans les entreprises occupées, les lycées en grève, les familles divisées, les administrations arrêtées et les rues envahies.

Ces rêves se sont assagis. Mais, sous une forme incomplète, édulcorée, récupérée, ou parfois intacte, ils ont irradié toutes les relations sociales, remodelé les sensibilités de tout un peuple, changé en vingt ans les rites et les codes de millions de gens. Les « baby-boomers », acteurs principaux de la révolte, les ont transportés partout, au fur et à mesure qu'ils accaparaient tous les rôles sociaux, jeunes ouvriers ou jeunes cadres, profs ou ingénieurs, soldats ou fonctionnaires, puis maris — ou « compagnons » — et pères de famille, responsables de la société après avoir été ses contestataires, passés en douceur au-delà de la barrière sans avoir jamais oublié l'odeur de l'autre côté. La vaste classe moyenne qui occupe maintenant le centre d'une pyramide sociale singulièrement ventrue a été modelée par Mai. Elle domine mollement la société de masse : sous une forme alanguie, dispersée, 1968 est partout.

Ainsi Mai fut culturel avant d'être politique, exigence d'une autre vie plutôt que revendication d'un autre système économique et politique. On ne le vit pas tout de suite à cause de la surdétermination militante et de la frayeur conservatrice, génératrices d'un jeu de révolte-répression qui allait occuper encore cinq ou six ans le devant de la scène, nourrissant les rubriques « Agitation » des journaux et mettant sur les dents les polices de la République. C'est l'apport du « messianisme » souligné par Henri Weber, légitimé dans la révolte par l'acceptation par les foules étudiantes de leaders d'extrême gauche.

On voit aujourd'hui que cette saga militante, racontée avec chaleur et précision par Hamon et Rotman [11], fut somme toute moins importante que la lente transformation des esprits et des gestes, des vies individuelles et des destins personnels. Diffus, confus, évanescent et omniprésent, l'héritage de Mai dit sa vraie nature. Celle d'une révolution de l'intime, d'un bouleversement du vécu, d'une insurrection individuelle, et non celle d'une épopée collective, d'un grand récit national, d'une promesse de refonte des structures, d'une imitation des effondrements historiques de la première moitié du siècle. Bien au contraire, le marché, la concurrence sociale, l'autonomie libérale, la paix civile, l'assouvissement des pulsions sont les grands vainqueurs de l'après-Mai.

Alors il faut effectivement se détourner de Marx (sans l'oublier pour autant), et regarder du côté de Tocqueville. C'est là qu'on formule l'hypothèse principale : Mai 68 ne fut pas une révolution ratée, mais une grande révolte réformiste, une insurrection démocratique.

Car, vingt ans après, il en restera non une révolution manquée, mais une réforme réussie.

Détaillons. La caractéristique des sociétés modernes, disait le précieux Alexis, grossièrement résumé, c'est la marche irrésistible vers l'égalité, qui va progressivement vers l'effacement des distinctions sociales et ramène peu à peu tous les citoyens à un sort commun. Mai fut un grand saut dans cette direction : une révolte pour l'égalité. On refuse la sélection à l'université, on récuse les chefs, on tourne l'autorité en dérision, on augmente le SMIC de 35 % contre 10 % pour les autres salaires, on envoie de Gaulle l'autoritaire au musée de l'histoire tout en avalisant la part démocratique de la Ve, on fait exploser le monopole politique sur l'ORTF, on délégitime tous les dirigeants des corporations, on attaque tous les caciques, les barons, les caïds, les gourous, les maîtres à penser, les mandarins, les notables et les importants : dans tous les domaines, on veut remettre à niveau, réduire les écarts, rabattre la superbe des supérieurs.

Soulignés au cours du récit, de multiples traits confirment cette conclusion. Pendant la première semaine, les revendications sont tout sauf idéologiques ou révolutionnaires ; la violence fut utilisée comme symbole et non comme moyen matériel de changer les rapports de forces ; en face, par une sorte de connivence inconsciente, on chercha tous les moyens de ne jamais dépasser la ligne rouge, celle de la mort d'homme. Le 10 mai, la barricade est un signe et non un instrument militaire ; de son côté, le gouvernement attend le dernier moment pour faire charger, dans l'espoir de limiter la casse. L'occupation de la Sorbonne engage l'insurrection des mots ; le gouvernement laisse faire pour ne pas avoir à user encore de la force ; Pompidou compte non pas sur la force de la police ou de l'armée, mais sur le renversement de l'opinion, facteur lui aussi démocratique ; les syndicats arrêtent l'économie, mais ne franchissent jamais les limites de la grève insurrectionnelle ; le gouvernement cherche la solution dans le compromis social, et non dans l'affrontement avec la classe ouvrière ; de Gaulle croit s'en sortir par le recours au vote référendaire et Pompidou par le vote législatif ; les étudiants songent à prendre l'Hôtel de ville puis y renoncent d'eux-mêmes faute de savoir qu'en faire ; le service d'ordre de la JCR empêche les manifestants de prendre d'assaut une armurerie. Enfin, quand de Gaulle agite le spectre de la vraie guerre civile, chacun renonce au changement de pouvoir et se rend docilement aux urnes pour trancher la crise. Bref, en dépit des exaltations verbales et des affrontements de rue, un consensus tacitement démocratique fut maintenu de bout en bout pour éviter l'affrontement sanglant. Comme si l'on savait bien que l'essentiel n'était pas la détention du pouvoir, mais bien le changement concret de la société, comme l'expliquait de manière limpide, au milieu de la tourmente, Daniel Cohn-Bendit dans son entretien au *Nouvel Observateur*[12]. Malgré toutes les outrances, Mai restera au fond démocratique.

La réaction d'après-juin va bien sûr arrêter tout et faire opérer une marche arrière à la société. Mais il est trop tard, le pli est pris, l'avertissement est lancé. La base ne sera plus jamais tout à fait comme avant. Les chefs le savent : ils en tiennent compte. Et, suivant la maxime lampédusienne, pour que rien ne change (rien d'essentiel), il faut que tout change. Et ce tout est tout de même quelque chose.

L'individu, et non la classe ou le groupe, sort — en fin de parcours — renforcé de Mai. Un individu non pas isolé ou indifférent, mais un individu soucieux de son destin social, qui veut communiquer et participer. C'est la leçon principale. Ses désirs et sa volonté seront un peu mieux pris en compte. Très peu s'il est de la classe des réprouvés (encore faudra-t-il tenir compte des risques de révolte : les gouvernements conservateurs d'après-Mai ne vont cesser de faire des concessions sociales), beaucoup s'il est un petit élu de cette classe moyenne montante, entourée de considération par le monde de la vente, choyée par le personnel politique, accédant à la culture de masse, aux loisirs de masse, à la communication de masse, à l'autonomie de masse, tous ces phénomènes portant la marque de Mai, fût-ce une simple étiquette. Baudrillard y lit la fin de toute

histoire dans le simulacre [13], Lipovetsky après Christopher
Lasch le triomphe du narcissisme indifférent [14], futile et
démocratique, Ferry et Renaut la marche d'un individualisme du citoyen [15], responsable et participatif. On peut en
discuter indéfiniment, et l'on trouvera sans doute, autre
ambivalence qui enrichit l'événement, que, derrière la
greffe messianique des révolutionnaires, on oscille en fait
entre un individualisme de repli sur soi et un individualisme
de participation civique, sans que l'une des tendances
l'emporte clairement sur l'autre.

On pourra regretter que l'exaltation de la brèche historique ouverte en Mai retombe dans un tel prosaïsme
démocratique et petit-bourgeois, plaider que, contre tous
les raisonnables, les prudents et les cérébraux, il est bon
d'avoir cru, même deux jours et même à tort, que tout était
possible. On aura raison. Mais on devra aussi prendre en
compte que, si la vraie raison de tout cela était un saut
brutal mais salutaire vers plus de démocratie, le combat
valait bien, aussi, la peine d'être livré.

Annexes

Notes

3 mai. L'étincelle de la Sorbonne

1. Cette scène a été photographiée seconde par seconde par un photographe de *France-Soir*, d'où la précision de la description. France-Soir Magazine, *Les Journées de Mai*, numéro spécial de « Connaissance de l'histoire », Paris, Hachette, 1968.

2. Cité par Hervé Hamon et Patrick Rotman, *Génération*, t. I, *Les Années de rêve*, Paris, Le Seuil, 1987.

3. Déclaration à l'auteur.

4. C'est la thèse convaincante de Jacques Baynac, *Mai retrouvé*, Paris, Laffont, 1978.

5. Ce meeting a été raconté en détail par plusieurs auteurs, notamment Baynac, qui y assistait, ainsi qu'Hamon et Rotman. Il a également été filmé pour une bonne partie.

6. *L'Humanité*, 3 mai 1968.

7. Baynac, *op. cit.*

8. Déclaration à l'auteur.

9. Alain Peyrefitte a confirmé tout cela à l'auteur.

10. Maurice Grimaud a raconté son mois de mai en détail dans *En mai, fais ce qu'il te plaît,* Paris, Stock, 1977.

11. Cité par René Backmann et Lucien Rioux, *Mai 1968*, coll. « Ce jour-là », Paris, Laffont, 1968.

12. Ce sont notamment les amis libertaires de Baynac, *op. cit.*, dont fait partie Pierre Guillaume, animateur de la librairie La Vieille Taupe, qui prendra ensuite un chemin différent en se faisant le propagateur des thèses « révisionnistes » de Robert Faurisson.

13. Krivine a raconté la scène à Hamon et Rotman, *op. cit.*

14. Pierre Viansson-Ponté, *Histoire de la république gaullienne*, t. II, *Le Temps des orphelins,* Paris, Fayard, 1971.

15. Déclaration à l'auteur.

16. Déclaration à l'auteur.

17. Baynac, *op. cit.*

18. Déclaration à l'auteur.

19. Cité par Hamon et Rotman, *op. cit.*

20. Cité par Baynac, *op. cit.*

21. Grimaud, *op. cit.*

22. Adrien Dansette, *Mai 1968,* Paris, Plon, 1971.

23. Déclaration à l'auteur.

24. Philippe Alexandre et Raoul Tubiana, *L'Élysée en péril,* Paris, Plon, 1969.

25. Déclaration à l'auteur.

La double origine de la révolte étudiante

1. L'importance des phénomènes culturels de la jeunesse a été souvent masquée par la suite par les innombrables interprétations marxisantes de Mai 68 données par l'extrême gauche. Pourtant à l'époque une abondante littérature en avait décrit les contours, jetée pour ainsi dire aux oubliettes par les théoriciens des luttes de classes. Edgar Morin, pour ne prendre qu'un exemple, avait inventé dès le début des années soixante le sobriquet « yéyé » dans un article publié dans *le Monde,* mot qui allait faire fureur et parvenir jusqu'à nous.

2. Althusser, pour ne citer que lui, pourfendait avec vigueur tout ce qui pouvait ressembler à la constitution conceptuelle d'un ensemble « jeune ». Pour lui, on ne pouvait en aucune façon amalgamer jeunes ouvriers et jeunes étudiants issus de la bourgeoisie et de la petite bourgeoisie. Le marxisme est parfois un grave handicap pour comprendre la réalité.

3. Tarte à la crème journalistique, l'analyse de génération a ses lettres de noblesse scientifiques depuis que sociologues et démographes lui ont accordé une place de choix dans leurs analyses. Alfred Sauvy avait ouvert la voie dès 1958 dans *La Montée des Jeunes,* Paris, Calmann-Lévy, 1958. « Certes, disait-il, les jeunes finiront bien par percer la croûte malthusienne qui s'oppose à leur accueil, ils finiront par pénétrer dans la place et réclamer leurs droits. Mais ce sera alors une ère de turbulence et de désordre politique. » Voir aujourd'hui les ouvrages de Denis Kessler, notamment *Cycles de vie et Générations,* Paris, Economica, 1985.

4. Voir notamment les deux passionnantes biographies des Beatles : Philip Norman, *Shout ! The Beatles in Their Generation,* Londres, Warner Books, 1982, et Ray Coleman, *John Winston Lennon,* Londres, Sidgwick & Jackson, 1984.

5. Lire Bertrand Lemonnier, *La Révolution pop des années soixante,* Paris, La Table Ronde, 1986.

6. Lire les biographies sans fard contenues dans *Rock Stars,* l'excellent livre de Thimoty White, Paris, Herscher, 1984.

7. Exemples parmi tant d'autres : la chanson pacifiste de Donovan, *Universal soldier,* ou encore *Give peace a chance* et *Imagine* de John Lennon.

8. Philippe Robrieux décrit parfaitement cette hégémonie culturelle et sentimentale dans *Notre génération communiste,* Paris, Laffont, 1977.

9. Hervé Hamon et Patrick Rotman ont sur ce sujet donné un livre décisif, le premier volume de *Génération, op. cit.,* consacré à la saga de ces anciens de l'UEC sur une trentaine d'années.

10. Backmann et Rioux, *op. cit.,* donnent un compte rendu précis de ce problème.

11. Jean-Raymond Tournoux décrit avec précision les projets de Narbonne dans *Le Mois de mai du Général,* Paris, Plon, 1969.

12. Aujourd'hui, Alain Peyrefitte fait de ces projets l'une des causes réelles de mai 68, tout en en défendant vivement la pertinence.

13. Baynac, Hamon et Rotman, et d'autres, ont décrit avec précision l'attaque de l'American Express.

14. Conversation avec l'auteur.

15. La création du Mouvement du 22 mars est décrite en détail par tous les auteurs.

16. Conversation avec l'auteur.

17. Cité par Jean Bertolino, *Les Trublions,* Paris, Stock, 1969.

18. Hamon et Rotman ont produit l'ouvrage de référence sur ce sujet. Mais on consultera aussi Bertolino, *op. cit.,* et Nicole de Maupéou-Abboud, *Ouverture du ghetto étudiant,* Paris, CNRS-Anthropos, 1974, et Alain Monchablon, *Histoire de l'UNEF..*

19. Voir *Pour Marx, Lire le Capital,* Paris, 1965, Maspero, et les autres ouvrages de Louis Althusser.

20. Les *Cahiers marxistes-léninistes,* fondés en 1964 à l'École normale supérieure de la rue d'Ulm.

Janvier-mai 1968. Nanterre allume l'incendie

1. Daniel Cohn-Bendit ne se souvient pas de ses termes exacts. Peut-être a-t-il dit aussi « *Heil Hitler* ». Pour certains auteurs, c'est un autre étudiant qui a donné la dernière réplique à Missoffe.

2. L'histoire est ici racontée par Daniel Cohn-Bendit, recoupée auprès de François Missoffe.

3. Conversation avec Jean-Marcel Bouguereau.

4. Les incidents de Nanterre sont racontés avec plus ou moins de détail par tous les auteurs. Voir notamment Bertolino, *op. cit.*

5. Grimaud, *op. cit.*

6. Hamon et Rotman, *op. cit.*, ont raconté cet incident avec le plus de précision.

7. Les deux anecdotes sont racontées par Jean-Marcel Jeanneney, conversation avec l'auteur.

8. Conversation avec Jean-Louis Péninou et Jean-Marcel Bouguereau.

4-5 mai. Le week-end des juges

1. Conversation d'Alain Geismar avec l'auteur.

2. Conversation de Jean-Louis Péninou avec l'auteur.

3. Conversation de Bernard Tricot avec l'auteur.

4. Article de Bertrand Girod de l'Ain dans *le Monde* daté du dimanche-lundi 5 et 6 mai, paru le samedi après-midi à Paris.

5. Grimaud, *op. cit.*

6. *Ibid.*

7. *Ibid.*

8. Cité par Baynac, *op. cit.*

6 mai. L'émeute

1. *Le Monde,* 11 mai 1968.

2. Décrit par Christian Charrière, *Le Printemps des enragés*, Paris, Fayard, 1968. Sur une photo prise l'après-midi du même jour place Maubert, Dany-le-rouge apparaît en chemise unie et veste à chevrons.

3. Michel Récanati, qui sera plus tard le responsable du service d'ordre de la Ligue communiste de Krivine, se suicidera à l'âge de trente ans. Il est le héros du superbe film de Romain Goupil *Mourir à trente ans*.

4. Hamon et Rotman, *op. cit.*, donnent au service d'ordre de la JCR un rôle décisif ce jour-là. L'appartenance de Patrick Rotman au service d'ordre en question pendant mai 68 donne évidemment beaucoup de crédit à l'affirmation. Mais, pour Daniel Cohn-Bendit, c'est la foule, sans mot d'ordre, qui a déclenché les bagarres.

5. Jacques Baynac, *op. cit.*, a décrit l'émeute en détail. On en trouve des récits dans les journaux de l'époque, notamment *le Monde* et *Combat*.

6. Baynac, *op. cit.*

7. Baynac, *op. cit.*

8. Grimaud, *op. cit.*

9. Dansette, *op. cit.*

7 mai. La longue marche

1. Conversation de Maurice Grimaud avec l'auteur.

2. Baynac, *op. cit.*

3. Grimaud, *op. cit.*

4. Grimaud, *op. cit.*

5. Baynac, *op. cit.*

6. Conversation avec l'auteur.

7. Anecdote contée par Paul-Marie de La Gorce, alors membre du cabinet de Christian Fouchet. Conversation avec l'auteur.

8. L'incident est cité par plusieurs auteurs, mais démenti par d'autres, qui en donnent une version différente et moins « profanatrice ». Nous l'avons cité parce qu'il sera repris par la droite de l'époque dans ses polémiques contre les étudiants.

9. Du moins c'est la thèse de Jacques Baynac, que Cohn-Bendit et les autres ne démentent pas formellement, mais corrigent en soulignant la spontanéité des bagarres.

10. Cité par Jacques Baynac, *op. cit.*

8 mai. Le recul

1. On trouve les comptes rendus des Conseils des ministres de cette période (qui étaient naturellement confidentiels) dans Jean-Raymond Tournoux, *op. cit.*, et dans Adrien Dansette, *op. cit.* Les deux auteurs sont parfaitement fiables.

2. Conversations de Jean-Louis Péninou et d'Alain Geismar avec l'auteur.

3. Discours du ministre à l'Assemblée nationale le mercredi après-midi.

4. *France-Soir*, mercredi 8 mai 1968.

5. Dansette, *op. cit.*

6. Raconté en détail par Backmann et Rioux, *op. cit.*

7. Conversation avec l'auteur.
8. Cité par Backmann et Rioux, *op. cit.*
9. Cité par Hamon et Rotman, *op. cit.*
10. Conversation de l'auteur avec Jean-Louis Péninou.

9 mai. La veillée d'armes

1. Conversation de Daniel Cohn-Bendit avec l'auteur.
2. Georges Séguy, *Le Mal de la CGT,* Paris, Julliard, 1972.
3. La scène est racontée par tous les auteurs. Backmann et Rioux, *op. cit.,* qui y ont assisté, en donnent le récit le plus complet.
4. Baynac, *op. cit.*
5. *Op. cit.*

10 mai. La nuit des barricades

1. Michel Jobert, conversation avec l'auteur.
2. Michel Jobert, *Mémoires d'avenir,* Paris, Grasset, 1974.
3. Adrien Dansette, *op. cit.,* en donne une description détaillée. Dans un mémoire établi après les événements, le SNE-Sup affirmera que jamais une proposition ferme et définitive de compromis ne lui a été faite, les interlocuteurs des syndicalistes se réfugiant toujours sous la responsabilité d'une autorité supérieure absente à ce moment-là.
4. Dansette, *op. cit.*
5. Allusion au rôle modérateur, et négatif aux yeux de Dany-le-rouge, joué par le service d'ordre de l'UNEF le 8 mai.
6. Daniel Cohn-Bendit, *Le Grand Bazar,* Paris, Belfond, 1975.
7. Backmann et Rioux, *op. cit.,* ont publié un plan approximatif des barricades du 10 mai. Jean-Marcel Bouguereau en possède un également, établi par ses soins.
8. *Op. cit.*
9. Jacques Baynac, *op. cit.*
10. Cohn-Bendit, *Le Grand Bazar, op. cit.*
11. Grimaud, *op. cit.*
12. Conversation de Jean-Pierre Hutin avec l'auteur.
13. Dansette, *op. cit.*
14. C'est du moins la thèse d'Adrien Dansette, historien irréprochable, qui veut en même temps souligner la responsabilité particulière des leaders étudiants.

15. Cette conversation a été enregistrée. Elle figure dans tous les ouvrages traitant de Mai.

16. Cohn-Bendit, *Le Grand Bazar, op. cit.*

17. *Ibid.*

18. Dansette, *op. cit.*

19. L'incident burlesque qui suit est chez tous les auteurs.

20. Dansette, *op. cit.*

21. *Ibid.*

22. Grimaud, *op. cit.*

23. Hamon et Rotman, *op. cit.*

24. Backmann et Rioux, *op. cit.*

25. Dansette, *op. cit.*

26. Ces interventions ont également été enregistrées.

27. Baynac, *op. cit.*

28. Jean-Marcel Bouguereau, Jean-Louis Péninou et la plupart des leaders de Mai se retrouvent dans le dernier réduit.

29. Baynac, *op. cit.*

11-12 mai. Les syndicats entrent en scène

1. Dansette, Tournoux, *op. cit.*

2. Hamon et Rotman, *op. cit.*

3. Grimaud, *op. cit.*

4. *Ibid.*

5. Hamon et Rotman, *op. cit.*

6. Dansette, *op. cit.*

7. Tournoux, *op. cit.*

8. Pour l'ensemble du dialogue, conversation de l'auteur avec Alain Peyrefitte.

9. Pour la manière dont Pompidou s'est formé son opinion sur la crise : conversation de l'auteur avec Michel Jobert.

10. Voir Catherine Clessis, Bernard Prévost, Patrick Wajsman, *Jacques Chirac ou la République des cadets,* Paris, Presses de la Cité, 1967.

11. Georges Pompidou, *Pour rétablir une vérité,* Paris, Flammarion, 1982.

12. Dansette, *op. cit.*

13. *Ibid.*

14. *Ibid.*

15. Pompidou, *op. cit.*

16. Alexandre et Tubiana, *op. cit.*

17. Pompidou, *op. cit.*

18. Cohn-Bendit, *Le Grand Bazar, op. cit.*

19. Il est vrai que c'est un arrêt de travail pour ainsi dire « technique », destiné surtout à permettre aux salariés d'aller à la manifestation. Difficile de se fonder dessus pour mesurer l'impact du mouvement. Le nombre des manifestants est un meilleur critère. Il sera énorme.

20. Michel Jobert, conversation avec l'auteur.

13 mai. Dix ans, ça suffit !

1. C'est le chiffre donné par Grimaud, qui dispose des comptages réels des renseignements généraux (qui ne sont pas ceux que l'on citera à la télévision le soir même, outrageusement sous-estimés).

2. Baynac, *op. cit.*

3. Michel Jobert, conversation avec l'auteur.

4. Grimaud, *op. cit.*

5. Anecdote racontée par Michel Jobert, conversation avec l'auteur.

6. Conversation de l'auteur avec Jean-Marcel Bouguereau.

7. Conversation de l'auteur avec Jean-Louis Péninou.

8. Cohn-Bendit, *Le Grand Bazar, op. cit.*

La société française en 1968

1. Tous ces chiffres sont tirés de Marcel Baleste, *L'Économie française,* Paris, Masson, 1969. Réédité et mis à jour, ce manuel est l'un des plus complets. Il s'appuie sur les statistiques officielles (INSEE, INED, CREDOC, etc.).

14 mai. Pompidou prend le pouvoir

1. Elles forment la trame du récit de Philippe Alexandre, *Le duel de Gaulle-Pompidou,* Paris, Grasset, 1977.

2. Le rôle de Jobert en 1968 fut si précieux à Pompidou que, peu après le dénouement, le Premier ministre donna à Matignon un dîner en l'honneur de son directeur de cabinet. Le président Pompidou fera plus tard de son collaborateur un ministre des Affaires étrangères.

3. Le rôle de Chirac en Mai 68 est souligné par tous ses

biographes, Thierry Desjardins, Maurice Szafran ou Franz-Olivier Giesbert (voir bibliographie).

4. La grève de Bouguenais est racontée par tous les auteurs, notamment Dansette, Backmann et Rioux.

5. Voir le récit militant mais complet de Mai 68 dans la région nantaise, Yannick Guin, *La Commune de Nantes*, Paris, Maspero, 1969.

6. Conversation de l'auteur avec Roger Garaudy.

7. Franz-Olivier Giesbert raconte l'incident en détail dans *François Mitterrand ou la Tentation de l'histoire*, Paris, Le Seuil, 1977.

8. Le discours de Georges Pompidou est cité *in extenso* par Adrien Dansette, *op. cit.* On le trouve bien sûr au *Journal officiel,* dans les comptes rendus de débats de l'Assemblée nationale.

15 mai. La commune étudiante

1. Christian Charrière, *op. cit.*

2. Backmann et Rioux, *op. cit.*

3. Pour une liste, sinon complète, du moins étendue, voir Alain Ayache, *Les Citations de la révolution de Mai*, Paris, Jean-Jacques Pauvert, 1968, et Julien Besançon, *Journal mural*, Paris, Tchou, 1968.

4. *Action* a été créé à l'initiative de Jean Schalit, ancien « italien » de l'UEC, et animé par ses amis de l'époque de *Clarté* et des luttes internes contre le Parti, Frédéric Bon, Michel-Antoine Burnier, Bernard Kouchner, Jean-Paul Dollé ; des militants du Mouvement d'action universitaire, Marc Kravetz ou Jean-Marcel Bouguereau, se joignent à l'équipe, ainsi que Guy Hocquenghem ou bien des dessinateurs comme Siné, Wolinski, Reiser...

15-16 mai. La France s'arrête

1. Cette liaison étroite entre la CGT et le PCF, cette subordination, plus exacte, de la centrale au Parti, est évidemment contestée par les deux organisations intéressées et par les historiens communistes et paracommunistes. A l'époque, une telle affirmation faisait scandale. *L'Histoire du Parti communiste français* de Jacques Fauvet et Alain Duhamel (Paris, Fayard), dont la première édition date de 1964, et qui faisait à l'époque

autorité, suppose implicitement l'autonomie. Elle ne prend pas en compte, de la même manière, la subordination du PCF à l'URSS. Pour cette raison, certains auteurs la jugent aujourd'hui « crypto-communiste », ce qui est aller loin quand on en connaît les auteurs. En tout état de cause, la plupart des auteurs admettent aujourd'hui le contrôle direct exercé par le Parti sur la CGT. Pour Roger Garaudy, par exemple, interrogé par l'auteur, c'est une évidence qui ne mérite même pas discussion. Garaudy sait de quoi il parle : il siégeait au bureau politique en Mai 68 et a vu à ce titre Séguy et Krasucki venir s'imprégner de la ligne souhaitée par la direction du Parti.

2. Séguy, *op. cit.*

3. Alexandre et Tubiana, *op. cit.*.

4. Grimaud, *op. cit.*

5. Cohn-Bendit, *Le Grand Bazar, op. cit.*

6. Raconté par Séguy dans *Le Mai de la CGT, op. cit.*

7. Conversation de Jean-Pierre Hutin avec l'auteur.

8. Hamon et Rotman, *op. cit.*

9. Une étude minutieuse de l'action de PMF en mai a été réalisée par Alain Pellet à partir des sources existantes, recoupées par un long entretien avec l'intéressé, *Pierre Mendès France et les événements de Mai 1968,* mémoire de DES de l'Institut d'études politiques, 1969. Jean Lacouture a par ailleurs donné un récit complet et brillant de la même histoire dans son *Pierre Mendès France,* Paris, Le Seuil, 1981.

10. *Op. cit.*

11. Dansette, *op. cit.*

12. Conversation d'Yves Guéna avec l'auteur.

13. Le récit des défections gaullistes et des manœuvres préparatoires au vote de l'Assemblée figure dans Tournoux, *op. cit.*

14. *Ibid.*

15. *Ibid.*

16. *Ibid.*

17. Encore cité par Tournoux.

18. *Ibid.*

19. Conversation de Séverine Le Grix avec Michel Bruguière.

20. *Ibid.*

17-20 mai. La France dans la grève

1. Grimaud, *op. cit.*

2. *Ibid.*

3. Rioux et Backmann, *op. cit.*, racontent en détail l'intervention de Sartre.

4. *Le Nouvel Observateur* jouera un rôle dans la crise en recevant plusieurs fois les leaders de Mai et ceux de la gauche dans ses locaux, et en servant de caisse de résonance aux débats idéologiques du mouvement. Jean Daniel, par sa place stratégique à l'intersection de l'intelligentsia de gauche, de la classe politique et des étudiants, mettra souvent en rapport les uns et les autres.

5. Conversation avec l'auteur.

6. C'était pratique courante chez les contestataires, qui n'avaient pas un sou vaillant et trouvaient très normal de mettre à contribution la « presse bourgeoise ».

21-23 mai. Le casse-tête des stratèges

1. Dansette, *op. cit.*

2. Conversation avec l'auteur.

3. L'histoire du revolver est racontée par Alexandre, *op. cit.*, et confirmée par Szafran, biographe de Chirac, *op. cit.* Elle est en revanche infirmée par Olivier Stirn, membre du cabinet de Chirac à l'époque (conversation avec Séverine Le Grix). L'intéressé n'a jamais démenti ni confirmé.

4. *Op. cit.*

5. Lacouture, *Pierre Mendès France*, Paris, Le Seuil, 1981.

6. *Ibid.*

7. *Ibid.*

8. Dansette, *op. cit.*

9. *Ibid.*

10. Conversation avec l'auteur.

11. Anecdote racontée à Séverine Le Grix par Michel Bruguière.

12. Jean-Pierre Dannaud, chef de cabinet de Christian Fouchet en Mai 68, conversation avec Séverine Le Grix.

13. Anecdote contée par Guy Béart, dans *le Figaro-Magazine*, 3 octobre 1987.

14. C'est Jean-Louis Péninou entre autres qui se charge de cette tâche de reconnaissance. Conversation avec l'auteur.

15. Dansette, *op. cit.*

16. Conversation avec l'auteur.

17. Barjonet a retracé son itinéraire de Mai dans *La Révolution trahie de 1968*, Paris, J. Didier, 1968.

18. Alain Shnapp et Pierre Vidal-Naquet, *Journal de la commune étudiante*, Paris, Le Seuil, 1969.

19. Backmann et Rioux, *op. cit.*
20. Dansette, *op. cit.*
21. Pellet et Lacouture racontent cette scène en des termes voisins, *op. cit.* Georges Kiejman l'a notamment racontée en détail à Jean Lacouture.
22. *Ibid.*
23. Dans le *Journal d'un fédéré,* Claude Estier affirme qu'un émissaire de Mendès lui a promis que l'ancien président du Conseil ne ferait rien sans prévenir Mitterrand, ce qui laisse sceptique Jean Lacouture. De ce malentendu datera une brouille grave entre PMF et le futur président.
24. Tournoux, *op. cit.,* a raconté en détail ce Conseil des ministres, et Dansette, *op. cit.,* de manière plus succincte.

24 mai. La nuit la plus dure

1. Outre les témoins interrogés de vive voix et les journaux de l'époque, la description de la manifestation du 24 se trouve dans Baynac, Dansette, Hamon et Rotman, Backmann et Rioux, *op. cit.*
2. Conversation avec l'auteur.
3. Conversation de Jacques Foccart avec l'auteur.
4. Hamon et Rotman, *op. cit.*
5. *Ibid.*
6. Pompidou, *op. cit.*
7. Hamon et Rotman, *op. cit.*
8. Conversation avec l'auteur.
9. Grimaud, *op. cit.*
10. Lacouture, *op. cit.*

25-26 mai. Grenelle

1. Conversation de l'auteur avec Jean-Pierre Hutin, qui assistait à l'enregistrement.
2. Dansette, *op. cit.*
3. Dialogue raconté à Séverine Le Grix par François Missoffe.
4. Conversation de Jean-Marcel Jeanneney avec l'auteur.
5. Séguy, *op. cit.*
6. Christian Charrière, *op. cit.*

7. La fausse manœuvre de la CGT est décrite par plusieurs auteurs, dont Dansette et Baynac, *op. cit.* Dansette publie même le tract qui annonce aux travailleurs de Renault qu'il faut continuer la grève pour faire pression.

8. Alexandre et Tubiana, *op. cit.*

9. Alexandre et Dansette sont à l'origine de ces deux versions.

10. Conversation de Jean-Marcel Jeanneney avec l'auteur.

11. Alexandre et Tubiana, *op. cit.*

12. Backmann et Rioux, *op. cit.*

13. Alexandre et Tubiana, *op. cit.*

27 mai. De Billancourt à Charléty

1. Séguy, *op. cit.*

2. Le tract est reproduit par Adrien Dansette, *op. cit.*

3. Pierre Viansson-Ponté donne un compte rendu précis du meeting dans *Histoire de la république gaullienne*, *op. cit.* Il s'appuie sur un enregistrement complet effectué pendant la réunion.

4. Conversation avec l'auteur.

5. Conversation avec l'auteur.

6. Hamon et Rotman, *op. cit.*

7. Lacouture, *op. cit.*

8. Hamon et Rotman, *op. cit.*

9. Pellet, *op. cit.*

10. Hamon et Rotman, *op. cit.*

11. Lacouture, *op. cit.*

12. Grimaud, *op. cit.*

13. Olivier Guichard, *Mon Général*, Paris, Grasset, 1980.

14. Outre les témoins interrogés de vive voix, tous les auteurs décrivent Charléty en détail. Backmann et Rioux font le compte rendu le plus vivant, ainsi que Hamon et Rotman, *op. cit.*

15. Pellet et Lacouture, *op. cit.*

16. Conversation avec l'auteur.

28 mai. Mitterrand abat son jeu

1. L'intervention de François Mitterrand est reproduite *in extenso* dans la presse et dans plusieurs récits de Mai.

2. L'auteur a pu constater *de visu* le résultat de cette manipulation.

3. Tournoux, *op. cit.*

4. La phrase figure dans le compte rendu complet de la conférence de presse, que les gaullistes se sont empressés d'ignorer.

5. François Mitterrand répondra point par point à ses accusateurs dans son livre de souvenirs, *Ma part de vérité*, Paris, Fayard, 1970, et aussi dans une lettre envoyée à Adrien Dansette, *op. cit.*

6. Dansette, *op. cit.*

7. *Ibid.*

8. Édouard Balladur, *L'Arbre de Mai*, Paris, Atelier Marcel Jullian, 1979.

9. Jean Lacouture, *De Gaulle*, t. III, *Le Souverain*, Paris, Le Seuil, 1986.

10. *Ibid.*

11. Dansette, Tournoux et Lacouture font un historique précis de ce projet de manifestation, *op. cit.*

12. Conversation avec l'auteur.

13. Michel Bruguière, conversation avec Séverine Le Grix. Selon ce conseiller de Matignon, Christian Fouchet aurait alors menacé de faire fusiller les grévistes, obtenant de cette forte manière la reprise du travail.

14. Lacouture, *Pierre Mendès France, op. cit.*

15. Conversation de Daniel Cohn-Bendit avec l'auteur.

29 mai. De Gaulle disparaît

1. Dansette, *op. cit.*, et conversation de Bernard Tricot avec l'auteur.

2. Pompidou, *op. cit.*

3. Dansette, *op. cit.*

4. Pompidou, *op. cit.*

5. Dansette, *op. cit.*

6. Georges Pompidou est évidemment la source de cette conversation, *op. cit.*

7. Tournoux et Dansette rendent compte en détail de cette réunion.

8. Selon une rumeur insistante, ce député UD-V^e serait Albin Chalandon.

9. Dansette, *op. cit.*

10. Alexandre et Tubiana, *op. cit.*

11. Pellet, *op. cit.*

12. La lecture de certains numéros spéciaux et de certains livres consacrés à Mai 68 juste après les événements est à cet égard réjouissante.

13. Viansson-Ponté, *op. cit.*

14. François Goguel, Revue *Espoir,* n° 24.

15. Lacouture, *De Gaulle,* t. III, *Le Souverain, op. cit.*

16. Général Massu, *Baden 68,* Paris, Plon, 1983.

17. Lacouture, *op. cit.*

18. Conversation de Bernard Tricot avec l'auteur.

19. Alain de Boissieu, *Pour servir le Général,* Paris, Plon, 1982.

20. *Ibid.*

21. François Flohic, *Souvenirs d'Outre-Gaulle,* Paris, Plon, 1982.

22. Massu, *op. cit.* L'essentiel du récit du séjour à Baden vient du livre de Massu et de sa femme Suzanne, corroboré pour quelques répliques par Flohic et les aides de camp de Massu. Le Général a indirectement confirmé la tonalité du dialogue, même s'il n'a pas vraiment validé la thèse du commandant des forces françaises d'Allemagne, en disant : « Massu a été Massu », ou quelque chose d'approchant.

23. Réponse de Massu entendue par Flohic, *op. cit.*

24. Témoignage de Suzanne Massu.

25. Jean Lacouture juge un peu forcée cette résurrection de légende, *op. cit.*

26. Cité par Lacouture, *op. cit.*

27. Massu, *op. cit.*

28. Dansette, *op. cit.*

29. Flohic, *op. cit.*

30. Pompidou, *op. cit.*

31. Michel Debatisse, *Le Projet paysan,* Paris, Le Seuil, 1983.

32. Charles de Gaulle, *Vers l'armée de métier,* Paris, Plon, 1971.

33. Charles de Gaulle, *Le Fil de l'épée,* Paris, Plon, 1970.

34. Entretien à la télévision pendant la campagne électorale de juin.

35. Raconté à l'auteur par Jean-Pierre Hutin, chargé de presse de Georges Gorse.

36. Dansette, *op. cit.,* et Pompidou, *op. cit.*

30 mai. La résurrection

1. Georges Pompidou, *op. cit.*
2. Baynac, *op. cit.*
3. *Ibid.*

Juin. La revanche

1. Hamon et Rotman, *op. cit.*
2. *Ibid.*

Épilogue

1. Il ne s'agit pas ici de la seule opinion de l'auteur. Le colloque organisé par la revue *Pouvoirs* autour des interprétations de Mai 68 en 1986 porte la marque de cette interprétation nouvelle, développée (avec des variantes importantes) par Luc Ferry et Alain Renaut, Henri Weber ou Gilles Lipovetsky (*Pouvoirs*, n° 39). L'auteur se permettra néanmoins de renvoyer au petit livre qu'il a consacré au mouvement étudiant de 1986, *Un coup de jeune*, où une analyse du même ordre est exprimée.
2. Duprat et Bardèche, *op. cit.*
3. Raymond Aron, *La Révolution introuvable,* Paris, Fayard, 1968.
4. Le Général a exposé ses vues dans plusieurs ouvrages, dont *le Fil de l'épée,* et dans de nombreux discours, dont le discours d'Oxford prononcé pendant la guerre. Voir surtout son discours du 24 mai 1968.
5. Georges Pompidou s'est expliqué dans *Pour rétablir une vérité, op. cit.,* et dans son discours à l'Assemblée le 14 mai 1968.
6. Voir la bibliographie pour avoir un aperçu de la production marxiste, celle du PCF ou de l'extrême gauche, sur 68.
7. Edgar Morin, Claude Lefort, Jean-Marc Coudray (pseudonyme de Cornelius Castoriadis), *La Brèche,* Paris, Fayard, 1968.
8. Alain Touraine, *Le Communisme utopique,* Paris, Le Seuil, 1968; nouvelle édition abrégée en 1972.
9. Dans son intervention au colloque de *Pouvoirs, op. cit.*
10. Luc Ferry et Alain Renaut, *La Pensée 1968,* Paris, Gallimard, 1985.

11. Hamon et Rotman, *op. cit.*

12. *Le Nouvel Observateur,* 9 mai 1968.

13. Voir notamment *La Gauche divine,* Paris, Grasset, 1985.

14. Gilles Lipovetsky, *L'Ère du vide,* Paris, Gallimard, 1983.

15. Luc Ferry et Alain Renaut, *1968-1986, itinéraires de l'individu,* Paris, Gallimard, 1987.

Bibliographie commentée

Bibliographie

Laurence WYLIE, Franklin D. CHU et Mary TERRALL, *France, the Events of 1968*, Pittsburgh, Council for European Studies, 1973.
● Bibliographie très sérieuse sur le mouvement de Mai par trois universitaires américains. S'arrête en 1973.

Récits

Adrien DANSETTE, *Mai 1968*, Paris, Plon, 1971.
● Le plus complet et le plus fiable des récits de Mai 68 a été écrit par un historien de l'ancienne école, célèbre pour ses ouvrages sur le second Empire et pour une *Histoire de la libération de Paris* minutieuse et brillante. Adrien Dansette s'est pris sur la fin de sa vie d'un intérêt étonnant pour la révolte de Mai. Sorti en 1971, le livre n'est pas exhaustif, faute des témoignages inédits révélés entre-temps, qu'il s'agisse du comportement de la police, du mouvement étudiant ou bien de la journée du 29 mai ; il pâtit aussi d'un style un peu suranné, agréable à la lecture, mais parfois trop décalé avec son sujet, notamment quand il s'agit de la révolte étudiante. C'est en revanche le plus fourni, le plus scrupuleux et le plus réfléchi.

Pierre VIANSSON-PONTÉ, *Histoire de la république gaullienne*, t. II : *Le Temps des orphelins*, Paris, Fayard 1971.
● Moins complet que celui de Dansette, le récit du journaliste du *Monde*, historien désormais classique de la Vᵉ République, est précis, haletant et brillant. Les chapitres consacrés à Mai ont notamment raconté pour la première fois en détail le meeting de Renault le 27 mai et donné la trame explicative de la journée du 29, reprise par tous les auteurs. Il manque toutefois, là aussi, en raison de la date de parution, des éléments importants.

Philippe ALEXANDRE et Raoul TUBIANA, *L'Élysée en péril*, Paris, Fayard, 1969.
• L'enquête d'Alexandre et de Tubiana est un modèle du genre. Elle ne donne pas un récit chronologique complet de l'événement, mais procède par témoignages successifs des principaux acteurs. Un an après Mai, elle révélait une bonne partie de ce qui s'était passé en coulisse, choses aujourd'hui du domaine public, mais sur lesquelles toute la France de l'époque s'interrogeait.

René BACKMANN et Lucien RIOUX, *L'Explosion de mai*, Paris, Laffont, coll. « Ce jour-là », 1968.
• Autre récit chronologique, par deux journalistes du *Nouvel Observateur* qui ont « couvert » l'événement. Très riche, cursif, le livre souffre évidemment de sa date de parution, immédiatement après Mai. Ce qui se passe en coulisse, au gouvernement et chez les étudiants, lui est pratiquement étranger.

Hervé HAMON et Patrick ROTMAN, *Génération*, t. I, *Les Années de rêve*, Paris, Le Seuil, 1987.
• Avec *les Années de poudre,* paru un an plus tard, la saga des militants étudiants de l'avant et de l'après-1968, racontée à partir d'interviews très fouillées avec une cinquantaine d'acteurs. Contient des chapitres très précis sur Mai lui-même, vu du côté étudiant.
Irremplaçable sur l'histoire des « politiques » de Mai et d'une lecture passionnante. Une lacune factuelle : les lambertistes sont pratiquement passés sous silence. Un effet d'optique : le parti pris de se concentrer sur les militants politiques — choix très compréhensible — fait sous-estimer quelque peu les facteurs « culturels » de Mai 68. C'est l'histoire brillante et complète d'une génération politique, mais non celle d'une génération dans son ensemble.

Pierre ANDRO, Alain DAUVERGNE et Louis-Marie LAGOUTTE, *Le Mai de la révolution*, Paris, Julliard, 1968.
• Autre récit journalistique de Mai, vivant et informé, mais aussi très daté.

Jean-Raymond TOURNOUX, *Le Mois de mai du Général*, Paris, Plon, 1969.
• Par le chroniqueur officieux du gaullisme, bénéficiaire de précieuses confidences, les faits et gestes du grand homme pendant la tourmente, agrémenté de documents étonnants sur le fonctionnement interne du gouvernement et du jeu politique.

Jean-Marc SALMON, *Hôtel de l'avenir,* Paris, Les Presses d'Aujourd'hui, 1978.
● A la fois essai et livre de souvenirs, le récit chaleureux et l'analyse d'un « soixante-huitard » type, chef du service d'ordre de l'UJCml en 68, aujourd'hui rallié à la gauche réformiste.

Jean BERTOLINO, *Les Trublions,* Paris, Stock, 1969.
● La première étude systématique sur le mouvement étudiant et son histoire en 1968, à partir d'une enquête solide et de nombreuses interviews. Moins utile depuis la parution de *Génération,* le double ouvrage d'Hamon et Rotman.

Jacques BAYNAC, *Mai retrouvé,* Paris, Laffont, 1978.
● Acteur du mouvement, Baynac a donné un récit vivant et précis, quoique d'un ton un peu militant, appuyé à la fois sur les ouvrages précédents et sur des documents et des témoignages inédits. En revanche, la deuxième partie du livre est un long récapitulatif des événements vus de Censier, où Baynac et ses amis, de tendance libertaire, animaient les « comités d'action travailleurs-étudiants », branche du mouvement des comités d'action. A ce titre, il apporte des précisions documentaires intéressantes sur un aspect mal connu des événements, mais devient d'une lecture plus difficile.

Christian CHARRIÈRE, *Le Printemps des enragés,* Paris, Fayard, 1968.
● Récit complet publié lui aussi juste après les événements. Lecture agréable, mais l'auteur se laisse souvent emporter par son lyrisme et sa plume, et a parfois tendance à combler par une grande imagination les lacunes de la connaissance de cette époque.

André FONTAINE, *La Guerre civile froide,* Paris, Fayard, 1969.
● Synthèse brillante et informée sur les événements, par l'éditorialiste et le futur directeur du *Monde.*

Claude PAILLAT, *Archives secrètes, 1968-69,* Paris, Denoël, 1969.
● Les dessous de Mai vus par un historien spécialisé dans la recherche de documents inédits. Plusieurs éclairages sont utiles.

Philippe LABRO et Michèle MANCEAUX, *Ce n'est qu'un début,* Paris, Denoël, 1968.
● Premier récit journalistique, réalisé dans la foulée de Mai par une équipe de journalistes dirigée par Labro. Haletant et daté.

Philippe ALEXANDRE, *Le Duel de Gaulle-Pompidou*, Paris, Grasset, 1977.
● Donne des précisions sur les rapports entre les deux hommes en 1968.

Témoignages

Daniel COHN-BENDIT, *Le Grand Bazar*, Paris, Belfond, 1975.
● Récit de Mai, coloré et sympathique, par celui qui en restera à jamais le symbole. Où l'on constate que les révolutionnaires ont parfois le cœur tendre.

Georges POMPIDOU, *Pour rétablir une vérité*, Paris, Flammarion, 1982.
● Décisif pour les relations Pompidou-de Gaulle et pour les pensées du chef du gouvernement au plus fort de la tempête.

Maurice GRIMAUD, *En mai, fais ce qu'il te plaît*, Paris, Stock, 1977.
● Récit passionnant de Mai par un de ses acteurs principaux, plein de détails passionnants et de vues pénétrantes. Où l'on apprend que les préfets de police ne sont pas toujours ce qu'on croit.

Édouard BALLADUR, *L'Arbre de Mai*, Paris, Atelier Marcel Jullian, 1979.
● Chronique mi-fictive mi-réaliste des événements par le conseiller social de Georges Pompidou, acteur important de Mai. Où l'on voit que les conseillers du gouvernement sont plus sensibles qu'on le dit. D'une grande qualité de style et d'émotion, le livre donne aussi sous une forme à peine déguisée des précisions utiles sur le déroulement des faits. Confirme si besoin était la qualité de l'équipe réunie autour du Premier ministre de l'époque, qui allait poursuivre son action longtemps, passant du père, Georges Pompidou, au fils spirituel, le jeune et bondissant Chirac de Mai.

Jacques MASSU, *Baden 68*, Paris, Plon, 1983.
● Le récit minutieux de la visite du général à Baden-Baden, par son principal témoin. Les faits ne sont pas contestés, en revanche, l'interprétation de Massu l'est grandement.

Christian FOUCHET, *Mémoires d'hier et de demain*, Paris, Plon, 1971-73.
● Les souvenirs du ministre de l'Intérieur de 68, fidèle des fidèles.

François FLOHIC, *Souvenirs d'Outre-Gaulle,* Paris, Plon, 1979.
● Même exercice par celui qui fut longtemps l'aide de camp du
Général.

Olivier GUICHARD, *Mon Général,* Paris, Grasset, 1980.
● Quelques remarques et anecdotes utiles sur Mai.

Michel JOBERT, *Mémoires d'avenir,* Paris, Grasset, 1974, *L'Autre
Regard,* Paris, Grasset, 1976.
● Les souvenirs de Michel Jobert ont l'avantage d'être précis,
souvent ironiques et fort bien écrits.

Georges SÉGUY, *Le Mai de la CGT,* Paris, Julliard, 1972.
● Utile contribution du secrétaire général de la CGT, acteur
décisif du drame, qui apporte des informations sur le déroulement
des faits. L'ouvrage souffre toutefois de son caractère de plaidoyer
pro domo.

André BARJONET, *La Révolution trahie de 1968,* Paris, J. Didier,
1968.
● Court récit des événements par le dissident de la CGT, chef du
service d'études économiques de la centrale, qui démissionna au
plus fort de la tempête pour protester contre la pusillanimité de
son syndicat et vint affirmer à Charléty que « tout était possible ».

Albert DETRAZ et les militants de la CFDT, « Positions et actions
de la CFDT en Mai 1968 », Paris, numéro spécial de *Syndicalisme,*
1969.
● Le « Mai de la CFDT », retracé à partir des prises de position
et des faits et gestes de la centrale et raconté par elle-même.

André GAVEAU, *De l'autre côté des barricades,* Paris Simoën,
1978.
● Témoignage de l'un des commissaires les plus exposés de Mai,
mis en forme avec talent par Gabriel Vialy. Très utile à qui veut
comprendre ce qui se passait « en face ».

Félix GUATTARI (et plusieurs auteurs), *Que sont mes amis
devenus ?,* Paris, Savelli, 1978.
● Recueil de témoignages d'acteurs du mouvement, connus ou
inconnus, dix ans après.

Yves GUÉNA, *Maintenir l'État,* Paris, Fayard, 1970.
● Les événements vus par le ministre des PTT de 68, homme
politique et haut fonctionnaire gaulliste, futur secrétaire général
de l'UDR, un des membres du gouvernement à avoir maintenu
tout au long du drame une attitude de fermeté et de sang-froid qui

lui a valu après Mai d'être chargé de la liquidation de la grève de l'ORTF.

Alain PELLET, *Pierre Mendès France et les événements de mai-juin 1968,* mémoire de DES de l'Institut d'études politiques de Paris, 1969.
● Étude minutieuse des faits et gestes de PMF en 1968, vérifiée auprès de l'intéressé et de plusieurs témoins. Précieux.

Jean-Claude KERBOURC'H, *Le Piéton de Mai,* Paris, Julliard, 1968.
● Tableaux et reportages de rue par celui qui fait aujourd'hui la revue de presse d'Europe 1.

Émile COPFERMANN, *22 mars, ce n'est qu'un début, continuons le combat,* Paris, Maspero, 1968.
● Documents militants sur le Mouvement du 22 mars.

Collectif Cléon, *Notre arme, c'est la grève,* Paris, Maspero, 1968.
● Témoignages des grévistes de Cléon, où la grande grève a démarré en même temps qu'à Bouguenais.

Documents

Alain SCHNAPP et Pierre VIDAL-NAQUET, *Journal de la commune étudiante,* Paris, Le Seuil, 1969.
● Somme de documents, tracts, discours, écrits divers, sur le mouvement étudiant en 1968. Touffu, complet, et irremplaçable.

Michèle PERROT, Madeleine REBÉRIOUX et Jean MAITRON, *La Sorbonne par elle-même,* Paris, Mouvement social, n° 64, 1968.
● Autre recueil très utile de documents bruts, présentés par trois historiens professionnels.

Marc KRAVETZ, Raymond BELLOUR et Annette KARSENTY, *L'Insurrection étudiante, 2-13 mai,* Paris, Union générale d'éditions, 1968.
● Chronologie et compte rendu précis du déroulement du mouvement de protestation à l'université pendant la première semaine de mai, avec un ensemble de documents.

UNEF, *Le Livre noir des journées de Mai,* Paris, Le Seuil, 1968.
● Réquisitoire argumenté contre les violences policières. Utile mais parfois exagéré.

Les Tracts en Mai 1968, ouvrage collectif, Paris, Fondation nationale des sciences politiques, Librairie Armand Colin, 1975.
● Analyse lexicologique des tracts de mai. Sérieux et utile.

Alain AYACHE, *Les Citations de la révolution de Mai,* Paris, Jean-Jacques Pauvert, 1968.
● Autre recueil de slogans, de formules, de « petites phrases » et de maximes murales, établi par le futur directeur du journal *le Meilleur.*

Julien BESANÇON, *Journal mural,* Paris, Tchou, 1968.
● Les slogans de Mai sur les murs, recueillis par un grand journaliste de radio et de télévision.

Vladimir FICERA, *Writing on the Wall, May 1968,* New York, Saint Martin's Press, 1979.
● Les slogans de Mai 68 collectés par un chercheur américain.

Affiches, Mai 1968, Paris, Tchou, 1968.
● Comme son nom l'indique, les affiches de Mai.

Juliette MINCES, *Un ouvrier parle,* Paris, Le Seuil, 1969.
● Témoignage d'un acteur de la grande grève.

Biographies

Jean LACOUTURE, *De Gaulle,* t. III, *Le Souverain,* Paris, Le Seuil, 1986.
● Décisif et magistral pour l'itinéraire du Général en Mai.

Jean LACOUTURE, *Pierre Mendès France,* Paris, Le Seuil, 1981.
● *Idem* pour l'action de PMF.

Franz-Olivier GIESBERT, *Jacques Chirac,* Paris, Le Seuil, 1987.
● De loin, la meilleure biographie de Chirac, très utile sur 1968. Maurice Szafran, *Chirac,* Paris, Grasset, 1986, et Thierry Desjardins, *Un inconnu nommé Chirac,* Paris, La Table ronde, 1973, sont moins complets.

Franz-Olivier GIESBERT, *François Mitterrand, ou la Tentation de l'histoire,* Paris, Le Seuil, 1977.
● Donne des éléments précieux sur les réactions de François Mitterrand aux événements.

Catherine NAY, *Le Noir et le Rouge,* Paris, Grasset, 1984.
●*Idem* en plus hostile.

Éric ROUSSEL, *Pompidou,* Paris, Lattès, 1984.
● Biographie complète du Premier ministre de Mai 68.

Essais interprétatifs

● On trouve un balayage systématique des interprétations de Mai et des essais originaux dans le n° 39 de la revue *Pouvoirs,* paru en 1986.

Edgar MORIN, Claude LEFORT, Jean-Marc COUDRAY (pseudonyme de Cornélius CASTORIADIS), *La Brèche,* Paris, Fayard, 1968.
● Recueil d'articles écrits dans la foulée par trois intellectuels de la gauche critique, notamment issus de *Socialisme et Barbarie.* La première analyse cohérente du mouvement, brillante, profonde, même si ses hypothèses ne se sont pas toutes trouvées vérifiées par la suite.

Alain TOURAINE, *Le Communisme utopique,* Paris, Le Seuil, 1968, nouvelle édition abrégée en 1972.
● Par un professeur sympathisant du mouvement, l'une des premières analyses sociologiques fouillées autour de Mai. Beaucoup de remarques fortes et pertinentes et un modèle explicatif.

Raymond ARON, *La Révolution introuvable,* entretien avec Alain Duhamel, Paris, Fayard, 1968.
● Analyse critique du mouvement de Mai comme vaste défoulement collectif sans portée significative, qui a été beaucoup reprochée au philosophe libéral, mais aussi rattachement de la crise au processus tocquevillien de démocratisation des sociétés occidentales.

Régis DEBRAY, *Modeste Contribution aux cérémonies officielles du dixième anniversaire,* Paris, Maspero, 1978.
● Analyse acide des événements dix ans après, par un écrivain guerillero marxiste et mitterrandien, qui n'a jamais cru la révolution possible ni souhaitable en France et voit dans Mai la ruse suprême d'un capitalisme en pleine rénovation.

Edgar MORIN et Marek HALTER, *Mai,* Paris, Oswald, 1978.
● Édition d'un long article interprétatif publié dans *le Monde* par deux intellectuels et observateurs aigus des événements et de l'après-Mai.

Max GALLO, *Le Pouvoir à vif,* Paris, Laffont, 1977.
● L'interprétation et le récit d'un historien brillant et sympathisant, futur porte-parole du gouvernement Fabius.

Max GALLO, *Gauchisme, Réformisme, Révolution,* Paris, Laffont, 1968.
● Essai politique paru à chaud, qui analyse le contenu idéologique de la révolte.

Luc FERRY et Alain RENAUT, *La Pensée 1968,* Paris, Gallimard, 1985.
● Critique virulente des « penseurs de 1968 » (ou supposés tels), Foucault, Althusser, Derrida, etc., dont l'originalité est contestée et la contribution jugée négative, pour la raison qu'elle prononce de différentes manières la « mort de l'homme » et illustre une pensée anti-humaniste qui dérive vers la négation de la démocratie pluraliste. L'essai a joué un rôle important dans la réévaluation de Mai réalisée dans les années 1980. Il est bien sûr contesté.

Luc FERRY et Alain RENAUT, *1968-1986, itinéraires de l'individu,* Paris, Gallimard, 1987.
● Poursuivant leur réflexion, Ferry et Renaut analysent les deux mouvements, 1968 et 1986, comme deux manifestations successives de « l'individualisme démocratique », dont la marche en avant sous-tend selon eux l'histoire de la société française.

Jean-Claude GUILLEBAUD, *Les Années orphelines,* Paris, Le Seuil, 1978.
● Essai brillant et désenchanté sur l'héritage de Mai dix ans après. Le livre n'a pas vieilli.

Juan IBARROLA, *Une période d'affrontement de classes : mai-juin 1968,* Grenoble, université des sciences sociales, 1985.
● Nouvelle interprétation marxisante des événements.

Bernard BROWN, *Protest in Paris, Anatomy of a Revolt,* Marristown (New Jersey), General Learning Press, 1974.
● Analyse anglo-saxonne de la révolte. Intéressante à ce titre.

Patrick SEALE et Maureen McCONVILLE, *Drapeaux rouges sur la France,* Paris, Mercure de France, 1968.
● Les causes de la révolte et ses implications par deux autres observateurs anglo-saxons.

Jean-Marie BENOIST, *Marx est mort,* Paris, Gallimard, 1970.
● Analyse critique sur la nature du mouvement par un essayiste qui passera bientôt chez les libéraux.

René LOURAU, *L'Analyse institutionnelle*, Paris, Minuit, 1970.
● Un des sociologues de Mai, père fondateur d'une école critique très inspirée par l'esprit du mouvement.

Jean THIBAUDEAU et Philippe SOLLERS, *Mai 1968 en France*, Paris, Le Seuil, 1970.
● Interprétation originale des événements par deux écrivains de l'avant-garde parisienne.

Maurice CLAVEL, *Combats de franc-tireur pour une libération*, Paris, Jean-Jacques Pauvert, 1968.
● Recueil d'articles, Mai vu par un bouillonnant philosophe résistant, chrétien, libertaire, révolutionnaire et gaulliste, futur parrain des « nouveaux philosophes ».

Club Jean-Moulin, *Que faire de la révolution de Mai?*, Paris, Le Seuil, 1968.
● Les propositions raisonnables d'un groupe de hauts fonctionnaires réformistes et centre-gauche très influent.

Jean-Jacques SERVAN-SCHREIBER, *Le Réveil de la France*, Paris, Denoël, 1968.
● Analyse à chaud du directeur de *l'Express*, futur leader « réformateur ».

Jean FERNIOT, *Mort d'une révolution*, Paris, Denoël, 1968.
● Récit et analyse de la crise par un journaliste talentueux de *France-Soir* et de *l'Express*.

François FONTVIEILLE-ALQUIER, *Les Illusionnaires*, Paris Robert Laffont, 1968.
● Autre essai d'actualité sur les événements.

Henri LEFÈBVRE, *L'Irruption de Nanterre au sommet*, Paris, Anthropos, 1968.
● Analyse du mouvement à Nanterre par le philosophe marxiste.

Gérard MENDEL, *La Révolte contre le père*, Paris, Payot, 1968, et *La Crise des générations*, Paris, Payot, 1969.
● Analyse psychanalytique de la révolution de Mai.

Gilles MARTINET, *La Conquête des pouvoirs*, Paris, Le Seuil, 1968.
● Analyse des luttes sociales de la situation politique par un théoricien du PSU, essayiste de la « nouvelle gauche », journaliste au *Nouvel Observateur* et futur ambassadeur à Rome.

André PHILIP, *Mai 1968 et la Foi démocratique,* Paris, Aubier-Montaigne, 1968.
● La vision d'un intellectuel socialiste SFIO, réformiste et démocrate.

Centre catholique des intellectuels français, Politique et prophétisme, Mai 1968, Desclée de Brouwer, Paris, 1969.

Michel de CERTEAU, *La prise de parole,* Paris, Desclée de Brouwer, 1968.
● Analyse subtile du rôle du langage en 1968.

Analyses militantes

Daniel COHN-BENDIT, *Le Gauchisme, remède à la maladie sénile du communisme,* Paris, Le Seuil, 1968.
● Les thèses anarchisantes et libertaires de Daniel Cohn-Bendit et de ses amis sur la suite à donner au mouvement.

Comité d'action Sorbonne-Vincennes-Nanterre, *Après Mai 1968, les plans de la bourgeoisie et le mouvement révolutionnaire,* Paris, Maspero, 1969.
● Thèses très militantes et très marxistes sur l'avenir du mouvement de Mai.

Daniel BENSAÏD, Henri WEBER et Alain KRIVINE, *Mai 1968, une répétition générale,* Paris, Maspero, 1968.
● Analyse du mouvement par les dirigeants de la Jeunesse communiste révolutionnaire, future « Ligue communiste », branche « frankiste » du trotskisme. Mai 68 comme anticipation d'une révolution ouvrière à venir.

Quatrième Internationale, *Mai 1968, première phase de la révolution socialiste française.* 1968.
● Texte théorique de l'internationale trotskiste (tendance Frank).

Serge JULY, Alain GEISMAR et Erlyne MORANE, *Vers la guerre civile,* Paris, Éditions Premières, 1969.
● Les événements porteurs d'une radicalisation violente de la lutte sociale, par trois acteurs du mouvement, futurs fondateurs de la « Gauche prolétarienne », le groupe maoïste auto-dissous en 1973.

André GLUCKSMANN, *La Stratégie de la révolution,* Paris, Bourgois, 1968.
● Par un normalien révolutionnaire, les implications de la crise pour le mouvement étudiant et ouvrier. Pesant.

Jacques JURQUET, *Le Printemps révolutionnaire*, Paris, Gît-le-Cœur, 1968.
● Réflexion politique par le leader du Parti communiste marxiste-léniniste de France (PCMLF), concurrent prochinois orthodoxe de l'UJCml. Très pesant.

CAL, *Les lycéens gardent la parole*, Paris, Le Seuil, 1968.
● Entretiens avec des militants des comités d'action lycéens.

Raymond MARCELLIN, *L'Ordre public et les Groupes révolutionnaires*, Paris, Plon, 1969.
● Mai 68 provoqué par le complot de petits groupes subversifs. Analyse de Mai tendant à justifier la répression exercée à l'encontre des groupes d'extrême gauche, par le ministre de l'Intérieur nommé en juin 1968 pour la fermeté dont il a su faire preuve pendant l'orage, à un poste toutefois moins exposé (il était ministre du Plan). Fermeté qu'il exercera à loisir par la suite.

Objectifs et méthodes des groupes révolutionnaires, Paris, Ministère de l'Intérieur, 1968.

Jean-Paul SARTRE, *Les communistes ont peur de la révolution*, Paris, J. Didier, 1968.
● Interview de Sartre au *Spiegel*, où il critique longuement le PCF.

Claude PRÉVOST, *Les Étudiants et le Gauchisme*, Paris, Éditions Sociales, 1969.
● Critique orthodoxe d'un membre orthodoxe du PCF contre les groupes d'extrême gauche.

Jacques DUCLOS, *Anarchistes d'hier et d'aujourd'hui, Comment le gauchisme fait le jeu de la réaction*, Paris, Éditions Sociales, 1968.
● Même exercice que Prévost, par le bon-papa du stalinisme français.

Waldeck ROCHET, *Les Enseignements de mai-juin 1968*, Paris, Éditions Sociales, 1968.
● La ligne du Parti par son secrétaire général.

Laurent SALINI, *Le Mai des prolétaires*, Paris, Éditions Sociales, 1968.
● La grande grève vue par un journaliste de *l'Humanité*.

Dominique VENNER, *La Chienlit*, Paris, Société d'éditions parisiennes, 1969 ; également, *Guide de la Contestation*, Paris, Laffont, 1969.
● Deux ouvrages polémiques très hostiles au mouvement par un auteur de droite.

Maurice BARDÈCHE et François DUPRAT, *La Comédie de la révolution*, Paris, Défense de l'Occident, juin 1968 ; également, François DUPRAT, avec préface de Maurice BARDÈCHE, *Les Journées de Mai, les dessous d'une révolution*, Paris, Nouvelles Éditions latines, 1968.
● La thèse du complot, illustrée cette fois par deux militants d'extrême droite. L'un fut un collaborateur notoire et l'ami de Robert Brasillach, l'autre sera le théoricien du Front national de Jean-Marie Le Pen avant de mourir tué dans un attentat qui ne fut jamais élucidé.

Livres d'humeur

Guy HOCQUENGHEM, *Lettre ouverte à ceux qui sont passés du col mao au Rotary*, Paris, Albin Michel, 1986.
● Pamphlet d'un soixante-huitard contre d'autres soixante-huitards accusés de trahison (mais la fidélité du procureur à ses idéaux révolutionnaires n'apparaît pas très clairement). Où il est montré que la fraternité de Mai s'est quelque peu estompée en vingt ans.

Jean WOLINSKI, *Je ne veux pas mourir idiot*, Paris, Denoël, 1968.
● Recueil de dessins traduisant parfaitement « l'esprit de Mai », par un auteur de grand avenir.

Jean-Louis CURTIS, *La Chine m'inquiète*, Paris, Grasset, 1972.
● Essai léger et hostile sur les étudiants et le mouvement post-68.

Jacques PERRET, *Inquiète Sorbonne*, Paris, Hachette, 1968.
● Même exercice par un écrivain connu.

Robert MERLE, *Derrière la vitre*, Paris, Gallimard, 1970.
● *Idem*.

Pierre de BOISDEFFRE, *Lettre ouverte aux hommes de gauche*, Paris, Albin Michel, 1969.
● Pamphlet anti-Mai par un écrivain conservateur.

Jacques LAURENT, *Lettre ouverte aux étudiants*, Paris, Albin Michel, 1969.
● Cécil Saint-Laurent et Mai 68. Discours aux étudiants par un écrivain talentueux et anarchisant de droite.

Frédéric BON et Michel-Antoine BURNIER, *Si Mai avait gagné*, Paris, Jean-Jacques Pauvert, 1968.
● Fiction distrayante par deux acteurs des événements, qui

deviendront des spécialistes du genre. Le premier, disparu en 1987, fut un sociologue estimé, l'autre fait partie de l'équipe dirigeante d'*Actuel*.

Alfred FABRE-LUCE, *Le Général en Sorbonne,* Paris, Table Ronde, 1968.
● Essai polémique par un commentateur et écrivain franc-tireur de la droite antigaulliste.

Alain GRIOTTERAY, *Des Barricades ou des Réformes?* Paris, Fayard, 1968.
● Propositions et analyses d'un centriste musclé.

Études par secteur

Littérature

Patrick COMBES, *La Littérature et le Mouvement de Mai,* Paris, Seghers, 1984.
● Étude de Mai à travers le travail des écrivains.

Économie et société

Alain DELALE et Gilles RAGACHE, *La France de 1968,* Paris, Le Seuil, 1978.
● Description précise et chiffrée de l'économie et de la société française en 1968. Où l'on constate que la France n'est plus du tout ce qu'elle était.

Jeunesse

Carmel CAMILLERI et Claude TAPIA, *Jeunesse française et Groupes sociaux après 1968,* Paris, Éditions du CNRS, 1974.
● Études sociologiques intéressantes sur les déterminations sociales des jeunes des années soixante-dix.

Jean JOUSSELIN, *Les Révoltes des jeunes,* Paris, Éditions Ouvrières, 1968.
● Autre étude sur la jeunesse de 1968.

Mouvement étudiant

Nicole de MAUPEOU-ABBOUD, *Ouverture du ghetto étudiant,* Paris, CNRS-Anthropos, 1974.
● Description et conceptualisation de l'histoire du mouvement

étudiant du début des années soixante aux années soixante-dix.
Intéressant et très sérieux.

Jean-Louis BRAU, *Cours, camarades, le vieux monde est derrière toi*, Paris, Albin Michel, 1968.
● Autre histoire, moins réfléchie, du mouvement étudiant.

Alain MONCHABLON, *Histoire de l'UNEF*, Paris, PUF, 1983.
● Un des meilleurs ouvrages sur l'histoire du mouvement étudiant en France.

Mouvement ouvrier

Pierre DUBOIS et Renaud DULONG, *Grèves revendicatives ou Grèves politiques ?*, Paris, Anthropos, 1971.
● Études sociologiques sur le déroulement de la grève ouvrière.

Maurice BRUZECK et Philippe BAUCHARD, *Le Syndicalisme à l'épreuve*, Paris, Laffont, 1968.
● Série d'interviews de leaders syndicaux.

Jacques FRÉMONTIER, *La Forteresse ouvrière, Renault*, Paris, Fayard, 1971.
● Enquête détaillée sur la vie des ouvriers de Renault.

Centre national d'information pour la productivité des entreprises, *Les Événements de mai-juin 1968 vus à travers 100 entreprises*, Paris, CNIPE, 1968.
● Autre étude, réalisée par un organisme plutôt patronal.

Mai en province

Yannick GUIN, *La Commune de Nantes*, Paris, Maspero, 1969.
● Mai 68 dans la région nantaise, (où la grande grève a démarré) aux caractéristiques sociopolitiques bien particulières, marquées notamment par l'anarcho-syndicalisme.

Georges CHAFFARD, *Les Orages de mai*, Paris, Calmann-Lévy, 1968.
● Étude précise et passionnante des événements dans le Loir-et-Cher et particulièrement à Vendôme.

Mouvement des idées

ÉPISTÉMON, *Les Idées qui ont ébranlé la france*, Paris, Fayard, 1968.
● Étude des courants idéologiques qui ont préparé, ou simplement précédé, Mai 68.

Sylvain ZEGEL, *Les Idées de Mai,* Paris, Gallimard, 1968.
● Même chose.

La grève à l'ORTF

Claude FRÉDÉRIC, *Libérer l'ORTF,* Paris, Le Seuil, 1968.
● Document sur la grève de la télévision.

Recueils de photos

— Gilbert KAHN, *Paris a brûlé,* Paris, Éditions Mondiales, 1968.
— Philippe LABRO, *Les Barricades de Mai,* Paris, Solar, 1968.
— Les photographes de *France-Soir, Les Journées de Mai,* Paris, numéro spécial de « Connaissance de l'histoire », Hachette, 1968.
— Édouard DEJAY, Philippe JOHNSON et Claude MOLITERNI, *Mai-juin 1968,* Paris, SERG, 1968.

Films

Plusieurs films documentaires ont été réalisés sur Mai 68. Citons notamment :
— Mai 1968, de Gudie Lawaetz ;
— Le Fond de l'air est rouge, de Chris Marker ;
— Histoire de Mai, de André Frossard ;
— Mourir à trente ans, de Romain Goupil ;
— Nous l'avons tant aimée, la révolution, de Daniel Cohn-Bendit.

Chronologie

1966

10 janvier : Accord CGT-CFDT.
Mars : Des dissidents de l'UEC créent les JCR.
Mai : Les situationnistes s'emparent du bureau de l'Association générale des étudiants de Strasbourg.
2-17 juillet : Conférence tri-continentale à La Havane.
Automne : Des dissidents de l'UEC créent l'UJCml.
15 octobre : Conférence de mouvements gauchistes à Bruxelles.

1967

Mars : Grève de la Rhodiaceta.
12 mars : Conférence de groupements gauchistes européens à Bruxelles.
18 mars : Grève chez Berliet.
Avril : Troubles dans les résidences universitaires.
Automne : Création des CAL.
Novembre : Rencontre paysans-ouvriers à Nantes.
9 novembre : Rassemblement étudiant rue Soufflot.
11-13 novembre : Colloque universitaire de Caen.
17-27 novembre : Grève des étudiants de Nanterre.
Décembre : A Nantes, manifestation ouvriers-étudiants et incidents aux résidences universitaires.
12-13 décembre : Grève des cours à Paris pour la défense de la sécurité sociale.

1968 (avant mai)

Janvier : Grève de la SAVIEM à Caen.
8 janvier : Incident Missoffe-Cohn-Bendit à Nanterre.

26 janvier : Bagarre à Nanterre.
14 février : Incidents universitaires à Nantes.
17-18 février : Manifestation gauchiste internationale à Berlin.
19-21 février : Journées de soutien au peuple du Viêt-nam (UNEF).
Mars : Colloque d'Amiens.
15 mars : Journée d'action des résidents (UNEF).
17 mars : Première assemblée générale des CAL.
Colloque universitaire d'Amiens.
17-20 mars : Plastiquage d'entreprises américaines à Paris.
21 mars : Attaque de militants des « comités Viêt-nam » nationaux contre l'Americain Express à Paris.
22 mars : Occupation de la « tour » de la faculté de Nanterre.
Création du Mouvement du 22 mars.
28 mars : Suspension des cours jusqu'au 1er avril à Nanterre.
29 mars : Sit-in à Nanterre.
11 avril : Attentat contre Rudi Dutschke.
12 avril : Manifestation anti-Springer à Paris.
22 avril : Saccage du Comité Viêt-nam national par Occident.
25 avril : A Nanterre, le député communiste Juquin est expulsé d'un meeting par les étudiants gauchistes.
29 avril : Saccage de l'exposition du Front de soutien au Viêt-nam du Sud par des militants de l'UJCml.

Mai 1968

Mercredi 1er
— Défilé CGT, PC et PSU de la place de la République à la Bastille.

Jeudi 2
— 7 h 45 : incendie des locaux de l'Association des étudiants de la faculté des lettres (Sorbonne).
— Départ de Georges Pompidou pour l'Iran.
— Nanterre : huit étudiants nanterrois déférés devant le conseil de l'université ; incident ; suspension des cours *sine die.*

Vendredi 3
— Sorbonne : meeting dans la cour le matin et l'après-midi ; évacuation par la police ; manifestation au Quartier latin ; suspension des cours. Constitution de l'état-major étudiant.

Samedi 4
— Condamnation de manifestants du 3 mai. Les militants du MAU appellent tout l'après-midi à manifester le lundi 6.

Dimanche 5
— Condamnation de manifestants du 3 mai, cette fois à des peines de prison ferme.

Lundi 6
— Comparution des étudiants nanterrois devant la commission disciplinaire, dont Daniel Cohn-Bendit.
— Manifestation ; premières barricades.
— L'agitation s'étend aux universités de province.

Mardi 7
— Les leaders étudiants posent trois préalables à toute négociation avec le gouvernement : libération des emprisonnés, réouverture de la Sorbonne, retrait des forces de police du Quartier latin.
— Manifestation de la place Denfert-Rochereau à l'Étoile.

Mercredi 8
— Amorce de négociations secrètes avec les leaders étudiants.
— A l'Assemblée nationale, discours d'Alain Peyrefitte ; démarches d'universitaires.
— A la fin de l'après-midi, manifestations sans incident de la Halle aux vins à la place Edmond-Rostand. Le mot d'ordre de dispersion est très mal accueilli par une grande partie des étudiants. Le soir, Alain Geismar rejoint les positions plus radicales du « 22 mars ».
— Déclaration d'Alain Peyrefitte sur la réouverture des cours.
— Les Prix Nobel demandent un geste d'apaisement au général de Gaulle.
— Journée de revendications dans l'Ouest.

Jeudi 9
— Dans l'après-midi, le recteur Roche annonce la levée progressive de la suspension des cours.
— Meeting place de la Sorbonne : Jacques Sauvageot annonce que la Sorbonne sera occupée par les étudiants dès le départ des policiers. Incident avec Louis Aragon.
— En réponse, Alain Peyrefitte déclare que la Sorbonne restera fermée jusqu'au retour du calme.
— Le recteur Roche annonce le renvoi *sine die* de la réunion de la commission disciplinaire et la reprise des cours dans la journée de vendredi.

Vendredi 10
— Interdiction d'une émission télévisée de *Panorama* sur les manifestations.

— 16 h 30 : rassemblement d'étudiants et de lycéens place Denfert-Rochereau ; occupation du Quartier latin ; 21 h 30 : barricades ; 22 heures : négociations entre le gouvernement et les étudiants par l'intermédiaire du recteur Roche ; rupture des négociations ; 2 heures : attaque des barricades ; 5 h 30 : fin de l'émeute.

Samedi 11
— Les syndicats décident une grève générale de solidarité pour le lundi 13, ainsi qu'une manifestation de la république à Denfert.
— Nombreux entretiens à l'Élysée ; le général de Gaulle accepte le plan transactionnel d'Alain Peyrefitte.
— Les étudiants et les enseignants commencent à constituer des commissions et à tenir des assemblées dans les facultés.
— 19 h 15 : Georges Pompidou revient d'Afghanistan ; 21 heures : Pompidou à l'Élysée ; 22 h 30 : allocution de Pompidou, qui accepte les préalables des étudiants.
— Occupation de Censier par les étudiants.

Dimanche 12
— Libération des étudiants appréhendés.

Lundi 13
— La cour d'appel met en liberté provisoire les condamnés du 5 mai.
— Grève générale de vingt-quatre heures.
— Dans l'après-midi, manifestation syndicale de deux cent mille personnes, de la gare de l'Est à Denfert-Rochereau. Des étudiants continuent jusqu'au Champs-de-Mars. Manifestations en province.
— Occupation de la Sorbonne par les étudiants.

Mardi 14
— Départ du général de Gaulle pour la Roumanie. Il fait savoir qu'il parlera aux Français le 24.
— Débat à l'Assemblée nationale. Discours de Georges Pompidou. Les groupes de la FGDS et du PC déposent une motion de censure.
— Grève sauvage à Sud-Aviation à Nantes.
— A Nanterre, une assemblée déclare la faculté « libre et autonome ».
— Alain Peyrefitte autorise l'université de Strasbourg à se déclarer autonome à titre expérimental.
— Christian Fouchet reçoit les syndicats de police venus exprimer leur mécontentement.

— Occupation des lycées et divers établissements d'enseignement supérieur.

Mercredi 15
— Grève sauvage à l'usine Renault de Cléon.
— Occupation de l'Odéon par les étudiants.

Jeudi 16
— Grève sauvage à l'usine Renault de Flins.
— Annulation d'une manifestation devant l'ORTF.
— Allocution radiodiffusée de Georges Pompidou.

Vendredi 17
— Grève aux usines Renault à Boulogne-Billancourt. Les confédérations syndicales prennent la direction du mouvement de grève.
— Conversation Mitterrand-Waldeck Rochet.
— L'intersyndicale de l'ORTF décide la grève.
— Dans la soirée, cortège étudiant du Quartier latin à Boulogne-Billancourt.

Samedi 18
— Retour du général de Gaulle de Roumanie.
— Il y a entre trois et six millions de grévistes.

Dimanche 19
— Conférence à l'Élysée. Le Général donne l'ordre de libérer la Sorbonne et l'Odéon, puis y renonce.

Lundi 20
— Conférence de presse CFDT-UNEF. Occupation des lycées par les CAL.

Mardi 21
— Ouverture du débat sur la censure à l'Assemblée nationale.
— Après le week-end, forte expansion du mouvement de grève.
— Arrêté d'expulsion visant Cohn-Bendit.
— Occupation des bureaux de l'Ordre des médecins, de l'Ordre des architectes et de la Société des gens de lettres.

Mercredi 22
— Rejet de la motion de censure.
— Vote de la loi d'amnistie pour les étudiants condamnés.
— Création du Comité national de défense de la République.
— Manifestations d'étudiants dans la soirée et dans la nuit pour protester contre l'interdiction de séjour de Cohn-Bendit.

Jeudi 23
— Conseil des ministres consacré au projet de référendum.
— Manifestation d'étudiants dans la soirée et dans la nuit.
— Réunion des responsabilités des cent cinquante comités d'action.

Vendredi 24
— 17 h 30 : manifestation d'étudiants à la gare de Lyon qui aboutit à une nouvelle nuit des barricades (Quartier latin) jusqu'à 6 heures du matin.
— 20 heures : allocution télévisée du général de Gaulle.
— A Lyon, mort d'un commissaire de police au cours d'une manifestation.

Samedi 25
— Ouverture des négociations sur les affaires sociales rue de Grenelle.
— Arrivée d'un régiment de parachutistes au camp de Frileuse.
— De Gaulle constate l'échec de son référendum.

Dimanche 26
— Le général de Gaulle reçoit Maurice Couve de Murville et envisage son accession au poste de Premier ministre.
— Début des négociations sociales dans le secteur nationalisé.

Lundi 27
— 7 h 15 : accord sur le protocole de Grenelle.
— 8 h 30 : rejet du protocole de Grenelle aux usines Renault à Boulogne-Billancourt.
— Après-midi : le Conseil des ministres approuve le projet de référendum.
— 17 h 30 : manifestation autorisée sous la forme d'un meeting au stade Charléty. Pierre Mendès France assiste à la réunion, mais refuse de prendre la parole.
— 18 heures : conversation de François Mitterrand avec Waldeck Rochet.

Mardi 28
— 11 heures : conférence de presse de François Mitterrand, qui annonce sa candidature à la présidence de la République en cas de vacance du pouvoir et propose la formation d'un « gouvernement provisoire de gestion » que Pierre Mendès France pourrait diriger.
— 16 heures : déclaration de Waldeck Rochet, qui propose un gouvernement à participation communiste, mais s'élève contre tout nouvel « homme providentiel ».

— 17 h 45 : négociations FGDS-PC.
— 21 heures : Georges Pompidou à l'Élysée.

Mercredi 29
— 9 h 30 : le Conseil des ministres de 10 heures est reporté.
— 10 heures : le général de Gaulle reçoit le général de Boissieu.
— 11 h 15 : départ du général de Gaulle vers Issy-les-Moulineaux, puis vers l'est en hélicoptère.
— Début de l'après-midi : le général de Gaulle à Baden-Baden.
— Le Premier ministre constate que de Gaulle a disparu.
— 14 h 30 : entretiens politiques à Matignon.
— 15 heures à 20 heures : manifestation de la CGT, de la Bastille
à Saint-Lazare.
— 16 heures : Pompidou apprend par les services de surveillance
aérienne que de Gaulle est allé à Baden.
— Après-midi : UDR et Républicains indépendants annoncent
une manifestation pour le 30 mai ; publication d'une adresse au
général de Gaulle.
— 16 h 30 : conférence de presse d'Eugène Descamps : il apporte
l'appui de la CFDT à Pierre Mendès France.
— 18 h 30 retour du Général à Colombey. Il téléphone à
Pompidou.
— 21 h 30 : déclaration de Pierre Mendès France.

Jeudi 30
— 11 heures : déclaration de Valéry Giscard d'Estaing.
— 12 h 25 : retour du général de Gaulle à l'Élysée.
— 14 h 30 : Georges Pompidou convainc le général de Gaulle de
dissoudre l'Assemblée nationale.
— 15 heures : Conseil des ministres.
— 16 h 30 : allocution radiodiffusée du général de Gaulle.
— 17 h 30 : Jacques Chaban-Delmas annonce aux députés la
dissolution de l'Assemblée.
— 18 heures à 21 heures : aux Champs-Élysées, manifestation de
soutien au général de Gaulle.

Vendredi 31
— Remaniement ministériel.
— Les négociations syndicales se poursuivent plus activement.
— En province, manifestation de soutien au général de Gaulle.
— La distribution d'essence redevient normale à Paris.

Juin 1968

Samedi 1er : Manifestation de l'UNEF à Montparnasse, « Élections, trahison ».

Lundi 3 : Installations techniques de l'ORTF occupées par l'armée.

Mardi 4 : Manifestation des jeunes gaullistes du palais de Chaillot à Montparnasse.

Vendredi 7 : Interview télévisée du général de Gaulle par Michel Droit.

Lundi 10 : Mort d'un manifestant à Sochaux. Noyade de Gilles Tautin à Flins. Ouverture de la campagne électorale.

Mardi 11 : Manifestation après la mort de Gilles Tautin ; troisième nuit des barricades.

Mercredi 12 : Dissolution d'organisations gauchistes. Interdiction des manifestations pendant la campagne électorale.

Vendredi 14 : Évacuation de l'Odéon.

Samedi 15 : Le général Salan et dix autres condamnés pour subversion sont graciés.

Dimanche 16 : Évacuation de la Sorbonne.

Lundi 17 : Reprise du travail chez Renault. Ailleurs, la reprise est à peu près générale.

Dimanche 23 : Premier tour des élections législatives. Poussée UDR, recul de la gauche.

Dimanche 30 : Second tour des élections législatives. Raz de marée gaulliste.

Table des sigles

FO   Force ouvrière, André Bergeron.

JCR   Jeunesse communiste révolutionnaire, organisation étudiante des trotskistes de tendance frankiste (IVe Internationale), Krivine, Bensaïd, Weber.

MAU Mouvement d'action universitaire, Brice Lalonde, Jean-Marcel Bouguereau, etc.

OAS Organisation armée secrète.

OCI   Organisation communiste internationaliste.

ORTF Office de radio et télévision française.

PCF   Parti communiste français.

PCMLF Parti communiste marxiste-léniniste de France, tout petit parti prochinois orthodoxe de Jacques Jurquet.

PCUS Parti communiste d'Union soviétique.

PDM Progrès et démocratie moderne, groupe centriste d'opposition animé par Jacques Duhamel.

PME   Petites et moyennes entreprises.

PSU   Parti socialiste unifié, Michel Rocard.

RI   Républicains indépendants.

SDS   Sozialistisher Deutscher Studentenbund (Union des étudiants socialistes allemands).

SFIO Section française de l'Internationale ouvrière, secrétaire général : Guy Mollet.

SGEN Syndicat général de l'Éducation nationale, syndicat enseignant proche de la CFDT.

SMIG salaire minimum interprofessionnel garanti (sera remplacé par le SMIC, salaire minimum interprofessionnel de croissance).

SNECMA Société nationale d'études et de construction de moteurs d'aviation.

SNES Syndicat national de l'enseignement secondaire, dominé par le PCF.

SNE-Sup Syndicat national de l'enseignement supérieur, secrétaire général : Alain Geismar.

SNI   Syndicat national des instituteurs, de tendance socialiste.

SNJ   Syndicat national des journalistes.

UD-Ve Union des démocrates pour la Ve République.

UDR Union pour la défense de la République (remplace l'UD-V^e après Mai). Le parti gaulliste.

UEC   Union des étudiants communistes.

UJCml Union des jeunesses communistes marxistes-léninistes (prochinois althussériens emmenés par Robert Linhart).

UNEF   Union nationale des étudiants de France, vice-président : Jacques Sauvageot (il n'y a pas de président depuis avril 1968).

UNR   Union pour la Nouvelle République.

Table

DEUXIÈME PARTIE

14-24 mai
La crise sociale

TROISIÈME PARTIE

25-30 mai
La crise politique

IMPRIMERIE BUSSIÈRE À SAINT-AMAND (CHER).
DÉPÔT LÉGAL MAI 1988. Nº 10163 (3953).

Collection Points